Eckhard Weymann
Zwischentöne

IMAGO
Psychosozial-Verlag

Eckhard Weymann

Zwischentöne

Psychologische Untersuchungen
zur musikalischen Improvisation

Psychosozial-Verlag

Bibliografische Information der Deutschen Nationalbibliothek
Die Deutsche Nationalbibliothek verzeichnet diese Publikation in der Deutschen
Nationalbibliografie; detaillierte bibliografische Daten sind im Internet
über http://dnb.d-nb.de abrufbar.

Originalausgabe
© 2004 Psychosozial-Verlag
Walltorstr. 10, D-35390 Gießen,
Fon: 0641/96997818, Fax: 0641/96997819
E-Mail: info@psychosozial-verlag.de
www.psychosozial-verlag.de
Umschlagabbildung: Norbert Prangenberg: O.T., ca. 1986,
© VG Bild-Kunst, Bonn 2004
Umschlaggestaltung: Katharina Appel nach Entwürfen
des Atelier Warminski, Büdingen.
Printed in Germany
ISBN 978-3-89806-370-8

Alles Seyn (…) ist (…) Schweben zwischen Extremen, die nothwendig zu vereinigen und notwendig zu trennen sind.
Aus diesem Lichtpunct des Schwebens strömt alle Realität aus – in ihm ist alles enthalten – Obj(ect) und Subject sind durch ihn,nicht er d(urch) sie.

Novalis

Auf der Grundlage des Spielens baut die gesamte menschliche Erfahrungswelt auf. (…) Wir erfahren das Leben im Bereich der Übergangsphänomene, in der aufregenden Verflechtung von Subjektivität und objektiver Beobachtung und in einem Bereich, der *zwischen* innerer Realität des Einzelmenschen und wahrnehmbarer Realität außerhalb des Individuums angesiedelt ist.

D.W. Winnicott

Dank

Das Schreiben dieses Buches ist mit vielen Personen und einigen Institutionen verbunden, denen ich an dieser Stelle danken möchte; zu allererst danke ich meinen Interviewpartnerinnen und -partnern für ihre Bereitschaft, sich mit mir auf das Abenteuer eines solchen Gesprächs einzulassen.

Die akademischen Begleiter der ursprünglich als Dissertation verfassten Studie waren Prof. Dr. Hans-Helmut Decker-Voigt, Direktor des Instituts für Musiktherapie der Hochschule für Musik und Theater Hamburg, und Prof. em. Dr. med. Peter Petersen, Hannover. Beide haben mir immer wieder in großzügiger Weise in Gesprächen und Doktoranden-Kolloquien Impulse, Orientierung und Ermutigung gegeben, wofür ich ihnen herzlich danke. Viel habe ich in dieser Hinsicht auch den Wissenschafts-Beratungen durch Dr. phil. Werner Seifert (†) und Prof. Dr. Dirk Blothner zu verdanken. Martin Deuter begleitete das Entstehen des Buches als kompetenter und anregender Gesprächspartner, der zur Präzisierung meiner Gedanken entscheidend beigetragen hat. Ausdrücklich erwähnen möchte ich weiterhin den Komponisten und Improvisationslehrer Carl Bergstrøm-Nielsen, mit dem ich seit vielen Jahren im fachlichen Austausch bin, sowie die langjährigen Weggefährten Dr. Rosemarie Tüpker, Dr. Frank G. Grootaers und Prof. Tilman Weber, die insbesondere durch die Zusammenarbeit in der Forschungsgruppe und im Institut für Musiktherapie und Morphologie (seit 1980) an der Vor- und Frühgeschichte dieser Arbeit grundlegend beteiligt waren.

Bettina Zmyj-Weymann danke ich für ihre fachliche und moralische Unterstützung, für anregende Gespräche und konstruktive Kritik. Meiner Familie danke ich dafür, dass sie dieses Zusatzprojekt immer wieder geduldig mitgetragen hat.

Den Erfahrungshintergrund als Improvisationsmusiker und improvisierender Musiktherapeut verdanke ich meinen Patienten, den Studenten und Teilnehmern meiner Kurse und Seminare – und nicht zuletzt meinen Mit-Musikern.

Die Arbeit wurde (in mehr als einer Hinsicht) großzügig gefördert durch die Andreas-Tobias-Kind-Stiftung, Hamburg, samt ihrer interdisziplinären, innovativen (und zugleich klassischen) Gesprächskultur.

Kakenstorf, im März 2004

Inhalt

Vorbemerkungen

Die Welt liegt zwischen den Menschen...

Hannah Arendt

Der Begriff der *Improvisation* ist in unsere Alltagssprache eingegangen. Wir (müssen) improvisieren, wenn etwas nicht nach Plan verläuft, wenn sich unterwegs neue Umstände zeigen oder Zufälle ereignen. Die Improvisation überbrückt einen Zwischenraum, hilft Unsicherheiten bewältigen; zugleich *schafft* das Improvisieren Zwischen-Räume, verstanden als Spiel- und Bewegungsraum.

Das geschickte Spiel mit den Gegebenheiten ist oft mit gemischten Gefühlen verbunden, mit einer Mischung aus Lust und Angst: der Lust des Bewältigens, der Neugier auf Neues einerseits – und der Angst vor dem Unbekannten, vor dem Scheitern.

Es kann den Anschein haben, als nehme die Anforderung an den Einzelnen, sich derartigen ›Spielen‹ zu stellen, in der heutigen Zeit zu. Zwei Belege für solche Zeitdiagnosen seien hier angeführt.

Der Soziologe Richard Sennet (2000) prägte den Typus des »flexiblen Menschen«, der durch eine globalisierte Ökonomie gezwungen ist, in hohem Maße Gewissheiten in beruflicher, privater wie räumlicher Hinsicht preiszugeben und »unterwegs« zu sein. »Die Risikobereitschaft wird heute nicht mehr nur Venturekapitalisten oder außerordentlich abenteuerlichen Individuen zugemutet. Das Risiko wird zu einer täglichen Notwendigkeit, welche die Masse der Menschen auf sich nehmen muss.« (105)

Der Psychoanalytiker Horst Petri (1997) schrieb: »Die junge Generation ... muss sich heute in einer Welt voller Unwägbarkeiten und ungesicherter Zukunftsperspektiven einrichten. ... Aussteigen oder Einsteigen – das ist die Frage. Das Gefühl für eine stabile Berufsorientierung und für die Kontinuität von menschlichen Bindungen und Lebensentwürfen weicht zunehmend dem *Bewusstsein eines improvisierten Lebens*, einer geborgten Zeit, die von heute bis morgen reicht, auf jeden Fall nur in kurzen Etappen planbar ist.« (142)

Der »flexible Mensch«, das »improvisierte Leben« sind zunächst wertoffene Begriffsbildungen, die Not und Chance, Zumutung und Können, die Möglichkeiten von Selbst-Erweiterung wie von Überforderung zugleich anklingen lassen.

Durchaus vor dem Hintergrund solcher Fragen der Lebensgestaltung beschäftigt sich die vorliegende empirisch-psychologische Untersuchung mit der Improvisation im Bereich der Musik, die eine lange Tradition hat, in den letzten Jahrzehnten aber eine neue Wendung genommen hat (vgl. Kapitel I.2).

Neu ist u.a. die gezielte Einbeziehung der Tätigkeit des Improvisierens in *therapeutische Behandlungen*, wie dies in der Musiktherapie seit gut fünfzig Jahren praktiziert wird: Patienten und Therapeuten begeben sich aktiv in ein improvisiertes, d.h. nicht vorhersehbares, unbewusst determiniertes musikalisches Zusammenspiel. Daraus gewinnen sie neue Orientierungen für die Fortführung des Therapieprozesses. Mittlerweile ist das Improvisieren im Bereich der westlichen Musiktherapie eine der zentralen Behandlungstechniken, ohne dass aber schon ausreichend ergründet wäre, wie der Wirkungszusammenhang dieser Tätigkeit ist. Es liegen einige Annahmen vor, die sich etwa auf Analogien zu anderen Behandlungsformen, wie z.B. zur psychoanalytischen Technik der freien Assoziation, stützen können (vgl. Kapitel I.3).

Die Untersuchung soll einen Beitrag zur Erforschung der psychologischen Grundlagen der musikalischen Improvisation leisten, wie sie etwa in der Musiktherapie, aber keineswegs nur dort, kultiviert wird. Es war die Absicht, aus einer allgemeineren psychologischen Perspektive heraus etwas über die *Natur des Improvisierens* zu erfahren und zu erkunden, was bei dieser Tätigkeit ›mitspielt‹ und was man, auch auf längere Sicht, davon hat, mit Musikinstrumenten und der Stimme im gewählten Rahmen frei zu improvisieren. Eine Annahme ist, dass das Improvisieren unter anderem der *Selbstbehandlung eines Lebenswerks* dienen kann, – was dem oft ausgesprochen dialogischen Charakter dieser Tätigkeit, beispielsweise im musiktherapeutischen Kontext, keineswegs widersprechen muss (vgl. Kapitel II.1).

Der Bezugsrahmen dieser Untersuchung, die vornehmlich mit dem qualitativen Verfahren des *Tiefeninterviews* durchgeführt wurde, war also nicht der musiktherapeutische Behandlungszusammenhang, nicht der Kontext von Krankheit oder Störung. Es handelte sich vielmehr um einen alltagspsychologischen Ansatz, mit dem die psychologische Wirkungseinheit der musikalischen Improvisation untersucht werden sollte.

Für diese Studie wurden Expertinnen und Experten befragt, die als MusikerInnen und MusiktherapeutInnen einschlägige und langjährige Erfahrungen mit dem Improvisieren gesammelt haben. Im Gespräch wurde nun versucht, nicht nur ›fertige‹ Meinungen zu erheben, sondern vielmehr die Erlebniswelt der Improvisation so lebendig zu machen, dass sich – darin glich das Gespräch einer Improvisation – überraschende Zusammenhänge und ungewohnte Ausblicke ergeben konnten. Die Gesprächspartner und -partnerinnen sollten also gewissermaßen etwas erzählen, was sie noch nicht *wussten,* d.h. gedanklich nicht verfügbar hatten, was aber als Erfahrungsbestand vorhanden war.

Die Ergebnisse dieser Gespräche werden in dieser Arbeit gewissermaßen in Landschaftsbildern vorgestellt, in zwölf *Ansichten über das Improvisieren* (Kapitel III), die jeweils ganz individuelle Ausgestaltungen des Themas sind, Beispiele aus dem Leben. Zugleich lassen sich in den Facetten des Gegenstands Gemeinsamkeiten erkennen, es können vorsichtig Verallgemeinerungen abgeleitet werden, die auf die Natur des Improvisierens verweisen (vgl. Kap. III.4). Die Arbeit schließt mit dem Versuch, diese Ergebnisse auf den Denkzusammenhang der Musiktherapie zu beziehen.

Ein Wort noch zum Titel: *Zwischentöne.* Der Begriff ist mehrdeutig und lädt zu Assoziationen ein. Er ermöglicht vielfältige Querverbindungen, von denen ich hier nur die nennen möchte, die mir in Bezug auf diese Arbeit besonders wichtig erscheinen.

Historisch waren Improvisationen oftmals Zwischenmusiken, die die bekannten Melodien umspielten und verbanden. Im Jazz gibt es meistens ein Thema (Chorus), über das die einzelnen Musiker improvisieren, bevor schließlich alle zum Chorus zurückkehren. In den Improvisationen zeigen die Musiker ihr Können und ihre momentane Präsenz. Hier entfaltet sich das Stück, dort wird es gehalten. Die Improvisationen der Kirchenorganisten paraphrasieren oft den soeben gesungenen Choral. Sie ermöglichen damit auch den Zuhörern einen verlängerten Nachklang, ein inneres Durcharbeiten von Lied und Wort.

Eine auffallende Eigenschaft der (freien) Improvisation ist ihre Wendigkeit, ihre Variabilität – von einem Moment auf den anderen kann sich alles ändern, ein Geräusch im Saal, die unerwartete Phrase eines Mitspielers genügen, um ein Stück in einen anderen Charakter übergehen zu lassen. Improvisationen sind auf ausgeprägte Weise *dazwischen*: zwischen Verfestigung und Auflösung, zwischen Klischee und Neuheit, manchmal zwischen den Stilen (oder Stühlen), immer aber zwischen den Menschen, die sie hervorbringen. Die Improvisation lebt auf im Dialog zwischen den Musikern oder zwischen Musiker und Publikum. Es ist vermutlich diese Eigenschaft des Dialogischen, der Begegnungs-Offenheit, die die Improvisation auch für die therapeutische Verwendung prädestiniert (vgl. Petersen 2000).

Auch in der Musiktherapie ist die Sprache – falls sie nicht aus irgend einem Grund behindert ist – das nächstliegende Medium der Verständigung. Die Aufforderung zur Improvisation mit Musikinstrumenten ist eine Komplikation, sie wirkt im Gespräch wie eine (Unter-)Brechung, die zunächst einmal einen Zwischenraum im Sprechen oder zum Gesagten eröffnet. Hier wird gewissermaßen den *Zwischentönen* ausdrücklich Platz eingeräumt.

Die psychologische Sichtweise, die den Hintergrund dieser Arbeit bildet, geht von einem Konzept des *Seelischen als Zwischenwelt* aus. Mittels unserer seelischen Organisation sind wir ständig im Austausch mit uns und der Welt. »Wir erfahren das Leben im Bereich der Übergangsphänomene, in der aufregenden Verflechtung von Subjektivität und objektiver Beobachtung und in einem Bereich, der *zwischen* innerer Realität des Einzelmenschen und wahrnehmbarer Realität außerhalb des Individuums angesiedelt ist.« (Winnicott 1979, 77) Das Seelenleben ist zudem immer unterwegs zwischen Gestaltung und Umgestaltung, ist ›unfertige Geschlossenheit‹. Der schwankende Werkcharakter der Improvisation kann geradezu als prototypisch gelten für den Übergangscharakter des Seelenlebens im Ganzen.

I   Annäherungen an einen flüchtigen Gegenstand: die musikalische Improvisation

Wer improvisiert, verlässt vorgezeichnete Wege, ohne schon genau zu wissen, wohin es geht. Diese Ergebnisoffenheit bietet neben dem Risiko des Scheiterns eine Faszination des Zufallenden. Sie eröffnet Spielräume, in denen sich Unvorhergesehenes ereignen kann. Daher kommt es beim Improvisieren nicht allein auf eine Haltung des Machens an, sondern auch auf die Bereitschaft zum Geschehen-Lassen. In gewisser Weise gilt dies auch für eine wissenschaftliche Arbeit über das Improvisieren: Der Gegenstand wird in einen gedanklichen Spielraum gestellt, in dem sich unvorhergesehene, neue Deutungen ergeben können.

Bei der Durchsicht der Literatur zur Improvisation fällt die Schwierigkeit auf, zu angemessenen Bezeichnungen oder gar zu Definitionen dieses Gegenstandes zu gelangen. Es entsteht kaum ein stabiles Gerüst von Begriffen, in denen das Wesentliche des Improvisierens in systematischer Hinsicht oder in Bezug auf die Erfahrungen aufgehoben schien. Die Frage drängt sich auf, wie sich überhaupt Relevantes über die »flüchtige Kunst« (Wilson 1999, 11) des Improvisierens in Worte fassen lässt. Kann man überhaupt über das Improvisieren sprechen – oder kann man es nur *tun*?

Geeigneter als definierende Begriffe erschienen oft bildhafte, poetische Ausdrücke: *Metaphern*. Solche Worte sind eher *umschreibend* als abgrenzend. Sie ermöglichen eine Annäherung dort, wo ein Gegenstand für Definitionen nicht geeignet erscheint, z.B. weil er komplex, mehrdeutig, unbestimmt ist oder dort, wo neue Erkenntnisbereiche zu erschließen sind. Die Metapher ermöglicht, etwa in einem Gedicht, aber eben nicht nur dort, Charakterisierungen von hoher Genauigkeit. Die kognitive Linguistik hat Theorien und Methoden entwickelt, die eine Metaphernanalyse ermöglichen (Buchholz 1995). »Metaphern sind Gleichungen wie Ungleichungen zugleich.« (ebd., 15) Die Metapher ist nicht Ausschmückung, sie »ermöglicht Resonanz, ein ›sehen als‹. (...) Sie bringt verschiedene Szenen so zueinander, dass ein neues emergiert, sie ermöglicht ein Denken jenseits binärer Schematisierungen; tertium datur. Aber ob etwas *als* Metapher gesehen wird, hängt vom Betrachter ab« (ebd., 16).

In diesem Sinne sollen zunächst einige *metaphorische Annäherungen* an die begriffliche Konzeption des wissenschaftlichen Gegenstands der musikalische Improvisation skizziert werden. Die einzelnen Wortbilder ergeben jeweils eine bestimmte Hinsicht auf den Gegenstand, so als würde man sich darauf einstellen, Improvisationen jeweils ›*als*‹ etwas anderes anzusehen: ...als Schwebezustand, als Lebewesen, als Geschichte etc.. Dabei sind die Geltungsbereiche der einzelnen Bilder keineswegs klar abgegrenzt, sie überschneiden sich, allerdings mit unterschiedlicher Schwerpunktsetzung. Manches wiederholt sich, manches könnte hier wie dort gesagt werden. Wichtiger aber: die Bedeutungsfelder ergänzen sich.

Im zweiten Abschnitt wird dann eine *historisch-begriffliche Annäherung* an den Gegenstand unternommen, in der Literatur zum Thema referiert und Entwicklungslinien der neueren Improvisationsbewegung nachgezeichnet werden. Am Schluss werden Definitionen diskutiert und eine eigene Arbeitsdefinition aufgestellt.

Die hermeneutische Bewegungsart der umkreisenden *Annäherung* zieht sich durch die ganze Arbeit. Insbesondere folgt auch die eigentliche Interviewstudie (Kapitel 3) in methodischer Hinsicht diesem Duktus. Im mehrfach variierten Zugang zum Thema heben sich allmählich Konturen eines Bildes heraus, in dem der gesuchte Gegenstand der Untersuchung – Improvisation als Tätigkeit und Prozess – als *wissenschaftlicher Gegenstand* erscheint.

I.1 Metaphorische Annäherung

Sensible Schwebe, Zwischenwelt

Kaden (1993, 56) bezeichnet als eines der wesentlichen Verfahren der Improvisation, »syntaktische Schwebezustände« zu erzeugen, also Momente der Uneindeutigkeit bzw. der Mehrdeutigkeit, an denen es »*so und auch anders*« (ebd., 51) weiter gehen kann. »Improvisation bleibt im Unbeendeten, Unvollendeten; sie lebt, sich selbst stets relativierend, in und mit Variabilität, nicht jedoch als einem Makel, sondern als ihrem Ideal.« (ebd.) Die Improvisation sei, um ein Wort von Christa Wolf aufzugreifen, »fortgesetzter Versuch« (ebd., 56). Die wiederholten Momente der Mehrdeutigkeit sind wie Verzweigungspunkte, Weggabelungen, die Kaden in strenger Analyse an den Formenbildungen thüringischer Hirtenmelodien aufweist (Beispiele ebd., 54ff).

Es scheint eine besondere Fähigkeit mancher Improvisationsmusiker zu sein, möglichst häufig diese Punkte der Mehrdeutigkeit zu erreichen oder zu produzieren, so dass die Musik einen schillernden, changierenden, einen versatilen Charakter erhält.

Tüpker (1992, 129) findet in einer Fallgeschichte aus der Musiktherapie für eine charakteristische Improvisation mit einer jüngeren Patientin die beschreibende Bezeichnung von der »unbestimmten resonanzfähigen Schwebe«, in der es der Patientin möglich wurde, etwas Neues und Eigenes zu entdecken, weil das Gefühl der übermächtigen Bestimmung durch ihre Eltern vorübergehend außer Kraft gesetzt worden war. Der Begriff der Schwebe hatte sich in den Beschreibungen zu dieser Improvisation durch externe Beschreiber verdichtet und war auf das »in der Schwebe gehaltene paradoxe Verhältnis von Unendlichkeit und Begrenzung, von Ungegenständlichkeit und Strukturiertheit« (ebd. 126), das in der Fallgeschichte eine Rolle spielte, bezogen worden.

Der Begriff Schwebe meint nicht unbedingt etwas zartes, nebelartiges; vielmehr geht es um einen Aspekt von Unbestimmtheit, der eine vitale Übergangsverfassung ermöglicht. Die Öffnung zum Unvorhergesehen, der »Umgang mit dem Zufälligen« (Bamberg, Micol 2000), an denen Improvisationsmusiker interessiert sind, fördern das Eintreten solcher Schwebeverfassungen. Eine meiner Gesprächspartnerinnen verglich dies mit charakteristischen Kipp-Punkten akrobatischer Übungen, mit den Wanderungen auf einem Grat, dem Balancieren (vgl. III.3.3 Anna).

Die *Schwebe* ist ein zentraler Begriff in den Kreativitätstheorien der Romantik. Fichte lokalisierte die »Einbildungskraft«, ein anderes Wort für Phantasie oder den moderneren Ausdruck Kreativität in einem »Schweben des Gemüts«, »zwischen Unvereinbaren«, »zwischen Bestimmung und Nicht-Bestimmung, zwischen Endlichem und Unendlichem in der Mitte«, »zwischen widerstreitenden Richtungen« (zitiert nach Stein, Stein 1984, 141). Die Kreativität bildet also einen mittleren Bereich, einen Bereich des Spiels zwischen Unvereinbarem, ein Feld der Auseinandersetzung, des Konflikts, aber damit auch der Vermittlung und Verbindung. Die Polaritäten – wir können etwa an die Polaritäten von Sicherheit und Risiko, von Prägnanz und Unschärfe, von Struktur und Fließen denken – verdeutlichen sich erst dann, und zwar *als Spannung*, wenn sie miteinander »ins Spiel gebracht« werden. Und so meint Novalis zugespitzt, dass die Aktivität dieses mittleren Bereichs, die produktive Einbildungskraft, überhaupt erst die Gegensätze herstellt, mindestens: für uns erlebbar macht. Die »...produktive Imaginationskraft, das *Schweben* – bestimmt, produziert die Extreme, das wozwischen geschwebt wird«. (Novalis, zitiert nach Stein, Stein a.a.O., 142.)

Die Kreativität bestimmt, produziert, realisiert die Bedingungen des seelischen Lebens. Wir hören hier wie vorweggenommen Anklänge an Winnicott's (1973) Theorien des »mittleren Bereichs«, der Übergangsphänomene, des »Wechselspiels von Getrenntsein und Einheit« des Möglichkeitsraums (»potential space«), der Mutter und Kind verbindet. Das, was Novalis »produktive Imaginationskraft, das *Schweben*« nennt, ist etwa das, was sich zwischen Betrachter und Bild ereignet; und was in der Improvisation hörbar wird. Wohlgemerkt: nicht nur als ein innerseelischer Vorgang (wie man überhaupt davon ausgehen kann, dass die ›Seele‹ nicht im ›Innern‹ lokalisiert ist, dass sie vielmehr ein Umgangs- oder Übergangsorgan ist), sondern als Prozess im Zwischenbereich, im Austausch von Subjekt und Objekt, unter den Bedingungen des Materials und der Situation.

Die Rede von dem Zwischenreich oder der *Zwischenwelt* taucht in vielen Beschreibungen der menschlichen Kreativität auf; nicht zuletzt bestätigt sich dies auch in der Stellung des Vorbewussten, das nach psychoanalytischer Sichtweise in erster Linie an der Ermöglichung kreativer Leistungen beteiligt ist, *zwischen* den kritischen Funktionen des Bewussten und dem unbewussten Drängen der Triebdynamik. »Die Einzigartigkeit der Kreativität, d.h. ihrer Fähigkeit, Neues zu finden und zu gliedern, hängt davon ab, wie weit vorbewusste Funktionen zwischen diesen beiden allgegenwärtigen, in der Unterdrückung zusammenwirkenden Gefängniswärtern noch ungehindert arbeiten können.« (Kubie 1966, 38)

Die Momente der Schwebe-Verfassung kreativer Akte, die auch beim Improvisieren immer wieder angestrebt werden, sind vergleichbar der *gleichschwebenden Aufmerksamkeit* als Haltung des Psychoanalytikers gegenüber seinem Patienten, die gekennzeichnet ist durch »Offenheit, Wertfreiheit und dem Ertragen von Nicht-Wissen« (Auchter / Strauss 1999, 40). Diese Haltung entspricht »der träumerischen Aufnahmebereitschaft der Mutter gegenüber den seelischen Bedürfnissen ihres Babys« (ebd., 41).

Lebendiger Zusammenhang, Organismus

Immer wieder werden musikalische Improvisationen organismisch aufgefasst. So schreibt Ferand (1938, 5) von den »prächtigen musikalischen Lebewesen«, deren »blühender Organismus aber nur sehr annähernd rekonstruiert werden kann.« Auch Kaden (1993) beobachtet, bei aller Zurückhaltung gegenüber sich verselbständigenden Bildern, bei Improvisationen häufig einen Zug der »Organizität« und meint damit die Gestalt, die sich in ihrem Entstehen immer wieder öffnet, immer wieder neue Möglichkeiten und Wendungen integriert. Er fragt: »Improvisation – ein Wachsendes, ein Wachstumsvorgang?« (57) – und stellt Beziehungen zu den Erkenntnissen der Chaosforschung her.

Ein anderer Aspekt, der bei Improvisationen an Lebewesen denken lässt, ist der Anschein der Reagibilität. Die entstehenden Gebilde und Gestalten wirken *lebendig*, als hätten sie (oder wären sie) Sinnesorgane, mit denen sie auf Umgebungseinflüsse reagieren. Sie scheinen mit den Spielern, dem Publikum, der Situation im Austausch zu sein. Diese Einflüsse des Kontextes können sowohl physikalische (Wärme, Kälte, Geräusche, Stille) wie seelische Bedingungen (Spannungen, Harmonie, Erotik, Vitalität, Totes) sein (ausführlicher in Weymann 2000, 199). Das Spiel selbst scheint zu einem großen Ohr zu werden, das die Schwingungen, die Erregungen, die Strömungen und Störungen des Beziehungsgeschehens im Sinne der Resonanz (metaphorisch gesprochen) aufnimmt und in Gestaltungen einbezieht (Weymann, 2001). Bergstrøm-Nielsen spricht davon, dass sich ein *collective ear* bildet, sobald das Zusammenspiel in Gruppen beweglich, dramatisch, intuitiv und anziehend wird (2000, 46).

So sind die Töne und Klanggesten nicht nur als Ausdrucksbewegungen zu verstehen, sondern wirken genauso als ›plastische‹ *Eindrucksmedien.* Die Improvisation ist eine hörbare »Handlungsplastik« (Heubach 1987, 80), die man sich vielleicht ähnlich den sichtbar gemachten Strömungsformen im Wasser oder in anderen Medien denken kann (vgl. hierzu Forschungsergebnisse aus der Strömungs- und Schwingungsforschung, z.b. Schwenk 1984, Jenny 1972). Die Spielenden werden zu Teilhabern dieser entstehenden ›Organisationen‹. Gleichermaßen bewirkend und beeinflusst befinden sie sich zwischen dem Mitschwimmen oder –schwingen in einer Strömung – und der ›eigensinnigen‹ Handlung, dem zupackenden, impulsiven Eingriff, der sich dem Strömen entgegensetzt. Nun beginnt die Musik ›etwas zu sagen‹: als sei die gegenwärtige Situation in ihr versinnlicht.

Der Schriftsteller Dieter Wellershoff (1987) beschrieb einen ähnlichen Vorgang der ›Vergegenständlichung‹ beim Schreiben: »Das entstehende Werk ist gleichsam seine [des Schriftstellers, EW] objektivierte Kompetenz, sich auf seine Impulse, Wünsche, Ängste einzulassen, also seine Wirklichkeit wahrzunehmen und durch sie auch die Wirklichkeit der anderen.«

Allmähliche Verfertigung: Emergenz, Aktualgenese, Geschichten

Ein zentraler Topos im Zusammenhang mit Improvisationen ist ihre ›Spontaneität‹, der Eindruck von Unmittelbarkeit in der Hervorbringung. Es ist von Plötzlichkeit die Rede, von der Schnelligkeit der Erfindung. Etwas ist ›im Handumdrehen‹, ›im Nu‹ entstanden. Die alte Bezeichnung ›aus dem Stegreif‹ meint ja auch, dass jemand etwas im Steigbügel stehend erledigt, ohne vom Pferd zu steigen. Auch die Ausdrücke Einfall, Intuition weisen hin auf das nicht Kontrollierte, das unvorhersehbar, zuweilen plötzlich Erscheinende. Im Nachhinein lassen sich freilich ›geschichtliche‹ Bezüge herstellen, können Vorbereitungen und Quellen zugeordnet werden.

Der schöpferische Prozess des Improvisierens ist in seinen für charakteristisch gehaltenen Momenten oft schnell, impulsiv und diskontinuierlich. Und er ist nicht planbar und vorhersehbar. Das hat er mit anderen komplexen Prozessen gemein, was etwa unter dem systemtheoretischen Stichwort »Emergenz« (s.u.) diskutiert wird.

Vergleichbare Prozesse lassen sich auch beim Sprechen beobachten. Kleist hat in der berühmten kleinen Schrift »Über die allmähliche Verfertigung der Gedanken beim

Reden«, die auch im Zusammenhang mit dem Improvisieren häufig zitiert wird, den Vorgang des Denkens und der entstehenden Rede sowie deren Vorbereitungen und Vorstadien sozusagen verlangsamt, zerdehnt untersucht. Kleist stellt den kreativen Akt des Denkens als einen Produktionsprozess dar, als »die Fabrikation meiner Idee auf der Werkstätte der Vernunft« (1966, 810). Denken und Sprechen, welches er als »lautes Denken« bezeichnet, sind zwei komplementäre Handlungsweisen, wie zwei Räder an einer Achse: »Die Reihen der Vorstellungen und ihrer Bezeichnungen gehen neben einander fort, und die Gemütsakten für eins und das andere kongruieren. Die Sprache ist alsdann keine Fessel, etwa wie ein Hemmschuh, an dem Rade des Geistes, sondern wie ein zweites, mit ihm parallel fortlaufendes, Rad an seiner Achse.« (Ebd., 812)

Der »dreiste« Schritt ins Unbekannte, den der Protagonist macht, indem er einer anderen Person von dem »Verworrenen« erzählt, zieht die nächsten Schritte »notwendig« nach sich, setzt eine Entwicklungsdynamik als Konsequenz in Gang. In dem folgenden langen Satz hat Kleist eine zentrale Methode des Improvisierens charakterisiert: »Aber weil ich doch irgend eine dunkle Vorstellung habe, die mit dem, was ich suche, von fern her in einiger Verbindung steht, so prägt, wenn ich nur dreist damit den Anfang mache, das Gemüt, während die Rede fortschreitet, in der Notwendigkeit, dem Anfang nun auch ein Ende zu finden, jene verworrene Vorstellung zur völligen Deutlichkeit aus, dergestalt, dass die Erkenntnis, zu meinem Erstaunen, mit der Periode fertig ist.« (Ebd., 810)

Von der Zwangsläufigkeit der Fortsetzung berichten auch Jazzmusiker. »After you initiate the solo, one phrase determines what the next is going to be. From the first note that you hear, you are responding to what you've just played: you just said this on your instrument, and now that's a constant. What follows from that? And so on and so forth. (...) When I play, it's like having a conversation with myself.« (Max Roach, zit n. Berliner 1994, 192)

Deutlich wird in dieser Aussage das Spannungsfeld von Offenheit und Determiniertheit, in dem sich die Improvisation entwickelt. Dabei kommt oft der *Gruppe* die Funktion zu, die Automatismen des eigenen Stils überschreiten zu helfen.

»Ich habe nicht die Absicht, auf eine Bühne zu kommen um etwas zu wiederholen, was ich schon gemacht habe. Ich kann wahrscheinlich in einer Gruppe deshalb etwas erfinden, weil die Konstellationen von Stimuli so unterschiedlich sind, dass ich aus meiner Schale herauskommen kann. Wenn ich aber alleine bin, habe ich Zweifel, dass ich etwas erfinden kann. Ich glaube, dass ich nur das liefere, was ich schon kenne, nur die Anordnung ist verschieden.« (Globokar 1993)

Diese Gruppenproduktionen mit ihren unvorhersagbar komplexen »Konstellation von Stimuli« (Globokar) gehören zu jenen Strukturbildungs-Prozessen, die in der Systemtheorie unter dem Stichwort *Emergenz* diskutiert werden. In der Synergetik beispielsweise spricht man von *Emergenz* (von lat. *emergere* = auftauchen oder auftauchen lassen), wenn »aus grauem Chaos selbstorganisiert Strukturen entstehen (...) Wenn hingegen das System von einer bereits emergierten, relativ stabilen Systemdynamik in eine neue überwechselt, nennt man dies *Phasenübergang* (von gr. *phasis* = Erscheinungsform)« (Kriz 1999, 70). Der Psychologe Keith Sawyer hat den Emergenzbegriff auf Gruppenprozesse im Improvisationstheater und in Musikgruppen angewendet. Er nennt die kollektiven Gruppenkreationen *collaborative emergence* und definiert fünf Charakteristika:

> »1. unpredictability;
> 2. non-reducibility to models of participating agents;
> 3. processual intersubjectivity;
> 4. a communication system that can refer reflexively to itself, and within which the processes of communication themselves can be discussed; and
> 5. individual agency and creative potential on the part of individual agents.«
> (1999, 453)

»In an ensemble improvisation, we can't identify the creativity of the performance with any single performer; the performance is collaboratively created. Although each member of the group contributes creative material, a musician's contributions only make sense in terms of the way they are heard, absorbed, and elaborated on by the other musicians. The performance that results emerges from the interactions of the group.« (Sawyer 2000, 182)

Aus der Sicht der Spieler ermöglicht dieses Phänomen den immer wieder überraschenden Reichtum dessen, was in Gruppenimprovisationen entsteht. »Allen erfahrenen Improvisatoren vertraut ist jene Desorientierung über Ursache und Wirkung, in der man nicht mehr weiß, ob man bestimmte Klänge selbst produzierte oder sie von den Mit-Improvisierenden in die Musik gesetzt wurden. Und das Ideal der Übersummativität von Improvisation, der Traum einer Musik, die nicht allein aus den individuellen Komponenten zu erklären ist, sondern etwas in die Welt setzt, von dem die Musiker zuvor nicht wussten, dass es in ihnen steckte, verbindet sich am ehesten mit

Improvisation als kollektive Erfahrung.« (Wilson 1999, 35) Der Begriff der Übersummativität verweist uns auf zentrale Erkenntnisse der Gestaltpsychologie (»Das
Ganze ist mehr und anders als die Summe seiner Teile«).

Anders als Kleist, der ähnliches in naturalistischer Selbstbeobachtung und in Gedanken unternommen hatte, entwickelte Friedrich Sander seit den 1920er Jahren ein
gestaltpsychologisches Experiment, in dem die allmähliche Verfertigung im Seelenleben, die *Aktualgenese* alltäglicher Wahrnehmungs-Gestalten, beobachtbar wurden.
Die Versuchsanordnung sieht eine Reihe sehr kurzer projizierter Darbietungen einer
gegenständlichen Strichzeichnung vor, die in dieser Kürze nicht vollständig zu erkennen ist. Anschließend werden die Versuchspersonen jeweils aufgefordert waren, zu
zeichnen, was sie gesehen und freimütig aufzuschreiben, was sie erlebt hatten (vgl.
Fitzek / Salber 1996, 76ff).

Die Versuche lassen die quasi *improvisierende* Tätigkeit des Seelenlebens erkennen.
»Ähnlich wie in der künstlerischen Produktion geschieht das, indem der Produktionsprozess der Gestaltung in eine Krise versetzt wird: Durch ein (künstliches) Auf- bzw.
Anhalten der Formenbildung wird der Produktionsprozess herausgefordert und mo-
delliert.« (Fitzek, Salber 1996, 81) Die dabei auftretenden z.T. heftigen Gefühle werden zu Hinweisen darauf, »wie der Ablauf im ganzen und insbesondere als Entwick-
lungsprozess beschaffen ist.« (ebd., 77) Es sind verschiedene Phasen beobachtbar, so
eine Phase der »Sinnfindung« in einer »ungeschlossenen Geschlossenheit« (ebd., 89):
Sie »vollzieht sich plötzlich, ruckartig, irgendwie einschnappend, wie immer, wo in
einer Form schöpferischer Synthesen neue Gestalten und Gehalte entstehen.« (Sander
zit. n. Fitzek / Salber 1996, 90) Sander »rückte das Seelische ins Bild eines (halbferti-
gen) Produktionsbetriebes« (Fitzek, Salber 1996, 92. Vgl. auch Seifert 1993)

Eine andere Prozess- und Zusammenhangs-Metapher im Zusammenhang mit dem
Improvisieren ist die der *Geschichte*. Das Wort Geschichte bezieht sich einerseits auf
das ›Narrative‹, den Charakter des Erzählerischen einer Musik, zum Anderen auf die
Geschichtlichkeit im Sinne der Historie, der vergangenen Geschichte.

Darüber hinaus ist damit aber eine psychische Funktionsweise angesprochen. Wenn
wir einen Roman lesen, merken wir, wie sich in der Geschichte ein Spannungsfeld
entfaltet – und gerade das scheint uns zu gefallen: wie Erwartungen aufgebaut werden, die sich nicht gleich erfüllen, wie Ahnungen entstehen, wie es weitergehen
könnte, wie es dann doch anders weitergeht, überraschend, aber doch überzeugend...

Es werden Standpunkte eingenommen, man ergreift Partei, es gibt Freunde und Feinde, Ersehntes und Befürchtetes. Kurz: man bewegt sich mit der Geschichte in ein komplettes und kompliziertes Räderwerk von seelischen Bewegungen hinein, die sowohl auf die Geschichte, als auch auf uns als Lesende/Hörende verweisen. Wir werden interessiert, erregt, unterhalten. Etwas Explosives, Bewegtes, Gegenläufiges wird in einer Sache zusammengehalten. Als Ganzes erlangt dieses Gebilde Bedeutung, kommt zur Wirkung, vermag zu interessieren und zu ergreifen, es lässt uns mitgehen und sagt uns etwas.

Wenn Jazzmusiker vom »storytelling« reden (Berliner, 201ff), meinen sie eine ›erzählende‹ Einstellung, mit der ein Element nach dem anderen präsentiert wird, mit der die Dramatik wie mit Charakteren in einem spannenden ›plot‹ entwickelt wird. Die Geschichte hat Anfang, Mitte und Ende. Und sie hat die Eigenschaft der Erzählbarkeit, der Mitteilung. »The way you put them together makes a little story. The real great cats [gemeint sind die bewunderten Jazzgrößen] can write novels.« (Ebd.) Es ist also von Mitteilung und Prozesshaftigkeit, von gefühlsmäßig ergreifender Wirkung, von Kontinuität und Kohäsion die Rede, und vom richtigen Moment, in dem eine Setzung oder eine Veränderung erfolgt. Dies geschieht dann ohne viel Überlegung: »After a lot of practice, you find that the phrases just begin to fall in the right place.« (Ebd.)

Das ›historisierende‹ Moment findet sich beim improvisierenden Spielen in dem Bewußtsein und der Erinnerung für das Vergangene in diesem Stück, aber auch für das von anderen Musikern in früheren Zeiten hervorgebrachte musikalische Material, den historischen Kontext, auf den sich das Gegenwärtige beziehen lässt.

Mit der ›Geschichten‹-Metapher wird die Improvisation charakterisiert als eine dramatische Zeitgestalt. Die Wirklichkeit der Improvisation ist ein produktives Geschehen. Es entsteht in der aktuellen Begegnung eines geschichtenförmigen Materials mit einer ›antwortenden‹ Bewegung der psychischen Formenbildung des produzierenden wie des rezipierenden Subjekts. So lässt sich die ›Verständlichkeit‹ einer Musik noch einmal anders als durch den Vorrat an Floskeln, ›licks‹ oder Klischees erklären. Psychologisch gesehen vollzieht sich eine ›Verständigung‹ zwischen einem musikalischen Material und einem perzipierenden Subjekt durch Korrespondenzen, antwortende Bewegungen, ganz allgemein durch Entsprechungen zwischen psychischen und musikalischen Entwicklungen (vgl. Lehtonen 1994).

Für Salber (1986) gehört die »Geschichtlichkeit« zu den Grundzügen des seelischen Geschehens. Der psychische Zusammenhang bildet sich in ›Geschichten‹ wie den genannten, aber auch beispielsweise in analog strukturierten komplexen Alltagshandlungen (Teekochen, Geschirrspülen) aus. An funktionierenden literarischen oder musikalischen Geschichten lässt sich viel darüber erfahren, wie sich psychische Prozesse strukturieren. Eine musikalische Werkanalyse könnte diese Geschehensformen – hier etwa in der Polarität von »Setzung« und »Veränderung« (vgl. Salber ebd.) rekonstruieren und so auch etwas über die psychästhetische Formung musikalischer Improvisationen aussagen.

I.2 Begrifflich-historische Annäherungen

»Der Terminus ›Improvisation‹ scheint sich auf den ersten Blick kurz und bündig definieren zu lassen, doch erweist er sich bei genauerer Betrachtung bald als globaler, amorpher und problematischer Begriff, dem seit den fünfziger Jahren in verstärktem Maße sehr unterschiedliche Bedeutungen subsumiert wurden.« (Feißt 1997, 1)

In historischer Hinsicht ist die Entwicklung der Musik »von improvisatorischen Äußerungen mannigfaltigster Art begleitet...« (Ferand 1938, 8) In seiner Entwicklungsgeschichte der Improvisation konstatierte Ernst Ferand in der abendländischen Musik bereits des ersten Jahrtausends n. Chr. zwei Strömungen, die »sich ständig durchkreuzen, einander gegenseitig fördern oder hemmen, je nachdem die Phasen ihrer periodischen Schwingungen im Sinne der Stärkung bzw. Schwächung aufeinander einwirken.« (1938, 83f) Es ist ein Gegeneinander von fließenden, strömenden Bewegungen einerseits und den klaren und geordneten Formen einer sich entwickelnden Tradition von musikalischen Regeln und Ordnungen.

Dieses Gegeneinander stellte Ferand in Form zweier musikpsychologischer Gestaltungsprinzipien einander gegenüber: als das »Prinzip des organischen Wachstums (das Entstehen eines musikalischen Gebildes aus einer Urzelle)« und das »Prinzip des planmäßigen Bauens« (10), die er wenn auch nicht ausschließlich, so doch schwerpunktmäßig dem Improvisieren resp. dem Komponieren zuordnete. Während das erstere durch »triebhafte, sensualistische« Züge charakterisiert ist, wirkt das andere Prinzip mehr »intellektuell, rationalistisch, bewusstseinsbetont«.

Im Verlauf der Musikgeschichte beobachtete Ferand »das allmähliche Erstarren ursprünglich lebendiger, fließender Formen: auf dem Gebiete der Rhythmik die Abkehr vom freien Rhythmus zur Mensur und zum Taktschema, in der Melodik von der organischen Melismatik zum dekorativen Ornament, im Tonmaterial von den unzähligen Abstufungsmöglichkeiten der kleinen Tondistanzen und Zwischentöne zur strengen Diatonik, in der schriftlichen Fixierung von der Cheironomie über die Neumen zur Notenschrift, und schließlich im musikalischen Schaffensvorgang selbst von der Improvisation zur Komposition.« (a.a.O., 421)

Improvisation als Gegenbegriff zur Komposition anzusehen erscheint naheliegend, ist jedoch bei genauerer Überlegung nur begrenzt zutreffend. Die Grenzen sind fließend. Eher kann sowohl beim Komponieren wie beim Improvisieren von einem Gegeneinander von triebhaft-strömenden und formend-reflektierenden Aktivitäten, von *Struktur* und *Fließen* ausgegangen werden, wenn auch in je unterschiedlicher Ausprägung und Gewichtung. Das sich dem Fließen als Widerstand entgegenstellende Wirken des ›Materials‹ und der Form ist damit als ein bedingender Faktor des Improvisationswerkes, nicht als sein Hindernis anzusehen. »... ein Fließen, ein Strömen ist dieser Vorgang, bei dem die in dem echten Improvisator sich aufgestapelte potentielle Energie sich nach den Gesetzen des organischen Ablaufes kundgibt, wobei Widerstände des Materials, der Technik, der Form, die sich diesem Ablauf entgegenstellen, nicht als Hindernisse, vielmehr als neue Antriebe empfunden werden.« (a.a.O., 16)

Mit der Entwicklung einer *Notenschrift*, mehr noch mit den Möglichkeiten ihrer drucktechnischen Fixierung veränderte sich auf dem Gebiet der (abendländischen) Musik das Verhältnis zur Erinnerung und zur direkten klingenden Weitergabe. Das ›schwarz auf weiß‹ Niedergelegte wurde gewissermaßen zu einem gesicherten Wert, zu einem Maßstab – auf Kosten nicht-fixierter Gestaltungen.

Gleichzeitig stiegen die ›Virtuosen‹ und die ›genialen Schöpfer‹ von Musik so in der Achtung, dass sie für die Allgemeinheit unerreichbar wurden. Dem Improvisieren wurden auf dem Weg seines Verschwindens zunehmend besondere Plätze reserviert, die eher am Rand als im Zentrum der Kunstproduktion lagen: ausgedehnte Verzierungen, Ausschmückungen, Kadenzen, bestaunte Kabinettstücke des kreativen Überflusses virtuoser Spieler, bis hin zur sogenannten ›Organistenprobe‹, bei der der Kandidat, der sich um die Stelle eines Kirchenmusikers bewarb, eine Fuge nach einem gegebenen Thema extemporieren musste. Mit dem Niedergang des Virtuosentums im neunzehnten Jahrhundert verlor auch diese Art der improvisatorischen Praxis an Bedeutung.

Ganz anders entwickelte sich die (schriftlose) Kunstmusik in anderen Hochkulturen, in denen die improvisatorische Praxis bis in die Gegenwart hinein zentrale Bedeutung behielt. Die indische Raga, javanische Patet, persische Dastgah, arabische und türkische Maqam geben als Modi oder Modelle Rahmen für Improvisationen ab. Daniélou schreibt über die Tradition der nordindischen Musik, dass sich in ihr »das schöpferische Element zu behaupten [vermochte], indem es einen bedeutenden Platz der Improvisation einräumte, durch die die Musik erst zu einer lebendigen, sich stets erneuernden Erfahrung wird, ohne dass sich ihre Grundlagen, ihre Regeln, ihre spieltechnischen Methoden verändern. Dieses Merkmal kunstvoller Improvisation ermöglichte der indischen Musik, durch die Jahrhunderte fortzuleben, ohne zu altern, und sich dabei selber gleich zu bleiben.« (1975, 10)

Improvisation und Musikwissenschaft

Für die (westliche) Musikwissenschaft scheint die Improvisation ein problematischer Gegenstand zu sein, was u.a. auf gewisse Einseitigkeiten ihrer Methoden und Perspektiven verweisen mag. Eine Tendenz zur Analyse von *Ergebnissen* oder *Produkten* schöpferischer Prozesse ist nicht zu übersehen. Die Wege oder *Prozesse* zum *Werk* und das Erleben der Beteiligten verschließen sich dagegen offenbar weitgehend den gängigen Untersuchungswerkzeugen. »Der Geist erscheint der Musikwissenschaft bevorzugt auf Papier, sie hält sich an das Werk. Über den Weg zum Werk kann sie nur Angaben machen, wenn er ebenfalls auf Papier, also in Skizzen, niedergelegt ist.« (Uehling 2000, 21)

Mit einigen Abstrichen dürfte Ferands 1938 veröffentlichte Einschätzung auch heute noch zutreffen, nach der »...die musikgeschichtliche Forschung ihre Aufgabe lange Zeit fast ausschließlich in der Aufdeckung und Beurteilung der überlieferten (direkten oder indirekten) Quellen ... gesehen [hat], und alles Nichtaufgeschriebene ..., durchaus im Sinne mittelalterlicher Unduldsamkeit, mit Geringschätzung, ja mit Verachtung behandelt. So zieht sich durch die ganze Musikgeschichte der klaffende Riss zwischen Theorie und Praxis, zwischen totem Notenbild und lebendigem Klang, der sich oft geradezu bis zum Widerspruch steigert.« (Ferand 1938, 5) Hieraus resultierte mitunter die Beurteilung der Improvisation als einer (etwa in formaler Hinsicht) defizitären Komposition.

Die musikalische Praxis rund um Improvisation und Improvisieren wird in der deutschsprachigen musikwissenschaftlichen und musikpsychologischen Fachliteratur oft eher beiläufig behandelt. Abgesehen von einigen Artikeln zu einer Debatte zur Improvisation in den frühen 1970er Jahren (s.u.) und einer Untersuchung »Zur Improvisation im deutschen Freejazz« von Dietrich J. Noll (1977) erschienen erst in den Neunziger Jahren einige gründlichere musikwissenschaftliche Arbeiten zur Bedeutung der Improvisation im Jazz und in der neuen Musik (z. B. Kaden 1993, Müller 1994, Feißt 1997, Volquartz 1999, Wilson 1999).

28

In den USA (insbesondere in Chicago) etablierte sich in dieser Zeit eine ethnomusikologische Forschungstradition, in der auch Studien zur Improvisation durchgeführt wurden (vgl. Nettl (Hg.) 1998). Hervorzuheben ist die vielleicht umfassendste Arbeit über die Praxis der Improvisation: »Thinking in Jazz. The Infinite Art of Improvisation« von Paul F. Berliner (1994), die auf qualitativen Interviews mit 52 Jazzmusikern beruht. Es ist eine facettenreiche und differenzierte Darstellung dieser ›Szene‹, eine Schilderung der Verhaltensweisen der Musiker und ihrer Ansichten in bezug auf das Improvisieren. Andere einschlägige Untersuchungen entstanden vor dem Hintergrund der Kreativitätstheorie (»Kreative Emergenz«) und der Zeichentheorie – etwa im Vergleich des musikalischen und sprachlichen Ausdrucksverhaltens (Sawyer 1996, 1999).

Knapp wird ›Improvisation‹ dagegen in dem umfangreichen Standardwerk »The Psychology of Music« von Diana Deutsch (2nd Ed. 1999) abgehandelt. Innerhalb des kurzen Kapitels über »The Performance of Music« von Alf Gabrielson finden sich lediglich zwei Seiten zum Thema (a.a.O., 513–515), auf denen einige quantitativ-empirische Forschungsergebnisse zusammengetragen wurden. Ein Artikel von Reinhold Andreas in einem deutschen Handbuch zur Musikpsychologie (Bruhn, Oerter, Rösing 1994) stellt Improvisation ebenfalls unter einem kognitiv-handlungstheoretischen Modell dar und beschreibt idealtypische Bedingungskonstellationen (Handlungsplanung, Orientierung, Wissensbasis, Dispositionen / Intentionen) für ein öffentlich aufgeführtes Solo (Andreas 1994, 506–514; vgl. auch Andreas 1996, Sp. 595–600). Vor dem gleichen Hintergrund versucht Behne (1992) in seinem Aufsatz »Zur Psychologie der (freien) Improvisation« den Prozess der Improvisation als eine Folge von Entscheidungen und Handlungen rational und formalisierend aufzuschlüsseln.

Musikbegriff

Tüpkers (2001) nicht-systematischer ›Streifzug‹ durch musikwissenschaftliche Publikationen im deutschen Sprachraum förderte einen verengten, überwiegend auf ›Werke‹ bezogenen *Musikbegriff* zutage, der die Aspekte der direkten Kommunikation von Menschen mittels Musik außer acht lässt. Improvisierte Musik ist mit diesem Musikbegriff, wie Tüpker meint, nicht sachgerecht zu erfassen. Eine der wenigen Ausnahmen, die sie fand, waren die Ansätze einer »musikologische[n] Lebensforschung« von Christian Kaden (1993).

Ein hoffnungsvolleres Bild zeigt der Überblick, den der britische Musiktherapeut und Musikwissenschaftler Ansdell (1997) über neuere musikwissenschaftliche Strömungen im angelsächsischen Sprachraum gibt. Er fand Belege für einen »new view«, einen neuen Blickwinkel, unter dem Musik betrachtet wird

- »as a process rather than a structure
- as something intimately tied to human affect and meaning
- as participatory and inherently social
- as performed, improvised and live as well as notated and reproduced
- as personal, embodied and deeply human.« (Ansdell 1997, 37)

Er selbst schlägt vor, Musik nicht so sehr unter dem Blickwinkel von »Struktur« als von »Ökologie« zu betrachten. Mit Ökologie meint er »a balance of interlinking forms and processes in a context that sustains them and guarantees diversity.« Und er fordert, dass jede Analyse musikalischer Praxis zuallererst »›local‹ and context-sensitive« sein muss und »performance, process, the body, emotion and meaning« ebenso einzubeziehen hat wie »structure, history, style and technique« (ebd. 44). (Vgl. zum selben Thema Ruud 2000.) Ausgehend von ihren eigenen Erfahrungen mit Improvisation und Musiktherapie regt Tüpker (2001, 54f) ein Konzept an, »welches Musik als ein Mittel zur Selbstkultivierung und zur Kultivierung unserer Beziehungen versteht.«

Es ist sicher kein Zufall, dass gerade auch Musiktherapeuten sich für eine Erneuerung des Musikbegriffs engagierten (vgl. neben den genannten Tüpker, Ansdell und Ruud insbesondere Niedecken (1988) mit ihrer grundlegenden Arbeit »Einsätze. Material und Beziehungsfigur im musikalischen Produzieren«). Wenn wir den üblichen Begründungshorizont der Musikwissenschaft verlassen und sozialwissenschaftliche und psychologische Überlegungen einbeziehen, ist noch eine andere Lesart für diese »Unduldsamkeit« der Musikwissenschaft denkbar: nicht nur weil Improvisationen papierlose Vorgänge sind, werden sie geringgeschätzt, sondern auch weil sie einen Gegenentwurf gegen etablierte Auffassungen von Kompositionstechnik und Aufführungspraxis darstellen und insofern beunruhigend und provozierend wirken.

Befreiung der Musik(er) oder Rettung des Werks?

Nach dem fast völligen Verschwinden des Improvisatorischen in der abendländischen Musik, wie es Ferand zeigte, gab es in der zweiten Hälfte des 20.Jahrhunderts eine überraschende Renaissance. *Improvisation* avancierte hierzulande in den 60er Jahren geradezu zum Kult- und Kampfbegriff, zum politischen Erneuerungsruf gegen die erstarrenden Formen des (Kultur-)Establishments. Die mitteleuropäische Improvisationsbewegung entwickelte sich (aus der Sicht der Neuen Musik) im Gegenzug zur seriellen Kompositions-Technik, die mit ihrem Bestreben nach totaler Kontrolle aller Parameter des musikalischen Werks in eine Sackgasse, an einen unwillkürlichen Umschlagpunkt geraten war. (Feißt 1997, 3–21)

Andererseits kam darin eine neue (gesellschaftliche) Tendenz zum Überschreiten von Genre-Grenzen zum Ausdruck: Es wurde eine Verbindung zur Jazzmusik und zu lebendigen Traditionen der Volksmusik und der mündlich überlieferten Kunstmusik anderer Kulturen (z. B. der indischen) gesucht. Mit John Cage und anderen Komponisten und bildenden Künstlern kamen über Amerika asiatische philosophische und spirituelle Einflüsse (Zen) nach Mitteleuropa wodurch u.a. eine neue Einstellung zum Phänomenen des *Zufalls* möglich wurde. Aus der Sicht des Jazz bedeutete die neue Improvisationsszene (›Free Jazz‹) ebenfalls eine Öffnung. In den neuen Spielformen fand eine *Befreiung* von hierarchischen Beziehungs- und Form-Schemata statt.

In der Musikpädagogik wurden in dieser Zeit neue Wege gesucht, indem den Kindern durch Improvisationen ein kreativer Zugang zur Ästhetik der Neuen Musik vermittelt wurde (Runze 1971, Meyer-Denkmann 1972). Zugleich war damit der Anspruch einer »Musikerziehung im Sinne einer Entwicklung der Gesamtpersönlichkeit« (Friedemann 1973, zit. n. Kapteina 1996, 138) und der Förderung psycho-sozialer Kompetenz durch Gruppenimprovisation verbunden.

Im Bereich der Sozialarbeit entstand im Zuge einer entsprechenden Praxis die begriffliche Verknüpfung »Soziale Kulturarbeit / Kulturelle Therapie« (Seidel 1983). Die Neuentwicklungen einer improvisatorischen Musiktherapie seit den siebziger Jahren bezogen sich vielfältig auf die genannten Strömungen (vgl. Kapteina a.a.O.).

Eine kontroverse Debatte zum Thema ›Improvisation‹ wurde unter Musikern, Komponisten und Musikwissenschaftlern insbesondere bei den *Darmstädter Ferienkursen für Neue Musik* ausgetragen und hatte wohl ihren Höhepunkt in den siebziger Jahren.

In seiner klaren, mitunter polemisch zugespitzten Analyse mit dem Titel »Komposition und Improvisation«, konstatierte Dahlhaus 1973, dass die Tendenz zur Belebung
der Improvisation in der Neuen Musik nach 1958 mehrfach motiviert ist. Neben den
erwähnten Entwicklungslinien der postseriellen Musik, durch eine Affinität zum
Jazz, weiter durch »die Hoffnung, musikalische Improvisation sei Ausdruck und
Mittel einer Emanzipation des Bewusstseins und des Gefühls« (ebd. 225). Schließlich
machte er in der Improvisationsneigung von Komponisten und Musikern einen »da-
daistischen, kunstfeindlichen Zug« aus, der sich gegen die Kategorie des musikalischen Werkes selbst wendete. Er befürchtete, falls es sich um »Zeichen einer tiefgrei-
fenden Veränderung des musikalischen Bewusstseins und nicht bloß einer flüchtigen
Mode handelt, würde der Zerfall des Kompositions- und Werkbegriffs nichts Geringe-
res bedeuten, als dass die zentrale Kategorie der europäischen Musik eines halben
Jahrtausends preisgegeben würde.« (Ebd.)

Und weiter: »Ob die Erwartungen, die sich an Improvisation und Aleatorik knüpfen,
Erwartungen, die um emphatische Vorstellungen von Spontaneität, Neuheit und re-
volutionären Gehalten von Musik kreisen, real oder irreal sind, ist einstweilen kaum
absehbar.« (Ebd. 226) Bedenkenswert ist auch heute noch die Überlegung, dass »das
musikalisch Neue nicht nur emanzipatorischen, sondern auch restriktiven Charakter
haben« könne. Es sei »zweifelhaft, ob Neuheit eher im raschen Zugriff der Improvisation als durch die geduldige Anstrengung des Komponierens erreichbar ist. In dem
Vertrauen auf die Unmittelbarkeit und in dem Argwohn gegen Reflexion steckt ein
romantisches Vorurteil.« (Ebd. 228)

»Man könnte, in Umkehrung der Communis opinio, geradezu behaupten, dass Neuheit primär ein Prinzip der Komposition sei, während Improvisation, die ohne einen
Vorrat von Formeln und Modellen kaum zu bestehen vermag, zum Traditionalismus
tendiere. Jedenfalls braucht sie einen Rückhalt: verfügbare melodische Wendungen,
einen tragenden Bass, ein Harmonieschema, das sie paraphrasiert, oder ein zu entwik-
kelndes Thema. Fehlt eine Stütze, so gerät sie in Gefahr, in amorphes Getöse zu ver-
fallen. Improvisation ist selten form- und strukturbildend.« (Ebd. 228)

Dahlhaus hatte bei seiner Kritik der Neuerer neben einem durchaus traditionellen
Improvisationsbegriff die Werte eines dezidierten Form- und Werkbegriffs im Sinn
und bezweifelte – von daher gesehen mit einigem Recht – die größere Effizienz des
improvisatorischen Vorgehens. Zweifellos gingen aber die Motivationen einiger Musiker zum Improvisieren darüber hinaus. In die neue Improvisationsbewegung meng-

ten sich aktuelle gesellschaftliche Themen, wie die Suche nach Emanzipation, Kommunikation, Selbsterfahrung – Ideen, die Dahlhaus im Kontext der Musikproduktion für unangemessen hielt und als »romantisch« abqualifizierte. In der Tat nahmen ja – und dies lässt sich offenbar unterschiedlich bewerten – die künstlerischen Avantgarden der Moderne »die Idee der Romantik auf, Leben und Kunst in einer Lebenskunst miteinander zu verknüpfen, um angesichts der rationalistischen Pragmatik mit Kunst noch die Brücke, wenn auch vergebens, zum entgleitenden Leben zu schlagen.« (Schmid 1998, 75)

Vinko Globokar und *New Phonic Art*

Der Posaunist und Komponist Vinko Globokar führte 1972 in einem Artikel eine bunte Mischung von Motivationen zum Improvisieren an: »Das kann ein Bedürfnis nach Befreiung sein, eine Suche nach einer neuen musikalischen Ästhetik, eine Provokation, der Wunsch, im Kollektiv zu arbeiten, ein instrumentales Experimentieren, ein Amüsieren, ›politisches‹ Engagement, der Wunsch, einer Elite anzugehören, die fähig ist zu improvisieren, ein Mittel, um sich nicht nur durch Töne auszudrücken, sondern auch durch physisches Verhalten, das Bedürfnis, einen Kontakt zum Publikum zu schaffen, der so direkt wie möglich ist, das Bedürfnis, seiner Phantasie freien Lauf zu lassen, ohne gezwungen zu sein, stundenlang an einem Arbeitstisch nachzudenken und so weiter und so weiter.« (85)

Diese Motivationen standen freilich auf einem ganz anderen Blatt als die Argumente, die Dahlhaus anführte. Die meisten Gründe könnten eher von der Soziologie oder der Psychologie her aufgegriffen werden, als von der Musikwissenschaft. Man kann sich vorstellen, dass letztere sich überwiegend für unzuständig hielt und die Diskussion häufig aneinander vorbei geführt wurde.

Exemplarisch beschrieb Globokar die »Ethik«, die Haltung seiner mit drei anderen Musikern einige Jahre früher gegründeten ›freien‹ Improvisationsgruppe (*New Phonic Art*): »Wir wollen sehen, was daraus wird, wenn Musiker (natürlich in beschränkter Zahl und solche, die sich gut kennen), die Entscheidung treffen, sich zu versammeln, um zu spielen, weil sie wirklich das Bedürfnis dazu haben, wobei sie übereinkommen, sich nicht gegenseitig zu beeinflussen, weder durch Worte noch durch Haltungen, sich auf keine mündliche, visuelle oder musikalische Gegebenheit zu beziehen, keine anderen Vereinbarungen zu treffen als gerade diese, sich nicht zu beeinflussen und zu versuchen, während des Spiels nur in Verbindung zu stehen mit Hilfe von Tönen, ohne die Gesetze dieser Verbindung festzulegen. Das würde also bedeuten, dass jeder Beteiligte frei ist. (...) von dem Moment an, wo er beschlossen hat, sich mit anderen Beteiligten zu versammeln, um mit ihnen in Verbindung zu treten, ist er verpflichtet, ihr Spiel – ihre Persönlichkeit – zu achten, in jedem Moment ihre Absichten intuitiv zu erraten und tolerant ihnen Gegenüber zu sein.« (86)

»Auf alle Fälle improvisiert nur der, der es als lebenswichtig empfindet. Er spielt das, was er ist, und das, was er denkt.« (86) Vorrangiges Ziel sei nicht das (neue) musikalische Werk, sondern die Selbstverwirklichung. »Diese Musik hängt so sehr von den Umständen ab, unter denen sie entstanden ist, dem Klangbild des Augenblicks, der inneren Teilnahme derer, die sie hören, dem menschlichen Kontakt, der im Augenblick des Spiels unter den Beteiligten herrscht, der persönlichen Stimmung jedes einzelnen...« (86f)

Mögliche Kritiker aus dem Lager der Musikwissenschaft wehrte er ab, indem er ihre Verfahren der musikalischen Werkanalyse für ungeeignet erklärte: »Sie [die improvisierte Musik] verträgt keine konventionelle Analyse. Wenn schon, dann sollte man eine psychologische Analyse der Verhältnisse zwischen den Beteiligten unternehmen.« (87)

So zugespitzt formuliert konnte es den Anschein haben, als sei das klangliche Ergebnis den Spielern unwichtig geworden (vgl. Niedecken 1988, 51). Vermutlich hatte aber die Einseitigkeit der Betonung eher die Funktion überhaupt aus dem konventionellen Bezugsrahmen aussteigen zu können, um eine neue Spielpraxis zu erproben.

Die Auseinandersetzung mit der Frage, wie sich beim Improvisieren das ohne Vorbereitung Hervorgebrachte zu den durch Übung und Erfahrung eingegrabenen Mustern des Spielens verhielt, zu den Automatismen des Körpers, aber auch den Hörerwartungen der Spieler und Hörer – Dahlhaus spricht von der »Dialektik von Formelhaftigkeit und Spontaneität« – war aber letztlich entscheidend. Nach zwei Seiten war (und ist) die Lebendigkeit der musikalischen Produktion in der Improvisation gefährdet: Entweder bleibt der Spieler in seinen Manierismen gefangen und entwickelt das musikalische Material nicht weiter – oder die Musik wird für andere (und für ihn?) unverständlich und leer: »amorphes Getöse« (Dahlhaus).

Karlheinz Stockhausen: Intuitive Musik

Der Komponist Karlheinz Stockhausen experimentierte zu Beginn der siebziger Jahre in improvisierenden Gruppen. Er versuchte,»von allem wegzukommen, was sich musikalisch als Stil etabliert hat« (1978, 135) und kreierte dafür einen eigenen Begriff, der sich auch von den bislang üblichen Formen des Improvisierens abhob: Intuitive Musik. Er wollte damit »alle möglichen Systeme ausschließen, die man sonst für irgendeine Art von Improvisieren verwendet.« (Ebd.) Psychologische Bezüge im Sinne von Gruppenprozess, Selbsterfahrung und Einfluss des Unbewussten lehnte er ab, proklamierte dafür aber ein »Überbewusstsein« in das die Spieler der Gruppe mit Hilfe von Textkompositionen (Zyklen»Aus den sieben Tagen« und »Für kommende Zeiten«) kommen sollten:»Gibt es doch nichts in der ganzen Geschichte der Musik und nichts in dem, was wir selbst vorher gemacht haben, das den Ergebnissen (...) auch nur im Geringsten ähnlich ist. So muss es also das sein, was wir das Überbewusstsein nennen.« (Ebd., 130)

Die neuartigen Erfahrungen in dieser Form des Zusammenspiels beschrieb Stockhausen beispielsweise so:»Plötzlich ist eine Situation erreicht, bei der alle Spieler offenbar fasziniert sind von etwas, das in der Luft ist. Sie sind vollkommen vom Klang absorbiert und agieren augenblicklich ohne Nachdenken – ich meine ganz spontanes Agieren –, und dann entstehen sehr dichte Strukturen, die für einige Zeit aufrecht erhalten werden...« (131) »Wenn man intuitiv spielt, ist man einfach leer, offen. Da hört man nur, ist ein Riesenohr; man spielt fast wie beim automatischen Schreiben, das heißt ›es‹ spielt sich von selber.« (Texte zur Musik Bd.4, 511. Vgl. auch Feißt 1997, 183ff.)

Die Auseinandersetzungen jener Jahre mit ihren Neigungen zur ideologischen Überhöhung spitzte Tendenzen zu, die im Zusammenhang mit dem Improvisieren nahe liegen: die Tendenz zur Idealisierung des ›Spontanen‹ und ›Unmittelbaren‹ – und andererseits die Tendenz zu dessen Abwertung zugunsten des Wohlüberlegten, Kalkulierten und Kontrollierten. Beide Vereinseitigungen werden dem Gegenstand nicht gerecht, denn – wie auch der Kritiker Dahlhaus meint – »...nicht von der Auflösung der Komposition in Improvisation, sondern von der Vermittlung zwischen ihnen ist musikalisch Triftiges zu erhoffen.« (Dahlhaus, 1973, 228)

Über die Suche nach Fortschritten im Musikalischen hinaus lassen sich die Argumente der Improvisationsmusiker seit den 1970er Jahren lesen als Wunsch nach *neu-*

en Lebensformen, die mit der Praxis freier Improvisationsgruppen gut vereinbar schienen. Es konnte hier ansatzweise die Utopie einer »ökologischen« Gemeinschaft gelebt und erprobt werden, in der Werte wie die Emanzipation des Individuums, Toleranz und Gegenwartsbezug wichtig waren, in der Gefühle und Stimmungen als Hinweise auf die Beziehungsdynamik ernst genommen werden, und wo das eigene Handeln (und das des Anderen) die Chance erhielt, sich als nicht entfremdete und existentiell bedeutsame Lebenspraxis zu erweisen.

Es wurden gewissermaßen Versuche gemacht, den Geltungsbereich künstlerischen Handelns zu erweitern im Sinne einer umfassenden *Lebenskunst* (vgl. Schmid 1998). Improvisation gewann in diesem Kontext die Bedeutung eines Übungs- oder Experimentierfeldes, auf dem exemplarische Erfahrungen zu machen waren, die nicht ohne Verbindung zu den persönlichen, gesellschaftlichen, ja politischen Bedingungen gedacht wurden. Gesucht wurde vielfach nach einer nicht-elitären Übungspraxis, die prinzipiell allen Menschen offen, was nicht der Möglichkeit einer Experten- oder Meisterschaft widersprach.

Dies eröffnete nicht zuletzt auch Wege für die verstärkte Verwendung der Improvisation im Kontext einer therapeutischen Praxis (Weymann 2000), bei der musikalische Gestaltungen in Beziehung gesetzt wurden zu den Gestaltbildungen der Biographie (s.u. I.3).

Definitionsversuche

Am Ende dieses Abschnittes sollen nun noch einige gängige Definitionen zur Improvisation untersucht und eine eigene Arbeitsdefinition aufgestellt werden.

Die meisten Begriffsbestimmungen in den Enzyklopädien erwähnen einerseits die *Gleichzeitigkeit von Erfindung und Aufführung*, andererseits – von der Etymologie der Wortes ›Improvisation‹ (lat. *improvisus* = unvorhergesehen) ausgehend – das Merkmal der *Unvorhersehbarkeit* oder Unerwartbarkeit.

The New Grove Dictionary of Jazz definiert ›Improvisation‹ als »the spontaneous creation of music as it is performed« (1994, 554). Ähnlich steht es im *Riemann Musiklexikon:* »Improvisation ... besteht musikalisch im Erfinden und gleichzeitigen klanglichen Realisieren von Musik.« (1967, 390)

Die umfangreichen Darstellungen zum Stichwort ›Improvisation‹ in der Neuausgabe des MGG (1996) beginnt mit einer Abhandlung von Rudolf Frisius über Unvorhersehbarkeit im Zusammenhang mit Improvisationen, in der es u.a. heißt:»Unvorhergesehen oder unvorhersehbar kann die klangliche Realisation von Musik dann sein, wenn in ihr die Vorgänge der Erfindung und Aufführung zeitlich zusammenfallen. Von musikalischer Improvisation kann in diesem Zusammenhang dann gesprochen werden, wenn das klangliche Ergebnis in wesentlichen Aspekten unvorhergesehen oder unvorhersehbar (unerwartet oder unerwartbar) sowohl für den Ausführenden als auch für den Hörer ist. ... Vorhersehbarkeit und Unvorhersehbarkeit ... können sich in Prozess und Ergebnis der Improvisation unter verschiedenen Aspekten miteinander verbinden.« (1996, Sp. 540f)

Weitere Charakterisierungen befassen sich mit der ›Schriftlosigkeit‹, dem ›Spontancharakter‹ der Hervorbringung von Improvisationen, der Abgrenzung zur Komposition oder dem Werkbegriff.

Eine andere Richtung wird mit der Beschreibung einer *Produktionsdynamik* beim Improvisieren eingeschlagen. So heißt es zum Beispiel im Riemann Musiklexikon: »Improvisation bekundet sich musikalisch als klingendes Ergebnis der Auseinandersetzung spontaner Eingebungen mit einer gestellten Aufgabe; die Spannung zwischen der Objektivität eines Gegebenen oder Modellhaften und der Subjektivität spontanen Produzierens macht das Wesen der Improvisation aus.« (Riemann 1967, 390)

Ähnlich bemerkt auch Sawyer,»that in all improvisational genres there is the same tension between structure and creativity.« (Sawyer 2000, 181) Später spricht er präzisierend von »preexisting structure« und »interactional creativity« (ebd., 184).

Improvisationen sind demnach immer Ergebnisse einer *Auseinandersetzung*, was einseitige begriffliche Zuordnungen erschwert. Sie sind weder ausschließlich Erfindung, noch Reproduktion vorgeformter Strukturen, weder ganz subjektiv, noch allein an etwas außerhalb des Subjekts Liegendem orientiert. Vielmehr scheint es, als mache die Spannung und Auseinandersetzung innerhalb derartiger Gegensatz-Einheiten gerade das *Wesen der Improvisation* aus.

Tom Nunn beschreibt die (›freie‹) Improvisation als ein dynamisches *Bedingungsgefüge*, in dem es zwei Einflussgrößen (influences) gibt: den wahrgenommenen musikalischen Gehalt (content) und die Einflüsse der Umgebung (context): »Multiple, spontaneous processes of creating music in real time as a direct response to the influences of content itself as perceived, and an indirect response to the ever-present influences of context.« (Nunn 1998: 35)

Dabei lässt sich *content* auf den umfassenden Begriff des ›musikalischen Materials‹ beziehen, *context* impliziert neben den unmittelbaren Umgebungsqualitäten (Zeit, Raum, Atmosphäre) die gesamte soziale Situation. Die Improvisation entwickelt sich in der Polarität von musikalischem *Material* und (gesellschaftlicher) *Beziehungsfigur* (vgl. Niedecken 1988), vermittelt durch die Wahrnehmungsfähigkeit und den Erfahrungshintergrund der Spieler wie der Zuhörer.

Der Einfluss des Kontexts sei in improvisierter Musik größer als in anderen Formen künstlerischer Darstellung, meint Nunn, denn »...free improvisation is impulsive by nature, any accidental disruptive sound in the environment during performance will almost always be ›taken up‹ by the music and made a part of it.« (36) »Yet it remains that the greatest influence on the processes of free improvisation is content itself. That is, the processes of free improvisation are essentially self-generating.« (37)

Diese Impulsivität des Improvisationsvorgangs, seine Allmählichkeit oder auch kurzschlussartige Plötzlichkeit, seine Offenheit und Empfänglichkeit für situative (innere oder äußere) Reize und Bedingungen haben Ferand von einer »musikalischen Reflexbewegung« sprechen lassen (Ferand 1957, Sp.1095). Die *Metapher* von der ›Reflexbewegung‹ betont die Schnelligkeit des Vorgangs, die scheinbar unvermittelte Reaktion auf einen Reiz. Sie darf nicht als Aussage etwa über einen physiologischen Funktionszusammenhang missverstanden werden.

Auf der Grundlage der bisherigen Überlegungen wird folgende eigene Arbeitsdefinition zusammengestellt:

Eine musikalische Improvisation ist ein vielschichtiger, spontaner und impulsiver Prozess der Erfindung und gleichzeitigen formenden Realisierung von Musik. Das Improvisieren ist eine Handlung, die im Moment ihres Vollzugs teilweise unvorhersehbar bzw. unerwartet ist. Sie entwickelt sich im Spannungsfeld von subjektiven Ausdruckswünschen und gegebenem idiomatischem Hintergrund, von musikalischem Material und gegenwärtiger (Beziehungs-)Situation.

I.3 Improvisieren und Musiktherapie

> Im Musikalischen zeichnet sich (...) ein Eigenbild der seeli-
> schen Produktion ab, eine Art ›Gesang‹ der Formenbildung.
> Das muss ›als‹ Eigenbild gar nicht erkannt werden; aber es
> wird verspürt als ein Strömen und Wogen, als etwas, das sich
> wendet, umbildet und wiederherstellen lässt.
>
> Wilhelm Salber

Die Tätigkeit und die Produkte des Improvisierens mit Musikinstrumenten und mit der Stimme stellen zentrale Momente, ›Dreh- und Angelpunkte‹ musiktherapeutischer Arbeit dar – nicht aber ihre ›Hauptsachen‹. Die Musik ist nicht *Ziel* der Behandlung (wie sie es in einer künstlerischen Situation wäre), sondern Musik und Musikproduktion sind Zwischenschritt, Mittel-Ding, Medium auf dem Weg zum Verstehen und zur Weiterentwicklung eines therapeutischen ›Behandlungswerks‹.

Der Stellenwert der Improvisation als Verfahren der Musiktherapie hat in den letzten Jahrzehnten rasch zugenommen. Insbesondere in der explizit psychotherapeutischen Ausrichtung der Musiktherapie überwiegt die aktiv-improvisierende Arbeit mit Musikinstrumenten und mit der Stimme häufig die rezeptiven Verfahren, bei denen spezifisch ausgewählte Musikstücke gehört werden. (Vgl. hierzu im Überblick Frank-Bleckwedel 1996. Des weiteren insbesondere die Verfahren der *Musiktherapeutischen Tiefenentspannung* (Decker-Voigt 1996 und 2002) und das besonders in den USA verbreitete *Guided Imagery and Music* (vgl. Kiel 1993).)

Als Teirich im Jahre 1958 den ersten deutschsprachigen Sammelband zur Musiktherapie unter dem Titel »Musik in der Medizin« herausgab, war das Verhältnis eher umgekehrt. Das Sachwortverzeichnis dieses Fachbuchs wies lediglich acht Textstellen nach, an denen von »Improvisation« überhaupt die Rede war. Damals standen im Zentrum des fachlichen Diskurses das Hören von komponierter Musik sowie methodische Fragen der Musikauswahl und der (meist neurophysiologisch basierten) experimentellen Erforschung der Musikwirkung. In einer Sammlung von Fallgeschichten, die Bruscia im Jahre 1991 in den USA herausgab wurde dagegen Improvisation als Verfahren nach »verbal processing« am zweithäufigsten (in 22 der 42 Kasuistiken) angegeben. Im deutschsprachigen Raum dürfte diese Tendenz noch deutlicher ausfallen.

Einige historische Bezugspunkte

Die Etablierung des Improvisierens in der Musiktherapie, das heute geradezu als ein »Standardsetting« bezeichnet wird (Makowitzki 1995), vollzog sich in recht kurzer Zeit. 1971 veröffentlichten Paul Nordoff und Clive Robbins in England ihre Erfahrungsberichte nach zwölf Jahren Entwicklungsarbeit als »Therapy in Music for handicapped children« (deutsche Ausgabe: »Musik als Therapie für behinderte Kinder« 1975). Der künstlerisch-therapeutische Ansatz stellte die musikalische Improvisation als eine grundlegende Technik der Einzeltherapie heraus. Neben der Spezifik des musikalischen Materials (Intervalle, Rhythmen etc.) wurde die musikalisch-klangliche Interaktion und Kommunikation zwischen Therapeut und Patient in den Vordergrund der Aufmerksamkeit gerückt und systematisch untersucht.

Ebenfalls seit 1971 beschrieb Alfred Schmölz, von 1970–92 Leiter des damaligen Wiener Hochschullehrgangs für Musiktherapie, seine Konzeptionen zur aktiven Einzel- und Gruppenmusiktherapie, in denen Improvisationsformen wie das »musikalische Partnerspiel«, der »musikalische Dialog«, die »Einstimmung« (Schmölz 1983, 58) einen zentralen Stellenwert einnehmen (vgl. auch Fitzthum 2001).

Als Mary Priestley 1975 ihre Methode der analytischen Musiktherapie darstellte (»Music Therapy in Action« – deutsch: »Musiktherapeutische Erfahrungen«, 1982), berichtete sie von Improvisation noch als von einer Verwendungsform der Musik unter anderen, doch war schon hier ihre Faszination für die Improvisation zu erkennen (insbesondere angeregt durch einen ihrer Lehrer an der Londoner Guildhall School of Music and Drama, den Komponisten Alfred Nieman). Einige Jahre später definierte sie dann bereits mit Entschiedenheit, ihre Form der Musiktherapie bestünde darin, »dass Therapeut und Klient mit Hilfe improvisierter Musik das Innenleben des Klienten zu erforschen und dessen Wachstumsbereitschaft zu fördern versuchen.« (Priestley 1983)

Die weiter oben skizzierte Improvisationsbewegung der 1970er Jahre beflügelte die Entwicklung der improvisatorischen Musiktherapie. Kreative Pädagogen-Persönlichkeiten wie Lilli Friedemann und Gertrud Meyer-Denkmann beeinflussten hierzulande ganze Generationen von Musiktherapeuten, ohne selbst Musiktherapeutinnen zu sein. Seit den siebziger und achtziger Jahren bildete sich eine europäische Ausbildungslandschaft für Musiktherapie heraus. Die Curricula bezogen die Improvisationsausbildung von Anfang an mit ein. So gibt es heute wohl kaum eine musiktherapeutische Ausbildung, in der nicht eine »musikalisch-psychologische Improvisationsausbildung« (Schmölz) eine zentrale Position einnimmt, wenngleich der theoretische Begründungszusammenhang zwischen Musiktherapie und Improvisation noch viele Fragen offen lässt. (Vgl. zum Überblick Ruud / Mahns 1992, 136ff.)

Einige grundlegende Konzeptionen zur improvisatorischen Musiktherapie, die inzwischen auf teilweise hohem theoretischen Niveau entwickelt wurden, sollen kurz in chronologischer Reihenfolge angeführt werden.

Frank Grootaers (1983) beschrieb das Improvisieren in der Musiktherapie in einem Handbuchartikel als ein »symbolisches Werk« (250). »Durch ihre regelhafte Ungeplantheit garantiert die Improvisation ein Aufleben der strukturellen Gebundenheit des Seelischen schlechthin.« (246)

Fritz Hegi (1986) stellte die Improvisation vor einem gestalttherapeutischen Hintergrund als »*Experiment* der Selbstwahrnehmung und Grenzüberschreitung« dar (158). Die musikalische Gestaltbildung »schafft eine Brücke zwischen Bewusstem und Unbewusstem, zwischen Figur und Hintergrund« (ebd.), womit »sowohl alte Gefühle wiederbelebt als auch neue Gefühle geweckt werden.« (159) Detailliert wurden die einzelnen »Komponenten« der Musik vorgestellt und ihre Wirkung im Rahmen einer musiktherapeutischen Methodik erläutert.

Im Jahre 1988 erschienen gleich drei Dissertationen von Musiktherapeutinnen, die sich an zentraler Stelle mit Improvisation befassen.

Die schon erwähnte Schrift von Dietmut Niedecken: »Einsätze. Material und Beziehungsfigur im musikalischen Produzieren«. In dieser Arbeit wird das musikalische Handeln und insbesondere auch das Improvisieren in der Musiktherapie aus psychoanalytischer Sicht als *szenisches Handeln* dargestellt, als Artikulation »nicht zur Sprache gebrachter Interaktionsformen, deren szenische Struktur in der Musik wiederkehrt.« (123) Im musikalischen Handeln werden »Lebensentwürfe« präsentiert und zur Debatte gestellt.

Das Buch »Ich singe, was ich nicht sagen kann« von Rosemarie Tüpker (1.Auflage 1988) stellte eine Grundlegung der Musiktherapie vor dem Hintergrund der morphologischen Psychologie dar. Tüpker fasste in einer entschieden psychologischen Sichtweise »*musikalische Prozesse als seelische Prozesse*« auf, sie betrachtete Musik als Phänomen, das »aus kulturellen und seelischen Zusammenhängen Sinn und Bedeutung erfährt« (1996, 18). Musiktherapie ist »psychästhetische Behandlung«, bei der Ästhetisches und Psychisches sich gegenseitig auslegen und verdeutlichen können

(ebd. 248). U.a. werden verschiedene »intensivierende Faktoren« der Musikproduktion in der Therapie erläutert, die die klinische Relevanz der Musiktherapie erklären
können (ebd. 251ff).

Der Untertitel der Arbeit von Mechtild Langenberg (1988) lautet: »Darstellung besonderer Merkmale der musiktherapeutischen Behandlungssituation im Zusammenhang mit der freien Improvisation«. Langenberg entwarf eine »analytisch orientierte
Musiktherapie«, in der die gemeinsame Improvisation von Patient und Therapeut die
Bedeutung eines Begegnungsspielraums und einer Versinnlichung des Übertragungs-
geschehens erhält. Die Wahrnehmungseinstellung des Therapeuten als eines »perso-
nalen Instrumentes« in der Improvisation wird unter dem Terminus der »Resonanz-
körperfunktion« beschrieben. Es wird damit sowohl die Fähigkeit mitzuschwingen als
auch die Eigenschaft wie ein Instrument resonnierend, »hör- und fühlbar im Begeg-
nungsprozess zu sein« angesprochen (1996, 309).

Nach seinem ersten Buch erforschte Fritz Hegi die Systematik der »Wirkungskompo-
nenten der Musiktherapie« zehn Jahre lang weiter und präsentierte die Ergebnisse in
seiner 1997 veröffentlichten Dissertation. *Klang, Rhythmus, Melodie, Dynamik, Form*
wurden in Verbindung mit bestimmten Kontaktmustern an zahlreichen Beispielen aus
der improvisatorisch-klinischen Praxis beschrieben.

Eine erste gemeinsame Sichtung von Unterschieden und Überschneidungen in den
Standpunkten zur Improvisation in der Musiktherapie wurde anlässlich eines interna-
tionalen Symposiums zum Improvisationsunterricht im Musiktherapiestudium 1998 in
Hamburg unternommen (vgl. Bergstrøm-Nielsen, Weymann (Hg.) 2001).

Begründungen

Die gängige Bestimmung der musiktherapeutischen Improvisation als Medium des
Ausdrucks und der nonverbalen Kommunikation ist zu hinterfragen. Was kommt im
improvisierten Spiel zum Ausdruck? Welche Mitteilungen werden transportiert?
Psychologische Begründungen für die Verwendung des Verfahrens in der Therapie
sind je nach Musikbegriff, Theoriebezug und Praxiskontext unterschiedlich.

Grootaers (1996a, 134) beschreibt die gemeinsame Improvisation von Patient und
Therapeut als ein »*unreflektiertes Handlungsgefüge*«, »unreflektiert ... im Sinne von:
vor jeder Reflexion, der Reflexion zugänglich und durchaus sinnstiftend.« Seine

42

(morphologische) »Arbeitshypothese« lautet: »Die Figuration, die in diesem improvisierten Handlungsgefüge wirksam ist, ist zugleich eine das Leben dieses Patienten übergreifende.« Vgl. hierzu auch den Artikel »Formenbildung« von Grootaers (1996b) im Lexikon Musiktherapie.

Im psychotherapeutischen Kontext ist der Rekurs auf das Verfahren der freien Assoziation in der Psychoanalyse naheliegend. Entsprechend der psychoanalytischen *Grundregel*, alles auszusprechen, was einem durch den Kopf geht, auch wenn es einem unsinnig etc. erscheint, kann die entsprechende musiktherapeutische Formel lauten: »Wir spielen, was uns einfällt, lassen uns von dem in uns bestimmen, was nach Ausdruck drängt.« (Langenberg et al. 1992) Tüpker formuliert ähnlich als eine Art Grundregel: »Spielen (Sie, was Ihnen in die Finger kommt) und Reden (Sie, was Ihnen durch den Kopf geht).« (1996, 259)

Hier wie dort wird angestrebt, die Zensur durch das Bewusstsein aufzuheben oder mindestens zu lockern zugunsten spontanerer Ausdrucksformen, in denen der unbewusste Determinismus des Seelischen zugänglich wird. Gerade wenn die Patienten im Improvisieren unerfahren sind (wie meistens der Fall) und wenn sie keine bestimmten Vorgaben und Aufträge (›Spielregeln‹) erhalten haben, stellen sich im Spiel mit dem Therapeuten bzw. der Gruppe (und natürlich nicht nur hier) wie von selbst ›altbekannte‹ Verhältnisse und Konstellationen ein. In der aktuellen Situation taucht die Erinnerung an andere Situationen auf. Etwas psychologischer ausgedrückt: Die gestisch-akustischen ›Szenen‹ bilden sich vor dem Hintergrund des Übertragungs-Gegenübertragungs-Geschehens als komplexe dynamische Beziehungsverhältnisse ab. Sie ermöglichen als vorsprachliche »sinnlich-symbolische Interaktionsformen« (Lorenzer 1983) Anknüpfung an bedeutsame Lebens-Szenen des Patienten.

»Die gemeinsame Improvisation verwirklicht die frühesten Organisationen der seelischen Formenbildung. Erst ein Arbeiten aus der Konstruktion dieser frühen Organisation heraus hat Chancen, einen Entwicklungsgang zu provozieren.« (Grootaers 1994) Der Hinweis auf die Qualitäten, die vom jungen Kind wahrgenommen werden, können diese Analogisierung verdeutlichen (vgl. Stern 1992, Decker-Voigt 1999): Die frühen Wahrnehmungsmodalitäten verlaufen wesentlich entlang Kategorien wie Intensität, Zeitgestalt (Dauer, Rhythmus, Tempo, accelerando, ritardando), Tonhöhe und Klangfarbe. Bei der frühkindlichen Interaktion ist die Fähigkeit (oder Unfähigkeit) des Kindes und der Betreuungspersonen von Bedeutung, diese Qualitäten ineinandergreifend (verbindend und unterscheidend) in Abstimmung zu bringen. In derartigen wiederholten Erfahrungen (Episoden) prägen sich nachhaltig Formen der sozialen Wahrnehmung und des Selbstempfindens aus, die in der Situation des musiktherapeutischen Improvisierens gewissermaßen »wiederbelebt« werden können (Weymann 1992).

Musik kann nie direkt in Sprache ›übersetzt‹ werden, da sie einem anderen Symbolsystem angehört (vgl. Langer 1979, Niedecken 1996). Daher stellt die Analyse der klanglich-musikalischen Gestaltungen sowohl in der klinischen Praxis als auch für die Forschung der Musiktherapie eine besondere Herausforderung dar. Es wurden einige qualitative Analyse- und Interpretationsverfahren entwickelt, die mit phänomenologischen, (tiefen-)hermeneutischen bzw. psychoanalytischen Arbeitsansätzen die Vielfalt und auch Vieldeutigkeit musiktherapeutischer Improvisation aufzugreifen und auf theoretische Perspektiven zu beziehen suchten.

Die Auswertungs-Verfahren weisen in ihrer Grundstruktur viele Gemeinsamkeiten auf. Alle stellen einen gegliederten mehrschrittigen Weg dar, der schließlich in eine Aussage mündet, die auf ein allgemeines Modell bezogen ist. Unterschiede ergeben sich in erster Linie in Hinsicht auf dieses theoretische Modell, auf das die Interpretationen bezogen werden und die davon abgeleitete Logifizierung. (Vgl. Tüpker 1988, 1992; Niedecken 1988; Langenberg et al. 1992; Weymann 1996; Metzner 2000.)

Einstellungen

Das Spiel des Therapeuten ist in der therapeutischen Improvisation in Teilen oder Momenten ebenso ein ›freies‹ Spiel wie das des Patienten, andererseits ist es aber auf das Patientenspiel ausgerichtet. Der Therapeut verwendet eine oszillierende Wahrnehmungs-Einstellung, die es ihm erlaubt seine Spielfähigkeit gleichsam in den Dienst des Patienten zu stellen und zugleich die künstlerisch-kreativen Impulse aufzugreifen, die in der Situation lebendig werden. Er hat darauf zu achten, dass er nicht in erster Linie eigene Ausdruckswünsche realisiert – ein spezieller Aspekt des Abstinenz-Gebotes für Musiktherapeuten. In einer Art *gleichschwebender Aufmerksamkeit* nimmt er wie ein »Resonanzkörper« die oft rudimentären Gestaltungsansätze des Patienten auf, entfaltet sie aber auch und führt sie weiter (vgl. Langenberg 1988). Damit wird das Improvisieren neben dem Gespräch (ggf. anstelle des Gesprächs) und der Beobachtung von Gestik, Mimik, Atmosphäre des Zusammenseins etc. zu einem zentralen Untersuchungs- und Entwicklungsfeld für die Therapie.

Die musiktherapeutische *Diagnostik* bezieht sich dabei auf die spezifische Qualität der sich im Spiel mit dem Therapeuten resp. der Gruppe widerspiegelnden Kontaktmuster und Beziehungsverhältnisse (zum Beispiel kontrastierend, verschwimmend, ergänzend, ausweichend), auf die Eigenart der Prozessdynamik (zum Beispiel Trägheit, Überbeweglichkeit, Brüche, Stockungen etc.), auf situative Stimmungen und Atmosphären. Die besondere Kunst besteht darin, die so erschlossenen Strukturen in einer kritischen Analyse in Beziehung zu setzen zu dem übrigen ›Material‹, das ›der Fall‹ bereitstellt (Klagen und Symptome, Lebensgeschichte, weitere Beobachtungen und Informationen, Formen der Alltagsbewältigung etc.).

Die musikalischen *Interventionen* des Therapeuten greifen diese Strukturen mit kunstanalogen Mitteln wie Wiederholung, Variation, Zuspitzung, Kontrastierung etc. auf. Ziel ist es, im Sinne des individuellen Behandlungsauftrags die Therapie als einen Prozess in Gang zu setzen und zu halten, der zu einem wie auch immer gearteten *Anders-Werden* und damit zu neuen Möglichkeiten des Erlebens und Handelns führt (Weymann 1990, Tüpker 1996a). Die Wirkmächtigkeit des Improvisierens lässt sich mit Hegi dadurch begründen, dass es »eine Erfahrungswelt ›darstellt‹, in der sowohl alte Gefühle wiederbelebt, als auch neue geweckt werden. (...) Improvisation ist ein dauerndes Suchen nach *Gestaltbildung* und *Gestaltverwandlung*. Dieser Prozess durchdringt psychische, körperliche und soziale Fragen gleichermaßen. (...) Es liegt eine grundsätzliche Kraft in Improvisationsprozessen, das gegenwärtige Erleben zu aktivieren und zu vervollständigen.« (Hegi 1986, 159)

Im Behandlungszusammenhang

Die Improvisation in der Musiktherapie ist nicht ›zweckfrei‹, sie steht im Dienste eines therapeutischen Behandlungsauftrags und -zieles. Doch ist dieser Zweck für Patienten möglicherweise nicht so leicht zu bestimmen wie etwa der eines Belastungstrainings auf dem Ergometer oder der Unterweisung im Autogenen Training. Insofern mag die Aufforderung zu improvisieren für manche Patienten zunächst geradezu sinnlos erscheinen, da sie keine kausale Beziehung dieser Tätigkeit und ihrer Gesundheit erkennen können. In Analogie zu ihnen bekannten Behandlungssituationen erwarten manche Patienten von der Improvisation eine Art Psycho-Screening, wie eine Röntgendiagnostik. Sie fragen dann etwa: soll ich noch weiterspielen oder reicht es schon? Andere argwöhnen, dass das Improvisieren wie eine Art Lügendetektor geheime Gedanken offenbar werden lassen. Gemeinsam ist diesen Vorstellungen, die alle nicht ganz abwegig sind, ein einseitiger Begriff von Behandlung: nämlich, dass jemand ›behandelt‹ bzw. manipuliert wird.

Der Patient der Musiktherapie wird dagegen nicht vornehmlich als ›Objekt‹ einer Behandlung oder Beeinflussung angesehen, sondern als Teilhaber in einem ›gemeinsamen Werk‹. Dementsprechend wird das Improvisationsspiel auch nicht in erster Linie als Gegenstand einer analysierenden Untersuchung angesehen. Vielmehr wird mit dem Spiel (oder: *im* Spiel), das meistens ein *Zusammenspiel* von Patient und Therapeut oder einer Gruppe ist, ein spezifischer *Spiel-Raum* angeboten, der sich von den Möglichkeiten anderer Interaktionsformen der Behandlung (Gespräch, Rollenverhalten, konventionelle Umgangsformen) unterscheidet, diese erweiternd und ergänzend.

In dieser Hinsicht ist das Improvisieren – auch wenn es in den Zweckzusammenhang der Behandlung eingebunden ist – tatsächlich ›zweckfrei‹, d.h. nicht auf einen *bestimmten* Zweck gerichtet (ein ›Paradoxon‹, auf das auch Wosch (2000, 26) hinwies): es bietet einen ›offenen‹ Spielraum, in dem etwas ›freiwillig und absichtsvoll‹ geschehen, sich etwas zeigen kann, das für den Lebenszusammenhang der Beteiligten von Bedeutung ist. Das Spiel wird zu einer »Geste, in der man sich auslebt« (Flusser 1994, 172), indem man beginnt, »die eigene, ganz spezifische und mit keiner anderen vergleichbare Existenz aus sich selbst hinauszuprojizieren.« (Ebd., 173)

Die Improvisation zu Beginn der Therapiestunde ähnelt zuweilen der Ouvertüre einer Oper. Sie berührt die Frage nach dem gegenwärtigen Thema der Therapie, nach der ›Szenerie‹, die sich aktuell im therapeutischen Zusammenspiel belebt: welche Verhältnisse und Atmosphären, welche Dynamik, was für Eindrücke und Bilder stellen sich ein? Das Gespielte und die darauf bezogenen Einfälle stehen nie für sich, sie lassen sich beziehen auf die früheren Therapiestunden, auf andere Informationen und Eindrücke, auf Biographie und Behandlungsauftrag.

Die Improvisation im Stundenverlauf stellt eine Unterbrechung des Gesprächs – und damit eine Brechung im Prozess – dar. Der Medienwechsel bewirkt eine Veränderung der Aufmerksamkeit und eine Intensivierung des Gesamterlebens. Das Gesprochene bzw. die emotionale Gestimmtheit, die mit den Worten verbunden ist, wird anders weitergeführt. Dadurch erfolgt eine Umzentrierung der Aufmerksamkeit. Der Blick wird von unlösbar erscheinenden Problemen ›umgelenkt‹ auf eine andere Tätigkeit, die scheinbar wenig mit dem Besprochenen zu tun hat, dieses aber doch in einem anderem Licht erscheinen lassen.

Bildlich ausgedrückt: Diese Brechung, die mit dem Wechsel vom Sprechen zum Spielen (und umgekehrt) immer verbunden ist, ist dem Übergang, dem Eintauchen in ein anderes Medium vergleichbar – von Luft in Wasser etwa. Im neuen Medium sind die Verhältnisse anders – und ähnlich zugleich. Durch den Wechsel der Perspektive ergeben sich Variationen des Erlebens.

Durch das Zweierlei von Sprechen und Spielen werden zudem Vergleichsmöglichkeiten geschaffen, die die *strukturelle Sicht* auf die Zusammenhänge von Erleben und Verhalten erleichtern. Die Improvisation verhält sich dabei zur Rede gewissermaßen ›metaphorisch‹ (vgl. auch Kap. I.1): Der Vergleich der beiden Gestaltungsmodi ermöglicht es, das eine im Licht des anderen zu sehen, ein neues Verständnis emergiert (vgl. Buchholz 1995, 15f). Buchholz beschreibt, dass mit Hilfe von Bildern, Metaphern, Imaginationen ein ›Sehen‹ ermöglicht wird, das das ›Denken‹ überschreitet (ebd., 18).

Auf den jeweiligen Behandlungszusammenhang und -auftrag kommt es an, in welcher Hinsicht dieser Wechsel therapeutisch genutzt wird. So beispielsweise

- als provozierender oder handlungserleichternder Spielraum für den Gehemmten (Anregung),

- als Medium der Begegnung und der freundlichen Übereinstimmung für den Sprachlosen und Isolierten (Kontakt),

- als Möglichkeit, auf andere Gedanken zu kommen, die gleichwohl etwas mit den vorigen zu tun haben für den Festgefahrenen (Umstimmung),

- als Spielraum zur Selbsterkundung und Selbstverwirklichung im Rahmen der therapeutischen Beziehung: so bin ich jetzt und hier (Selbsterfahrung).

Mit dem Spielen eröffnen sich »neue Möglichkeiten von Situationen« (Merleau-Ponty), andere Modi des gemeinsamen Anwesend-Seins (Grootaers 1983, 246, Deuter 1996, 46). Jadi weist darauf hin, dass in der Musiktherapie die (improvisierte) Musik nicht analog einem Wirkstoff eingesetzt wird (wie dies etwa in der Musikmedizin durchaus der Fall ist – vgl. hierzu Spintge / Droh 1992; Escher 1998). Jadi betont: »Man behandelt nicht mit Musik oder Sprache, also nicht mit der Wirkung der Medien sondern in ihnen.« (Jadi 1994, 41) »In der produktiven Musiktherapie hoffen wir nicht auf die Wirkung der Musik, sondern auf den Vollzug des Musikverstehens in Form des Spiels.« (ebd., 35)

Der Status der improvisierten Musik in der musiktherapeutischen Behandlung gleicht also weniger dem einer Substanz oder eines Wirkstoffs in einer linear beschreibbaren Ursache-Wirkungs-Korrelation. Die Wirksamkeit des Improvisierens beruht vielmehr – psychologisch verstanden – auf der Bereitstellung besonderer Spiel- und Handlungs-Modalitäten. Diese ›Wirkungsräume‹ sind es, die (im Austausch mit anderen Modalitäten) Entwicklung, Veränderung, Klärung ermöglichen.

Ein Anliegen dieser Arbeit in Bezug auf Musiktherapie ist es, diese Wirk-Möglichkeiten zu erkunden und exemplarisch zu beschreiben. Im folgenden Kapitel sollen zunächst die Fragestellung präzisiert und die methodischen Grundlagen der Studie erläutert werden.

II Fragestellung, Theorie und Methode einer Untersuchung zur musikalischen Improvisation

In diesem Kapitel wird die Untersuchung in ihren methodisch-theoretischen Bezügen vorgestellt. Dazu ist zunächst der spezifisch *psychologische* Charakter der Fragestellung zu erläutern, dem das Forschungsdesign anzumessen war. Im Kontext des qualitativen Forschungsparadigmas wird die Methodik des tiefenpsychologischen Interviews erläutert. Das methodische Vorgehen der Untersuchung wird als ein vernetztes Gefüge von transformierenden Bearbeitungsschritten dargestellt, in denen eine Rekonstruktion des wissenschaftlichen Gegenstands ›Improvisation‹ allmählich erscheint.

II.1 Zur Fragestellung der Untersuchung: Improvisieren als Selbstbehandlung eines Lebenswerks

Ziel dieser Untersuchung ist es, etwas über die *Natur des Improvisierens* zu erfahren. Dabei sollte dieser ›Natur‹ nicht in den vergegenständlichten Werken oder Produkten des Improvisierens nachgegangen werden, vielmehr suchten wir sie in den komplexen *Wirkungszusammenhängen* aufzuspüren, die mit der Tätigkeit des Improvisierens verbunden sind.

Zunächst zu einigen Grundannahmen und Begriffsklärungen. *Wirkung* soll verstanden werden im Sinne eines umfassenden Ineinander von sozio-psycho-physischen Wechselwirkungen, die insgesamt, als Wirkungs-Getriebe, die *Wirklichkeit* konstituieren. Mit diesem Wirkungs-Begriff verbunden ist der Begriff der *Behandlung*, der – über den Begriff der klinischen oder therapeutischen Behandlung hinausgehend – in einem umfassenden Sinne gemeint ist. »Wirkung, das ist die *Behandlung* und Bearbeitung der (fließenden) *Wirklichkeit*, in der wir leben.« (Salber 1995, 13) Wir behandeln (konstruieren, beeinflussen, verändern, bewegen) fortwährend handelnd und ›im Kopf‹ die Wirklichkeit – und werden umgekehrt durch die Bedingungen dieser Wirklichkeit (zu denen eben auch unsere Konstruktionen derselben gehören) behandelt. »Jeder seelische Umgang mit Wirklichkeit ... [ist] immer schon als Behandlung anzusehen.« (Salber 2001, 17) Zugespitzt formuliert: »Seelisches ist Behandlung...« (ebd.).

Diese ›konstruktivistische‹ und ›systemische‹ Auffassung von Wirklichkeit liegt der *morphologischen Psychologie* zugrunde, wie sie Wilhelm Salber vor dem Hintergrund der Gestaltpsychologie und der Tiefenpsychologie Sigmund Freuds begründete (Salber 1965). Er stellte, u.a. mit Bezug auf Goethes naturwissenschaftliche Ansätze, das *Seelische Geschehen* als ein die Wirklichkeit umgreifendes Spiel von *Gestalt und Verwandlung* dar, als Entwicklungs- und Umbildungsprozess – ein Konzept, das auch dieser Arbeit zugrunde liegt (Weymann 1996c).

Unser *Lebens-Werk* (der Werk-Begriff betont ebenfalls den Produktions- und Wirkungs-Aspekt im genannten Sinne) ist das Ergebnis einer ununterbrochenen wechselseitigen Behandlung. Dies spielt sich vornehmlich in und mit unseren Alltagstätigkeiten ab. Der *Alltag* ist anzusehen als die Selbstbehandlung unseres Lebenswerks.

Psychologisch gesehen gibt es keine banalen Tätigkeiten. Eine solche Unterscheidung treffen wir eher zur Dramatisierung des Lebens. Alles, was wir handelnd und erleidend erleben (Vorhaben, Ideale, Wohnungseinrichtungen, Nahrung, Reinigungsrituale, Hintergrundmusik, drückende Schuhe) wirkt auf die ›dramatische‹ Gestalt des Lebens-Werks ein.

Jeder Mensch bewältigt die Gestaltung seines Lebens auf eine ihm eigene, charakteristische Weise, die wir seine *Lebensmethode* nennen können. Die (nur partiell bewusst verfügbaren) Strukturen der Lebensmethode sind zum Teil angeboren, zum Teil allmählich in Erfahrungen entstanden. Sie sind überdauernd und später nur noch geringfügig veränderbar. Sie umfassen das, was auch mit *Charakter* bezeichnet wird, verstanden als das »Gesamt der ... individuellen seelischen Strukturen« (Auchter und Strauss 1999, 47). Über die Lebensmethode eines Menschen lässt sich viel erfahren, wenn wir ihn (etwa in einer klinischen Behandlung) eingehend nach seinem Tageslauf, nach Tätigkeiten und Gewohnheiten befragen.

Alltag und *Kunst* gehören in dieser Perspektive nicht grundsätzlich unterschiedlichen Kategorien an. Alltagserfahrungen und Kunsterfahrungen ›machen‹ vielmehr etwas miteinander, sie sind in Austausch- oder Auslegungsverhältnissen aufeinander bezogen. Die Erfahrungen, die wir mit Kunstwerken machen, etwa im Museum oder in einem Konzert, sind umfassend beeinflusst von unserer gegenwärtigen Lebenssituation. Deshalb kann sich die Erfahrung mit einem bestimmten Kunstwerk, mit dem wir in einen Dialog eintreten, auch von Tag zu Tag ändern. Umgekehrt verändert der Umgang mit Kunstwerken die Sicht auf Wirklichkeit und Welt. Man kann in diesem Sinne sagen, »die Werke der Kunst sind ein Experimentierfeld für die Behandlungswirklichkeit« (Salber 1993, 250).

Kunstwerke können die Alltagswirklichkeit beispielsweise dadurch ›behandeln‹, dass sie unser Erleben und unsere ›Bilder‹ und Erzählungen von der Wirklichkeit *umbrechen* und *zuspitzen*, *verrücken* und *zerdehnen*. Sie machen dadurch die Bewegungen, in denen wir leben, und den Zusammenhang unserer Selbstbehandlung für uns spürbar und ermessbar (vgl. Salber 1993).

Dementsprechend können wir auch den *Wirkungszusammenhang von Improvisationen* ansehen als ein Experimentierfeld des Seelischen. Mit dem Ausdruck ›Wirkungszusammenhang‹ soll noch einmal betont werden, dass unter einem *psychologischen* Blickwinkel Improvisationen nie ›an sich‹ vorkommen, sondern dass wir nur im Umsatz oder Austausch mit dem *Erleben* von Spielern oder Hörern etwas über das Improvisieren als ›Wirkend-Bewirktes‹, über seine immanenten ›Mechanismen‹ und die Konstruktionen des Seelischen im Allgemeinen in Erfahrung bringen können.

Eine psychologische Untersuchung des Improvisierens kann unterschiedlich aufgebaut werden. In einem quasi experimentellen Setting wurden beispielsweise Improvisationen mit Erlebensbeschreibungen in Austausch gebracht, welche die Spieler nach dem Spiel angefertigt hatten. Dabei konnten charakteristische Entstehens- und Ablaufformen von Improvisationen ermittelt werden, die sich besonders durch ihre Intensität und Schnelligkeit auszeichneten: Musik – »die schnellste aller Welten« (Leikert 1990a und b). Musiktherapeutische Forschungsansätze untersuchten dagegen Improvisationen im Austausch mit Lebens- bzw. Behandlungsgeschichten (z. B. Niedecken 1988, Langenberg 1994, Tüpker 1996, Kunkel 1996, Deuter 1996, Irle / Müller 1996, Grootaers 2001 u.a.).

In der vorliegenden Arbeit ist ein alternativer Weg eingeschlagen worden. Der Frage nach der *Natur des Improvisierens* wurde unter dem Blickwinkel nachgegangen, welche Bedeutung diese Tätigkeit für manche Menschen gewinnen kann und welche Erlebens- und Verhaltenszusammenhänge sich im Kontext des Improvisierens herausbilden. Der *Wirkungsraum des Improvisierens* wurde erkundet mit der Frage, auf welche Weise *Improvisation als Selbstbehandlung eines Lebenswerkes* fungiert. Die Untersuchung stützt sich insbesondere auf vierundzwanzig Tiefeninterviews mit improvisierenden Musikern.

Dem ›Flüchtigen‹ und schwer Greifbaren der Improvisationskunst (Wilson 1999, 11) steht die hohe Kontinuität gegenüber, mit der diese Kunst von manchen Menschen betrieben und kultiviert wird. Die befragten Musiker hatten nicht nur gelegentlich oder am Rande mit dem Improvisieren zu tun, es war für sie vielmehr zu einer wichtigen, zuweilen existentiellen Tätigkeit geworden, die oft mit einer entsprechenden Lebenshaltung verknüpft war. D.h. es zeigte sich paradoxerweise mit dem Flüchtigen auch so etwas wie ein roter Faden, wie ein ›methodischer‹ Aspekt einer Lebensentwicklung. Dabei lassen sich kaum ›rationale‹ Gründe für die Wahl dieser Spielart des Musizierens nennen, eher scheinen es ›innere‹, emotionale Veranlassungen zu sein, die für die Bevorzugung des Improvisieren motivieren.

Indem nun Improvisationsmusiker eingehend im Interview nach ihren (langjährigen) Erfahrungen mit dem Improvisieren befragt wurden, entwarfen sie im Gespräch ein Bild, *ihr* Bild des Improvisierens – und zugleich erzählten sie (*nolens volens*) etwas von sich, von Situationen und Szenen in ihrem Leben. Diese Episoden, Atmosphären, Gefühle, die im Zusammenhang mit den Erzählungen vom Improvisieren im Gespräch evoziert wurden, können auf die individuelle *Lebensmethode* und das *Lebenswerk* hinweisen, vor denen das gegebene Bild vom Improvisieren erst verständlich wird. Diese zusätzlichen Informationen ermöglichen es uns, die Mitteilungen zum Improvisations-Thema als Selbstbehandlungs-Bewegungen vor dem Hintergrund eines Lebenskontexts sinnvoll einzuordnen und zu bewerten.

Einer meiner Interviewpartner brachte diesen Gedanken folgendermaßen zum Ausdruck:»Mir ist aufgefallen, wenn ich über die Geschichte der Improvisation bei mir erzähle oder über die Musik – das ist ja gar nicht trennbar, das macht die Geschichte meiner Musik eigentlich aus –, dann ist das auch eine Geschichte von meinem Leben. Weil das schon eine wichtige Linie ist. Und vielleicht gibt es gar keine, woran ich mehr sehen und verstehen könnte, als diese: zu erzählen, was spielt die Musik in meinem Leben für eine Rolle. Nicht als irgendein Nebenbereich. Ich glaube, da gibt es keinen Bereich, der das umfassender erzählt als der Blickwinkel von der Improvisation her.« (*Tom*, s.u. III.3.11!)

Wenn in den Gesprächen also biographische Daten erhoben wurden, geschah dies nicht unter einem therapeutischen Blickwinkel (mit den Gesprächspartnern als *Patienten).* Das Interesse richtete sich vielmehr auf den *exemplarischen Fall* eines Menschen, für den das Improvisieren wichtig geworden ist, der uns zeigt, wie er mit Improvisationen sein Leben ›behandelt‹.

Der Hinblick auf die *Improvisation als Selbstbehandlung eines Lebenswerks* könnte den Eindruck erwecken, dass diese Tätigkeit in dem jeweiligen Lebenswerk den Charakter einer Not- oder Rettungsmaßnahme annimmt. Auch wenn dies mitunter der Fall sein mag, war die Fragestellung der Untersuchung allerdings allgemeiner:

Wie sind Lebenswerk und die Tätigkeit des Improvisierens aufeinander bezogen? Wie zeigt sich das ›Lebens-Methodische‹ im Umgang mit dem Improvisieren? Wie verweist dies auf besondere Eigenschaften und Wirkungen der Improvisations-Tätigkeit?

Durch *eingehende Befragungen* nach der Methodik des morphologischen Tiefeninterviews (vgl. Kap. II.2.4) wurde das Material für diese Studie erhoben. Anschließend wurde jedes einzelne Interview in mehrfachen Durchgängen methodisch bearbeitet und analysiert. Ziel war es, in jedem einzelnen Fall zu einer *Rekonstruktion* eines in diesem Interview zum Ausdruck kommenden psychologischen *Grundverhältnisses* zu kommen, das sich jeweils in der Tätigkeit des Improvisierens realisiert. Jeder Fall wurde separat ausgewertet, es stellt sich in ihm *ein* mögliches Bild vom Improvisieren dar.

Zusammen ergeben die ›Bilder‹ ein ›Spektrum‹ des Gegenstandes. In diesem Sinne sollen zum Schluss der Untersuchung die Einzelergebnisse im Zusammenhang betrachtet werden, um erste (begrenzte) verallgemeinernde Charakterisierungen der *Natur des Improvisierens* abzuleiten.

II.2 Qualitative Forschung: das Subjekt im Alltag

> Um Lebendes zu erforschen, muss man sich am Leben beteiligen. Man kann zwar den Versuch machen, Lebendes aus Nichtlebendem abzuleiten, aber dieses Unternehmen ist bisher misslungen. Man kann auch anstreben, das eigene Leben in der Wissenschaft zu verleugnen, aber dabei läuft eine Selbsttäuschung unter. Leben finden wir als Lebende vor; es entsteht nicht, sondern es ist schon da, es fängt nicht an, denn es hat schon angefangen. Am Anfang jeder Lebenswissenschaft steht nicht der Anfang des Lebens selbst; sondern die Wissenschaft hat mit dem Erwachen des Fragens mitten im Leben angefangen. Der Absprung der Wissenschaft vom Leben ähnelt also dem Erwachen aus dem Schlaf.
>
> Viktor v.Weizsäcker, Der Gestaltkreis (1940)

Nach Mayring (1993) lassen sich zwei unterschiedliche Denktraditionen in der abendländischen Wissenschaftsgeschichte ausmachen, die mit den Namen von Aristoteles und Galilei verbunden werden können.

»Aristoteles steht dabei für ein Wissenschaftsverständnis, das die Gegenstände als dem Werden und Vergehen unterworfen ansieht und damit die historischen und entwicklungsmäßigen Aspekte betont; die Gegenstände auch durch ihre Intentionen, Ziele und Zwecke verstehen will und damit auch Werturteile in der wissenschaftlichen Analyse zulässt; neben der Ableitung des Besonderen aus dem Allgemeinen mittels logisch widerspruchsfreier Beweise (Deduktion) ein induktives Vorgehen erlaubt und damit auch die Grundlage für sinnvolle Einzelfallanalysen bildet.« (Mayring 1993, 3) »Aristoteles stellte die Induktion als eine Methode dar, die es erlaubt, von beobachteten Einzelfällen zu allgemeinen Gesetzen (Formen) aufzusteigen. In diesem Sinne nannte er die Induktion ein Freilegen des Allgemeinen im Besonderen.« (Seiffert und Radnitzky 1989, 150)

Galilei suchte dagegen die Naturerkenntnis von subjektiven und ideologischen Anteilen zu befreien und ganz auf die Mathematik zu gründen. Seine Leitlinie wurde die deduktive Logik, die das Besondere aus dem Allgemeinen (Naturgesetzen, Axiomen) abzuleiten sucht. Er »huldigte einem Rationalismus, der glaubt, die Welt rein auf mechanistische Weise, mit Hilfe von Mathematik, Mechanik und Vernunft, begreifen zu können.« (Schmidt 1982, 210) Descartes entwickelte die Vision einer Einheitswissenschaft (Universalmathematik) weiter, von der aus u.a. die Entwicklung der Technik im Sinne einer umfangreicheren Beherrschung der Natur denkbar und realisierbar wurde (Mayring 1993, 4; Schmidt 1982, 117). Die damit einhergehende Zurückführung der *Qualitäten* auf physikalische Größen führte zu den Versuchen umfassender *Quantifizierung* und Mathematisierung des Forschungsprozesses im Sinne der nunmehr traditionellen Forschungsmethodik.

Die Exaktheit der Naturwissenschaften war auch für die Sozialwissenschaften lange Zeit vorbildhaft. Dies spiegelte sich in der Entwicklung der Vielzahl standardisierter quantitativer Methoden, die die Suche nach isolierbaren Ursache-Wirkungs-Verhältnissen, nach klaren Operationalisierungen theoretischer Annahmen, schließlich die Messbarkeit und Verallgemeinerbarkeit der Phänomene möglichst experimenteller Versuchsanordnungen zum Ziel haben.

In den letzten Jahrzehnten wuchs aber auch die Kritik an dieser Forschungsauffassung, namentlich im Bereich der Soziologie und der Psychologie. Insbesondere wurde der Forschung vorgeworfen, dass sie mit ihren ausschließlich von theoretischen Modellen abgeleiteten Fragestellungen und Hypothesen zu weit von der Wirklichkeit entfernt sei und diese nur undifferenziert abbilden könne. So stellte Herbert Blumer (1973) fest: »Die Ausgangsposition des Sozialwissenschaftlers und des Psychologen ist praktisch immer durch das Fehlen des Vertrautseins mit dem, was tatsächlich in dem für die Studie ausgesuchten Bereich des Lebens geschieht, gekennzeichnet.« (Zit. n. Flick 1995, 10)

Im Rahmen sogenannter *qualitativer* Forschungsansätze wurde daher nach »sensibilisierenden Konzepten« (Flick a.a.O.) gesucht, die geeignet sind, die Primärerfahrungen von Forschern zu erhöhen, ohne das Vorgehen dabei blinder Willkür anheim zu geben. Der Kritik an der fehlenden Alltagsrelevanz der Forschung wird durch die Suche nach genauen *Beschreibungen* von Sachverhalten und Erlebensweisen in konkreten alltäglichen Kontexten und durch die Untersuchung *subjektiver Bedeutungen* begegnet.

Eine solche an der Subjektivität (des Forschers wie des von der Forschung ›betroffenen‹ Individuums) orientierte Vorgehensweise impliziert ein *interpretatives Paradigma*, wie es beispielsweise im Konstruktivismus begründet wurde (s. Siegfried J. Schmidt (Hg.) 1987). Dieses geht davon aus, dass ›Wirklichkeit‹ in sozialen Interaktionen und im Rahmen interpretativer Prozesse *hergestellt* oder eben ›konstruiert‹

wird. Es steht in einer kritischen Gegenposition zu Anschauungen, die als *normatives Paradigma* zusammengefasst werden können, denen das deduktive Erklärungsmodell der Naturwissenschaft zugrunde liegt.

So hat sich in den letzten Jahrzehnten eine neue Forschungstradition gebildet, die qualitativ-interpretativen Grundsätzen (vgl. Kap. II.2.1) verpflichtet ist. Faller (1994, 30) betont allerdings, dass ›qualitativ‹ und ›quantitativ‹ nicht als Grenzpfähle verwendet werden sollten, da sie nur tendenziell einander ausschließende Begriffe seien; in der Praxis gebe es viele Überschneidungen und Verbindungen, wenn beispielsweise die Konstruktion eines Fragebogens zunächst qualitative Vorarbeiten erfordert oder wenn eine qualitative Inhaltsanalyse von Texten nachträglich quantitativ überprüft werde. Letztlich hänge es von der Fragestellung ab, welcher Zugang der angemessene sei. Die Entwicklung von Messinstrumenten kann insbesondere dann sinnvoll sein, wenn sie aus der Empirie entwickelt wurden und eine »*arbeitssparende* Abkürzung« darstellen (Kleining 1995, 276).

II.2.1 Grundzüge qualitativen Vorgehens in den Sozialwissenschaften

Nach den Grundsätzen der qualitativen Forschungstradition sind geeignete Gegenstände einer Untersuchung solche Themen, die aus eigener Betroffenheit heraus gefunden werden. Es geht um Fragen, die wir wirklich haben. *Voraussetzungslosigkeit* zählt daher gerade nicht zum Ideal qualitativer Wissenschaft. Vorerfahrungen, erkenntnisleitende Interessen etc. werden gezielt und ausdrücklich einbezogen. Nicht das Auseinanderdividieren von Praxis und Forschung ist das Ziel, sondern praxisnahe, praxisbezogene Forschung von ›Beteiligten‹ und ›Betroffenen‹. Ebenso ist nicht *Gesichertheit* der Ergebnisse das höchste Ziel, da dieses zwangsläufig zu Vereinfachungen führt. Das Erschrecken vor der Komplexität des Gegenstandsbereichs gehört zur qualitativen Forschung dazu und muss jeweils neu bewältigt werden. Dies erfordert eine dialektische Pendelbewegung zwischen Einzelfall und Verallgemeinerung, zwischen Genauigkeit und Allgemeingültigkeit.

Im *Überblick* können die Grundzüge traditioneller und qualitativer Forschung folgendermaßen gegenübergestellt werden:

	Traditionelle (Natur-)Forschung	Qualitative (Sozial-)Forschung
1.Forderung	Reproduzierbarkeit	Nachvollziehbarkeit
2.Forderung	Objektivität	Subjektbezogenheit; kontrollierte Subjektivität / Intersubjektivität; Introspektion
3.Forderung	Empirie: vom Experiment unter kontrollierten Bedingungen ausgehend	Empirie: von Erfahrungen ausgehend, vom Erleben
Vorherrschende Verfahren	Messung, Statistik (Häufigkeit, Verteilung von Merkmalen)	Beschreibung / Deskription, Interpretation
Ausrichtung	nomothetisch Gesetze aufstellend	idiographisch Einzelfälle nachzeichnend
Design	Hypothesentest	Exploration, Falldarstellung

Unter Verwendung von Systematisierungen von Mayring (1993), Salber (1969) und Tüpker (1990, 1996) sollen nun einige der zentralen Grundzüge qualitativer Untersuchungen näher charakterisiert werden:

- Subjektbezug
- Offenheit, Beweglichkeit
- Beschreibung
- Interpretation
- Ganzheitsbezug, Vereinheitlichung
- Verallgemeinerung
- Bedeutungssuche, Wesenserfassung

Subjektbezug. Im Zentrum der qualitativen Sozialforschung steht das *Subjekt* in seinem natürlichen Lebenskontext, nicht in einer künstlichen Laborsituation. Das Subjekt soll in seiner Ganzheitlichkeit und Geschichtlichkeit gesehen werden. Die Forschung orientiert sich an den wirklich bestehenden Problemen oder Fragen.

Die Subjektivität des Forschers, sein Erleben »ist Ausgangspunkt aller empirischen Forschung, weil es keinen anderen Ausgangspunkt gibt als das forschende Subjekt selbst.« (Kleining 1995, 149) Introspektiv gewonnene Daten sind als solche kenntlich zu machen. Der Forschungsprozess gestaltet sich als *gemeinsames Werk*, als Interaktion und Begegnung zwischen Subjekten. Auch die Verhältnis zwischen den Forschenden und dem Gegenstand ändert sich im Prozess, ist also interaktiv. Der Forschungszusammenhang hat dialogischen Charakter. »Die Interaktionsprozesse von sich verändernden Forschern und Subjekten sind also die eigentlichen Daten der Sozialwissenschaften im Sinne qualitativer Forschung.« (Mayring 1993, 20)

Die *Offenheit* und *Beweglichkeit* des Vorgehens bezieht sich sowohl auf theoretische wie auf methodische Aspekte. Die Untersuchung beruht nicht auf fertigen Theorien, die zu testen bzw. zu bestätigen sind. Die Theoriebildung ist vielmehr ein offener, unabgeschlossener Prozess, der sich im engen Bezug zum Gegenstand entwickelt. Diese Auffassung kritisiert die strenge Hypothesengeleitetheit traditioneller Forschung.

Die qualitative Untersuchung ist eher erkundend, explorativ. Ohne Offenheit oder Unvoreingenommenheit dem Gegenstand gegenüber ist eine ›saubere‹ Beschreibung nicht möglich.

Auf methodischer Ebene bezieht sich die Offenheit auf die Bereitschaft, das Vorgehen den Gegebenheiten anzupassen: die Methoden sind so zu gestalten, »dass unser Erkennen sich der Natur unserer Objekte anschmiegt« (Dilthey 1894, 143). Sie sollten sich nicht verselbständigen und nicht den Blick auf den Gegenstand verstellen. So ist die Beweglichkeit im Sinne einer Mit-Bewegung des Forschenden mit den Phänomenen als eine Art mimetische (d.h. nachahmende) Aktivität zu verstehen. Bei aller Offenheit und Beweglichkeit hat der Forschungsprozess aber methodisch kontrolliert abzulaufen, die Schritte des Vorgehens müssen begründet und dokumentiert werden.

Beschreibung. Am Anfang jeder Analyse des Untersuchungsbereichs hat eine genaue und umfassende *Beschreibung* konkreter Einzelfälle zu stehen, die dem Untersuchungsgegenstand gegenüber offen sein muss. Die Beschreibung ist ein Gestaltungvorgang, der über die Beobachtung des Erlebens den Zugang zu einem Phänomenbereich ermöglicht. Sie folgt darin einem phänomenologischen Ansatz. Nach Dilthey (1894) ist die genaue Beschreibung eines Gegenstandsbereichs die Grundlage und Vorbedingung jeder wissenschaftlichen-psychologischen Analyse.

Interpretation. Durch die Beschreibung liegt der Untersuchungsgegenstand allerdings noch nicht offen dar, er muss erst interpretativ erschlossen werden. Dazu ist das Vorverständnis, das die Interpretation beeinflusst, darzulegen und am Gegenstand im Sinne der hermeneutischen Spirale weiterzuentwickeln. Weiter ist die Analyse eigenen Denkens, Fühlens und Handelns in der Auseinandersetzung mit dem Forschungsgegenstand ausdrücklich in die Untersuchung einzubeziehen. Die Introspektion schafft mitunter den einzigen Zugang zu sozialen und psychischen Phänomenen, »*da alles echte Fremdverstehen auf Akten der Selbstauslegung des Verstehenden fundiert ist.*« (Schütz 1932, 156) Die introspektiven Daten sind allerdings im Untersuchungsgang als solche kenntlich zu machen und methodisch zu überprüfen.

Ganzheitsbezug, Vereinheitlichung. »Die Beschreibung des Erlebens kann sich *deshalb* auf die Beweglichkeit der Phänomene einlassen, weil sie von anderen Kriterien her Maßnahmen kennt um nicht in der scheinbar so bedrohlichen ›ganzen Mannigfaltigkeit‹ verloren zu gehen. Ein solches Kriterium ist der *Ganzheitsbezug.*« (Tüpker 1996, 22) Eine Tendenz zur *Vereinheitlichung* der Daten und zur Suche nach einem gestalthaften *Zusammenhang* steht der geforderten Offenheit und Beweglichkeit wie regulierend gegenüber. Was in eine unendliche Materialfülle münden könnte, wird durch den ›bildhaften‹ Vorentwurf des Untersuchungsgegenstands begrenzt (wobei ›Bild‹ hier nichts Visuelles meint, sondern auf den Zusammenhangscharakter verweist).

Eine allgemeine Vorannahme lautet, dass unsere Wahrnehmung *gestalthaft* arbeitet, d.h. *vor allem anderen* darauf eingestellt ist, gegliederte *Zusammenhänge* aufzufassen. Für Dilthey ist Zusammenhang die vorgängige Kategorie, auf die die Untersuchung in der Rekonstruktion auch wieder hinausläuft. »Alles psychologische Denken behält diesen Grundzug, dass das Auffassen des Ganzen die Interpretation des einzelnen ermöglicht und bestimmt.« (Dilthey 1894, 172) Mit dem Leitsatz »Leben ist überall nur als Zusammenhang da« (Dilthey a.a.O., 144), ist ausdrücklich der »im Erleben gegebene« Zusammenhang gemeint.

Verallgemeinerung. Auch die qualitative Forschung strebt Aussagen an, die über den Einzelfall hinaus, auf den sie zunächst bezogen sind, Geltung beanspruchen können. Der mit statistischen Methoden arbeitende Objektivitätsbegriff ist für qualitative

Untersuchungen nicht brauchbar. Der Prozess der induktiven *Verallgemeinerung* beginnt bereits da, wo eine Aussage in einem Interview auf andere Aussagen in dem gleichen Gespräch bezogen wird und möglicherweise daraus eine dritte, verbindende Aussage gewonnen wird. Solche Erweiterung des Geltungsbereichs von Aussagen sind sorgfältig zu beobachten. Immer ist davon auszugehen, dass qualitativ gewonnene Aussagen nicht universell sondern raum-zeitlich *begrenzt* gültig sind. Sie beginnen bei subjektiven Augenblickserlebnissen, überschreiten diese durch Verbindung und Vergleich mit anderen Informationen, durch Reflexion und Diskussion mit anderen Subjekten (Betroffenen, Forscher-Kollegen etc.) »Das Subjektive ist Ausgangspunkt sozialwissenschaftlicher Forschungen, das Intersubjektive ist ihr Ziel.« (Kleining 1995, 149f)

Bedeutungssuche oder *Wesenserfassung.* Der letzte Grundzug fragt nach dem *Sinn*, nach der *Bedeutung* von Phänomenen. Was ist das Wesen oder die Natur einer bestimmten Tätigkeit, welchen Sinn geben die Befragten ihren Handlungen? Der Begriff des ›Wesens‹ steht in der Tradition der Phänomenologie (Husserl: ›Wesensschau‹) und der Gestalttheorie (Wesen als ausdruckshaltige Gestaltqualität: Charakter, Habitus, Stimmung).

Diese Perspektive einzunehmen bedeutet, davon auszugehen, dass durch Erleben und Beschreiben ein Zugang zu immanenten Strukturen der Phänomene möglich ist. Nur wenn ich annehme, dass es einen sinnvollen Zusammenhang in dem phänomenal Gegebenen (nicht dahinter) gibt, der mir in der Hinwendung zugänglich wird, kann ich über eine Aufzählung von Merkmalen hinaus gelangen. »Im Kontakt mit den konkreten anschaulichen und erlebten Sachverhalten lassen sich Wesenszüge des seelischen Geschehens präzise und prägnant erfassen.« (Salber 1969, 177)

II.2.2 ›Gütekriterien‹ psychologisch-qualitativer Forschung

Die bei den beschriebenen qualitativen Ansätzen betonte Subjektbezogenheit, ja Subjektabhängigkeit der Methodik macht besondere Sicherungen im Vorgehen erforderlich. Es gilt, Kriterien zu finden, die dem Anspruch auf Wissenschaftlichkeit und Konsensfähigkeit genügen. Aber auch bei der Frage der Einschätzung der Forschungsergebnisse einer qualitativen Studie sind im Verhältnis zur quantifizierenden Forschung andere Maßstäbe anzulegen. Die herkömmlichen Gütekriterien Objektivität, Validität und Reliabilität haben für die qualitative Forschung keine oder eine veränderte Bedeutung (vgl. ausführliche Mayring (1993, 106f); Tüpker (1990); Kleining (1995, 273f); Flick (1995, 239f).). Die Maßstäbe, so die Forderung, müssen zum gewählten Vorgehen passen. Dabei rücken Argumentationen in den Vordergrund: Geltungsbereich und Verallgemeinerbarkeit der Ergebnisse sind argumentativ zu diskutieren, die Leser sind letztlich zu überzeugen.

Als die sechs wichtigsten Gütekriterien qualitativer Forschung nennt Mayring:

- Verfahrensdokumentation
- Regelgeleitetheit
- Argumentative Interpretationsabsicherung
- Gegenstandsangemessenheit
- Kommunikative Validierung
- Triangulation

Die *Verfahrensdokumentation* ist unerlässlich, um die Nachvollziehbarkeit des Untersuchungsgangs für andere zu gewährleisten, was um so wichtiger ist, wenn das Verfahren speziell auf diesen Gegenstand bezogen entwickelt oder abgewandelt wurde.

Mit der Forderung nach *Regelgeleitetheit* soll der Willkür entgegengesteuert werden. Der Untersuchungsprozess ist in einzelne Schritte zu zerlegen, damit ein gewisses systematisches Vorgehen erkennbar wird.

Interpretationen, ein Kernstück der qualitativen Forschung, müssen in sich schlüssig und *argumentativ begründet* sein. Diese drei Kriterien können auch unter dem Begriff der *Transparenz* zusammengefasst werden.

Das Kriterium der *Gegenstandsangemessenheit* fragt danach, ob die gewählten Verfahren zu dem Untersuchungsgegenstand und dem Thema passen, ob also der Gegenstand durch das Verfahren ausreichend *zum Sprechen gebracht* werden kann.

Eine Möglichkeit der Validierung der Ergebnisse besteht darin, sie den GesprächspartnerInnen noch einmal zum Lesen zu geben mit der Frage, ob sie sich in den Interpretationen wiederfinden können. Freilich kann das Kriterium der *kommunikativen Validierung* nur im Zusammenhang mit anderen Kriterien gültig sein, da es ja zum Beispiel gerade darum geht, in den Interpretation ›gegen den Strich‹ des Anerkannten zu bürsten, trotzdem kann dieser Kontrollschritt mitunter sinnvoll sein.

Mit *Triangulation* schließlich ist der Vergleich von Ergebnissen gemeint, die aus der Kombination unterschiedlicher Perspektiven (verschiedener Forscher, Gruppen, Settings) gewonnen wurden. Dabei geht es weniger um eine Kontrollmaßnahme (Validierung) als um eine Erweiterung und Ergänzung der Erkenntnismöglichkeiten (Flick 1995,251). (Der methodologische Begriff der Triangulation ist übrigens nicht zu verwechseln mit dem psychoanalytischen Terminus der Triangulierung (auch: Triangulation), der sich auf die Entwicklungen von Beziehungs-Dreiecken (z.b. in der Familie) bezieht.)

Allgemein ist zu sagen, dass die Prüfverfahren qualitativer Methoden in der Regel in den Forschungsvorgang integriert sind und keine gesonderte Prozedur darstellen (Kleining 1995, 280) (vgl. auch den Abschnitt ›Überprüfungen‹ im Kapitel zur Auswertungsgestaltung II.3.3!).

II.2.3 Das qualitative Interview als methodischer Zugang

Unter den Methoden der qualitativen Forschung, die man grob in Beobachtungs- und Befragungsmethoden zusammenfassen kann, nimmt das Interview mit Einzelnen oder Gruppen sicherlich den größten Raum ein. Nach einem kurzen Überblick über verschiedene Formen des qualitativen Interviews werden im nachfolgenden Abschnitt (II.2.4) die Grundzüge des tiefenpsychologischen Interviews, das in der der vorliegenden Studie zur Anwendung kam, dargestellt.

»Die Hauptaufgabe des qualitativen Interviews besteht in der Darstellung des individuellen Falles im Hinblick auf das zu untersuchende Problem; gleichzeitig soll von einer Vielheit von Befragten vergleichbares Material beigebracht werden. Der letztere Gesichtspunkt wird durch den Interview-Leitfaden gewährleistet ... Dieser Leitfaden muss allerdings im qualitativen Interview sehr elastisch gehandhabt werden.« (König 1972, 143) Die Absicht des qualitativen Interviews geht dahin, »dem Befragten bei der Darlegung seines individuellen Falles im Hinblick auf das Untersuchungsproblem behilflich zu sein« (144). Dabei werden im Unterschied zum standardisierten Interview bzw. zur Fragebogenerhebung keine Antwortkategorien vorgegeben. Die Fragen des Leitfadens dienen als »Ausgangspunkt zum Erforschen der Stellungnahme des Befragten und seines Verhaltens, und zwar geschieht dies sowohl durch den Befragten selbst als auch durch den Interviewer« (145).

Was hier unter der Bezeichnung ›qualitatives Interview‹ zusammengefasst wurde, differenziert sich in zahlreiche Unterformen und Benennungen, in denen jeweils unterschiedliche Aspekte dieser Gesprächsform hervorgehoben werden. Der Begriff ›qualtitatives Interview‹ betont eigentlich die *Auswertung*smethoden mit qualitativ-interpretativen Techniken. Dagegen weist die Bezeichnung ›offenes Interview‹ auf die freien Antwort-Möglichkeiten der Befragten hin, während eine Bezeichnung wie ›unstrukturiertes Interview‹ sich auf die Fragetechnik und den Umgang mit vorbereiteten Fragen bezieht (vgl. Mayring 1993, 45f).

Einige Interview-Formen sind zielgerichteter auf den Untersuchungsgegenstand bezogen als andere. Sowohl das ›fokussierte Interview‹ (Merton und Kendall 1946 / 1979) als auch das ›problemzentrierte Interview‹ (Witzel 1982) beziehen sich auf eine bestimmte Problemstellung, die der Untersucher bereits vorher auf bedeutsame Elemente hin hypothetisch analysiert hat, und auf die er in dem sonst möglichst offen gehaltenen Gespräch immer wieder zurückkommt.

Davon unterscheidet sich beispielsweise das ›narrative Interview‹ (Schütze), bei dem die GesprächspartnerInnen angeregt werden zu einem bestimmten Thema oder Ereigniszusammenhang spontan eine Geschichte aus ihrem Leben zu erzählen. Bei den den hier erhobenen biographischen Zusammenhängen wird der Interviewte »als Experte und Theoretiker seiner selbst« (Schütze, zit. n. Flick 1995, 116) angesehen. Aufgabe des Interviewers ist es im Wesentlichen, diese Stegreiferzählung zu motivieren und den Erzählfluss zu fördern, wobei er sich Erkenntnissen der Linguistik über die Struktur von Alltagserzählungen bedient (vgl. Mayring 1993, 50; Hermanns in Flick et al. 1991, 182f).

II.2.4 Das morphologische Tiefeninterview

Für die vorliegende Untersuchung zur musikalischen Improvisation wurde das methodische Konzept des morphologischen *Tiefeninterviews* gewählt, das sich zugleich durch Offenheit wie durch Strukturiertheit auszeichnet (Ziems 1996). Synonym wird auch der Begriff *konzeptgeleitetes Interview* verwendet (Blothner 1993, 39), womit zum Ausdruck gebracht wird, dass die ›Offenheit‹ und ›Freiheit‹ des Interviews dadurch begrenzt wird, dass ein *Konzept* sowohl des methodischen Vorgehens, wie des Untersuchungsgegenstandes, als auch des psychischen Strukturzusammenhangs im Ganzem verfolgt wird. Paradoxerweise kommen wir ja an »Unbekanntes nur heran, weil wir schon ein Bild haben – wir haben ein Bild und haben es doch nicht, weil wir es aus jeder Situation neu herausfinden müssen.« (Salber 1989, 51)

Das Tiefeninterview »dient dazu, den Phänomenen des Verhaltens und Erlebens das ›Geheimnis‹ ihres strukturellen Aufbaus zu entlocken.« (Grüne und Lönneker 1993, 109) Freichels spricht von dem dynamischen Verhältnis von ›Ideologie‹ und ›Handlung‹, dem man im Interview begegnet: »Die psychologische Rekonstruktion bezieht sich auf eine Realität, die ›zwischen‹ einer konkreten Handlung ... und den Geschichten lebt, die der Handelnde sich und anderen dazu erzählt. ... ›Tiefe‹ hat aus einer morphologischen Perspektive also nichts mit einem ›Darunter‹ zu tun, sondern mehr mit einem ›Dazwischen‹, das uns in unserem alltäglichen Treiben nicht bewusst ist, obwohl es ständig wirkt.« (Freichels 1995, 89)

Dieses ›Dazwischen‹ bezieht sich auf die Widersprüchlichkeit im ›Seelenhaushalt‹. Es weist hin auf die Ambivalenzen, die beispielsweise mit Festlegungen notwendig gegeben sind, da mit jeder Festlegung die Abwehr anderer Möglichkeiten verbunden ist. (Der Versuch, sich nicht festzulegen wäre übrigens genau so eine Festlegung.) »›Tiefe‹ hat morphologisch gesehen mit dem Bewusstwerden von Gegensatzeinheiten zu tun.« (Freichels, 94)

Im Interview wird diese mit dem Untersuchungsgegenstand verbundene ambivalente Struktur herauszuarbeiten gesucht. Das geht nur in einem allmählichen Entwicklungs- und Strukturierungsprozess, der auch als ›kleiner Behandlungsgang‹ bezeichnet wird, da er gewisse Ähnlichkeiten mit einem psychotherapeutischen Behandlungsgang aufweist. Die Ähnlichkeiten beziehen sich darauf, dass im Gespräch eine bestimmte Verfassung aufzubauen gesucht wird, die es ermöglicht, Gedanken und Erfahrungen einmal anders zur Sprache zu bringen, als in einem Alltagsgespräch.

Freichels formuliert als ›Faustregel‹: »Keiner ›Meinung‹ trauen, an der nicht mindestens einmal ›gedreht‹ worden ist. Nur so lässt sich im ›Hass‹ die ›Liebe‹ (und umgekehrt) herausstellen und damit der explosiblen Ambivalenz des seelischen Geschehens gerecht werden.« (Freichels 1995, 94)

Beim Tiefeninterview übernimmt der Interviewer einen wesentlich aktiveren Part als beim narrativen oder problemzentrierten Interview, indem er nachfragt, auf Beispiele drängt, Selbstverständlichkeiten auflöst, Verdichtungen zu entfalten sucht und auf Vereinfachungen hinweist. Es geht um das Erfragen kompletter Erlebnisbeschreibungen

»Der Interviewer kann die Versuchsperson gezielt und konsequent am Thema halten. Indem er immer wieder auf genauere Beschreibungen drängt, indem er auf allzu vereinfachende Formulierungen aufmerksam macht und indem er sich von einem Vorentwurf des Untersuchungsgegenstandes leiten lässt, kann er die Begrenzungen überschreiten, die mit der Selbstbeobachtung der Versuchspersonen notwendig gegeben sind... Der Interviewer kann, indem er die aktuelle Beobachtung seines Gegenübers einbezieht, scheinbare Selbstverständlichkeiten in Frage stellen und dazu anregen, Ungenauigkeiten zu präzisieren. Er kann Widerstände gegen eine genaue Beschreibung freilegen und überwinden.« (Blothner 1993, 41)

Einige markante Kennzeichen des morphologischen Tiefeninterviews, die gleichzeitig die in der vorliegenden Studie verwendeten Gesprächstechniken erkennen lassen können, haben Grüne und Lönneker (1993, 110f) zusammengestellt:

- Infragestellen des Selbstverständlichen
- (Auf-)Brechen erzählter Geschichten
- Sukzessivierung von Simultanem
- Aufeinander-Beziehen von (scheinbar) Zusammenhanglosem
- Herausarbeiten von Abgrenzungen und Ähnlichkeiten zu anderen Themen
- Aufspüren von Maßen, Regeln, Ausnahmen
- Heranführen an Typisierungen

Diese Kennzeichen sollen kurz beschrieben und durch einige Beispiele aus dem weiter unten als methodologisches Beispiel abgedruckten Interview (III.2) illustriert werden.

Infragestellen des Selbstverständlichen. Im Interview wird versucht, Bedeutungsverdichtungen, die sich als nicht mehr fragliche Überzeugungen oder nicht weiter zu überprüfende Selbstverständlichkeiten darstellen, zu zerdehnen und aufzulösen. Dies betrifft beide Partner des Gesprächs. Anders als in einem Alltagskontakt wird der (zu) schnelle kulturelle Konsens verweigert, der sonst vielleicht ohne Weiteres konstatiert würde. Der Interviewer verbleibt in einer (durchaus freundlichen) distanziert fragenden Gegenüber-Position, einem »notorischen ›wieso eigentlich?‹« und einer »methodisch begründeten Naivität« (Freichels 1995, 94). Indem er das Verdichtete weiter befragt und es damit zerdehnt und zerlegt, kommen Vor-Geschichten und Ergänzungen zur Sprache, aber auch Abgrenzungen und Differenzierungen.

Im methodologischen Beispiel wird etwa von dem Erleben bei der Erfindung einer Stegreif-Erzählung berichtet und der Reiz des Mitgehens im Prozess angesprochen (Zeilen (Z) 86–92). Hiermit könnte sich der ›kulturelle Konsens‹ durchaus zufrieden geben: der Interviewer kennt solche Erfahrungen auch und findet sie ebenfalls reizvoll. Diese Einigkeit wird aber hinausgeschoben, indem noch eine weiterführende Frage gestellt wird: »Was ist das Reizvolle daran?« Daraufhin ergeben sich weitere differenzierende Beschreibungen.

Ähnlich verhält es sich auch mit dem *(Auf-)Brechen erzählter Geschichten*. Bewährte Erzählzusammenhänge werden durch Nachfragen umakzentuiert. In der Anforderung, das gleiche noch einmal anders zu erzählen, werden Beweglichkeiten, aber auch Fixierungen spürbar, die möglicherweise auf besondere Belastungen hinweisen. Hier kommt es manchmal durch das *Aufeinander-Beziehen von (scheinbar) Zusammenhanglosem* zu Ebenenwechseln, die eine Aktualisierung der Aussagen oder eine Uminterpretation provozieren. Dies ist oft mit emotionaler Bewegung verbunden.

Ein Beispiel ist die Frage des Interviewers »Wo stand das Klavier in eurem Haus?« (Z 58) Diese Frage folgte einer Phase relativ ›allgemeiner‹ Aussagen. Es war beabsichtigt, mit diesem Ebenenwechsel eine Aktualisierung des Erlebens zu unterstützen, indem vergangene Situationen möglichst plastisch in Erinnerung gerufen wurden.

Die *Sukzessivierung von Simultanem* ist in psychologischen Themenstellungen ein Grunderfordernis. Die unbewussten seelischen Vorgänge der Verdichtung, Verschiebung, symbolischen Darstellung etc., die Freud in der »Traumdeutung« für die *Traumarbeit* herausstellte (Freud 1900 / 1972, 280ff) sind nicht nur in Träumen wirksam. Träume sind aber (wie auch Kunstwerke) geeignete Modelle für seelische Prozesse, die in ihrer Ambivalenz, vielschichtigen Gleichzeitigkeit und mehrfachen Determiniertheit eher solchen Bildungen als der logischen Form der Sprache entsprechen.

Der Interviewer hat mit diesen Vorgängen zu rechnen und kann die sprachliche Formulierung unterstützen, indem er *offene Fragen* stellt (»was fällt Ihnen dazu ein?«) oder nach Ergänzungen fragt (»gibt es dazu noch etwas zu sagen?«), aber auch, indem er verdichtete Aussagen als solche erkennt und mehrmals befragt (*Drehen und Wenden*).

Durch das *Herausarbeiten von Abgrenzungen und Ähnlichkeiten* zu ›verwandten‹ Wirkungseinheiten kann das Profil des Untersuchungsbereichs präzisiert werden. Indem Vergleichen nachgegangen wird, verdeutlichen sich die thematischen Bezüge.

Bei dem vorliegenden Thema wurde immer wieder über Erfahrungen mit benachbarten Tätigkeiten – etwa das Komponieren oder Interpretieren komponierter Musik – gesprochen. Im methodologischen Beispiel bekam die Erzählung über *sprachliche Improvisationen* viel Raum (ab Z 77), die dann in den Bericht über eine Situation in einer *Gruppentherapie* überging. Eine andere Kontrastierung kam in dem Thema ›Musiktherapeuten und Psychoanalytiker‹ auf, wo das intuitiv-improvisierende Vorgehen von Musiktherapeuten dem rational-einordnenden und sprachlich fixierenden Verhalten von Ärzten und Psychoanalytikern gegenübergestellt wurde (ab Z 637).

Das *Aufspüren von Maßen, Regeln, Ausnahmen* ist ein abstrahierender Vorgang. Schon im einzelnen Interview wird sowohl für den jeweiligen Gesprächszusammenhang, wie für die Gesamtheit der Interviews nach übergreifenden Zügen gesucht, die den Untersuchungsgegenstand charakterisieren können. Dabei legen die Interviews sich gegenseitig aus, indem sich Bestätigungen oder Infragestellungen einzelner Aussagen und Muster im Vergleich beobachten lassen.

In dieser Arbeit suchten wir in den Äußerungen der Befragten nach wiederkehrenden Mustern des Umgangs mit Improvisationen und nach Hinweisen auf charakteristische Formen der Selbstbehandlung. So wurden wir beispielsweise aufmerksam auf die merkwürdige Tendenz, im Spiel krisenhafte Zuspitzungen herbeizuführen oder Momente der Verschmelzung zu suchen. Dieses Beobachten kann als *Heranführung an Typisierungen* gelten, die mithin nicht erst bei der Auswertung, sondern bereits während der Datenerhebung beginnt. Durch solche typischen Muster »bekommt dann zunächst Unverbundenes Sinn und Zusammenhang. Es wird als Strategie deutlich« (Freichels 1995, 96), die freilich dem Befragten teilweise unbewusst und unverfügbar ist.

II.3 Darstellung des methodischen Vorgehens: Variationen über ein Thema

> Es ist ein angenehmes Geschäft, die Natur zugleich und sich selbst zu erforschen, weder ihr noch seinem Geiste Gewalt anzutun, sondern beide durch gelinden Wechseleinfluss miteinander ins Gleichgewicht zu setzen.
>
> Goethe, Aphorismen

Die Tätigkeit der musikalischen Improvisation sollte unter dem Blickwinkel der Selbstbehandlung eines Lebenswerks untersucht werden. Es ging damit um ein strukturiertes und strukturierendes Wirkungs-Gefüge, das sich zugleich in Entwicklung befindet. Die angenommenen *Muster der Selbstbehandlung* sind relativ stabile Strukturen im Kontext einer Lebensmethode, die etwas über die besonderen Möglichkeiten der Tätigkeit des Improvisierens aussagen, Möglichkeiten, die sich mutmaßlich von denen anderer (Alltags-)Tätigkeiten unterscheiden.

Es war davon auszugehen, dass in einem *Gespräch* über das Improvisieren charakteristische Züge dieser Wirkungseinheit – in individualisierter Version – in Erscheinung traten. »Man muss lernen, in dem was sich zeigt, und in dem, was man hört, Gestalten herauszurücken, ihren Abwandlungen und Umbildungen nachzugehen. Die Psychologie hat mit Bildern in Bewegung zu tun ...« (Salber 1999, 34). Das ›Feld des Sich-Zeigens‹ (die Phänomenebene) ist in dieser Untersuchung das *Tiefeninterview*. In eingehenden Gesprächen sollte mit der individuellen Darstellung auch Allgemeines zum Ausdruck kommen, das mit den Eigenschaften des Improvisierens und mit dem Seelischen Geschehen überhaupt zu tun hat.

Das Gespräch wurde damit als *Analogie* zum Improvisieren aufgebaut. Dies ist denkbar aufgrund gewisser Ähnlichkeiten zwischen beiden: die Methodik der Untersuchungsform (Tiefeninterview, s. II.2.4) geht mäandernd und umkreisend (›zirkulär‹) vor und lässt einen dem entsprechenden Entwicklungs- und Strukturierungsprozess entstehen.

Das Interview selbst ist aber nur der Anfang des Untersuchungsgangs, dem weitere Schritte der Aufbereitung und Auswertung folgen. Sie ähneln gewissermaßen Verdauungsvorgängen: Verwandlungen, bei denen der gegebene Zusammenhang so aufgebrochen und seine Bestandteile umgewandelt werden, dass sie erneut und anders ›eingebaut‹ werden können. Die Transformationen gleichen Variationen über ein Thema, das in diesen Umformungen allmählich erscheint. Es ist ein Vorgang der Anreicherung und Anregung des Materials.

Andererseits kommt es aber auch zu Verarmungen, denn die jeweils neue Form kann die vorhergehende nicht ersetzen, sondern nur ergänzen. Die Mehrdeutigkeit und Vielschichtigkeit des Gesprächsmaterials wird durch die interpretativen Akte eingeschränkt. Aber die neue Form ermöglicht es schließlich, zu Aussagen mit einem höheren Grad an Allgemeinheit zu kommen.

Die Tonbandaufnahmen der Interviews wurden zunächst in eine schriftliche Form übertragen, von der anschließend zwölf verdichtende Beschreibungen, die ich *Psycholiterarische Verdichtung* nenne, angefertigt wurden (vgl. II.3.3 und III.3!). Das Wort *literarisch* weist auf den ›künstlerischen‹ Vorgang innerhalb der wissenschaftlichen Untersuchung hin: Aus dem ausgebreiteten Material des ganzen Interviews wird ein zusammenhängender Text entwickelt, der einer kurzen Erzählung, einer Miniatur ähnlich ist. Da es sich in diesem Zusammenhang aber nicht wirklich um Literatur oder Literaturwissenschaft handelt, sondern die Texte im Kontext einer psychologischen Untersuchung und mit einem entsprechenden Vorverständnis angefertigt wurden, ist zur Präzisierung noch das Vorwort *psycho-* vorangestellt.

Jeder Verdichtungstext wurde anschließend wiederum einzeln nach einer bestimmten Systematik ausgewertet und kommentiert (*kommentierende Analyse* s. Kap. II.3.3 und III.3). Die Verdichtungen wurden dann in *einem* Text zusammengefasst, der sogenannten Vereinheitlichenden Beschreibung (vgl. II.3.3 und III.1), in dem Grundlinien, wie sie sich quer durch alle Interview gezeigt hatten, *beschreibungsnah* nacherzählt wurden.

Schließlich wurden im Quervergleich der Verdichtungen psychologisierende Typisierungen herausgearbeitet, übergreifende Züge, die sich ›quer‹ durch das Material verfolgen und ein erstes Gesamtbild des psychästhetischen Gegenstands des Improvisierens erscheinen ließen (II.3.3 und III.4).

Der gesamte Forschungsprozess trägt in allen seinen Schritten *interpretative* Züge. Dabei geht es sich um das kunstvolle *Nachbilden* des Untersuchungsgegenstandes, der dadurch als *wissenschaftlicher Gegenstand* in Erscheinung tritt. Dieser Vorgang ist als schöpferischer Prozess mit der Produktion von Kunstwerken vergleichbar, die, um ein Wort von Cézanne aufzugreifen, »parallel zur Natur« verläuft, wenn wir unter ›Natur‹ einmal das Gegebene, das Vorfindliche verstehen. Cézanne sagte über den Malprozess: »Die Landschaft spiegelt sich, vermenschlicht sich, denkt sich in mir. Ich objektiviere sie, übertrage sie, mache sie fest auf meiner Leinwand.« (1980, 13) Die Landschaft wird als ein *künstlerischer* Gegenstand neben der Natur geschaffen. Das Bild stellt eine interpretierende *Nach-* oder *Neubildung* und damit eine neue Erfahrungsmöglichkeit dieser Landschaft dar.

Ebenso ist die wissenschaftliche Rekonstruktion eines ›Gegenstandes‹ zugleich seine *Neukonstruktion*: »Die Rekonstruktion der Natur in der Gegenstandsbildung ist ... ein Neuschaffensprozess im Sinne einer produktiven Tätigkeit, die Einsicht in die Sache – durch ihre Entwicklung – schafft.« (Salber 1972, 87) »Der Psychologie geht es um ein (einheitliches) Bild vom seelischen Geschehen. Wir suchen den Plan des Seelischen zu rekonstruieren, als bildeten wir einen ›Gegenstand‹ nach, aus dessen Drehungen und Entwicklungen wir alle Einzelheiten ›systematisch‹ ableiten können. Doch diese Einheit ist nur in Brechungen zu haben – unsere Muster von Einheit stehen immer in einem Spannungsverhältnis zum Fließenden der Wirklichkeit.« (Salber 1989, 50)

Der gesamte Untersuchungsgang ist als eine Art *Spiralbewegung* zu denken, bei der jede neue Windung auf der früheren aufbaut, diese variierend und erweiternd. Es handelt sich um einen fortschreitenden Abstraktionsvorgang.

Es ergibt sich für die vorliegende Untersuchung der folgende *Untersuchungsplan*, der in den weiteren Abschnitten näher erläutert werden soll:

Qualitatives Design:
Einzelfallanalysen

Fragestellung:
Improvisieren als Selbstbehandlung eines Lebenswerks – Eigenschaften einer psychologischen Wirkungseinheit der musikalischen Improvisation
Aus dem Datenmaterial sollen Hinweise auf die ›Natur des Improvisierens‹ gewonnen werden. Über die subjektiven Bedeutungsstrukturen hinaus sollen die Einzelergebnisse als Lösungsmöglichkeiten eines allgemeinen seelischen Kernproblems eingeordnet werden.

Datenerhebung:
Morphologische Tiefeninterviews

Aufbereitung:
Transkription der Interviews in Schriftsprache

Auswertung:
Psycho-literarische Verdichtungen
Kommentierende Analysen
Vereinheitlichende Beschreibung
Psychologische Rekonstruktion und Ausformungen der Wirkungseinheit

Abschließend eine Anmerkung zum wissenschaftlichen Sprachgebrauch: Wenn in dieser Arbeit von ›Daten‹, von ›Material‹, ›Forschungsgegenstand‹, ›Konstruktion‹ die Rede ist, könnte dies einen distanzierenden, verdinglichenden Eindruck auf die

Leser machen, als sollten die Gespräche und die Gesprächspartnerinnen und -partner sowie die besprochenen Inhalte quasi zu Dingen, zu Objekten gemacht werden. Zunächst hatte ich auch von ›Probanden‹ gesprochen, mich dann aber entschlossen, den alltagssprachlichen Ausdruck *GesprächspartnerIn* bzw. *InterviewpartnerIn* beizubehalten. In der Bezeichnung ›Proband‹ (=der zu Untersuchende) klingt für mich zu stark das Moment der Unterwerfung an, als wäre der Proband / die Probandin Objekt oder sogar Opfer des Forschungsprozesses. Die anderen genannten Begriffe habe ich trotz der Bedenken weiter verwendet, erstens weil sie in qualitativen Untersuchungen gebräuchlich sind und ich mich in meinem Sprachgebrauch nicht zu weit davon entfernen wollte, aber auch weil es im Forschungsprozess (wie im Therapieprozess auch) durchaus eine Notwendigkeit zur Distanzierung, zur ›Versachlichung‹ im Dienste des Erkennens gibt, die freilich immer wieder in Konflikt gerät mit der Notwendigkeit, sich anzunähern und sich emotional *berühren* zu lassen.

II.3.1 Datenerhebung

Es wurden insgesamt 24 Interviews geführt, von denen später zwölf ausgewählt und einer genaueren Auswertung unterzogen wurden. Die Gespräche fanden in der Zeit zwischen Februar 1993 und Januar 1995 statt. Vor Beginn der Gesprächsserie wurde ein *Leitfaden* entwickelt, der sich u.a. auf veröffentlichte Interviews zu ähnlichen Themen (Noglik 1990) sowie auf eigene Erfahrungen stützte.

Interview-Leitfaden

Der Interview-Leitfaden umfasste einen *Datenblock* und eine stichwortartige Auflistung der *thematischen Schwerpunkte* des Interviews. Zuerst erfolgten einige einführende Bemerkungen zum Anlass des Gesprächs, zum Gegenstand der Studie, zu den Rahmenbedingungen und zum Vorgehen.

Es wurde den GesprächspartnerInnen insofern *Vertraulichkeit* zugesichert, als vereinbart wurde, die kompletten Gespräche nicht ohne ihr Einverständnis im Wortlaut zu veröffentlichen. Sie sollten in den veröffentlichten Teilen nicht als Personen erkennbar werden. Außerdem wurde geklärt, dass es in der Studie in erster Linie um das Thema des Improvisierens ging, nicht um die Persönlichkeit der Befragten. Diese

Hinweise erschienen erforderlich, um nicht durch die Vorstellung einer ›öffentlichen‹ Aussage die Offenheit und Freimütigkeit des Nachdenkens und Aussprechens zu gefährden. Die später in der Studie verwendeten *Namen* sind frei erfunden. Einige Details, die zu einer Identifizierung führen könnten, wurden ausgespart.

Im *Datenblock* wurden neben Namen, Alter und Beruf des Gesprächspartners / der Gesprächspartnerin sowie Datum und Ort des Gesprächs vor allem Informationen zur musikalischen Vorbildung und zur gegenwärtigen oder früheren Improvisationspraxis erhoben. Außerdem wurde nach der bevorzugten musikalischen Stilrichtung gefragt (»Mit welcher Musikrichtung fühlen Sie sich am ehesten vertraut?«). Diese ›Heimat‹- Frage war mitunter schwierig zu beantworten. Mit ihr setzte oft schon das Nachdenken über das Thema ein, die Suche nach zutreffenden Formulierungen und nach Anhalten in der Erinnerung.

Insgesamt ging es zu Beginn des Gesprächs darum, einen Hintergrund thematischer *Rahmenbedingungen* des Gesprächspartners zu erkunden (Daten, Fakten). Sodann war die *Erfahrungsbasis* zu erschließen, indem über Meinungen, Bekenntnisse, Ideologien hinausgehend möglichst bald nach Erlebnissen und konkreten Szenen gefragt wurde. So sollte etwa die Frage »Wann haben Sie das letzte Mal improvisiert?« das Gespräch auf konkrete Situationen bringen, die möglichst umfassend exploriert wurden: Was war der Anlass des Spielens, mit wem, wo? Was haben Sie noch als Besonderheit in Erinnerung? Wurde hier schon zu Beginn ein konkretes Beispiel erzählt, konnte später immer wieder darauf zurückgegriffen werden. Oft kamen aber im Verlauf des Gesprächs auch andere Szenen in Erinnerung, die in besonderer Weise beeindruckt haben.

Die thematischen Schwerpunkte des Leitfadens waren so gewählt, dass sie den Gegenstand des Gesprächs ausreichend vielfältig und vollständig zur Entfaltung bringen konnten. Die Frage nach dem Improvisieren wurde immer wieder anders gestellt, gewissermaßen in Variationen, um so das darin enthaltene ›Thema‹, die *Grundgestalt* des individuellen Umgangs des Gesprächspartners / der Gesprächspartnerin mit dem Improvisieren erkennbar werden zu lassen. Die Fragen wurden häufig offen und allgemein formuliert, um den freien Fluss des Gesprächs und die Entwicklungen des Themas nicht zu behindern: Andererseits wurde immer wieder auf Konkretisierungen des Gesagten gedrängt (»Woran denken Sie dabei?« »Könnten Sie ein Beispiel erzählen?«), damit die Äußerungen nicht zu allgemein und damit für die Zwecke der Untersuchung unbrauchbar wurden.

Die im Leitfaden zusammengestellten Schwerpunkte können grob in die Bereiche

- Vorgeschichte des Improvisierens

- Reinkommen / ins Spiel kommen

- Drin-Sein / Erfahrungen während des Spiels

- Nachwirkung / Erfahrungen nach dem Spiel

- Bezüge zu anderen Tätigkeiten

eingeteilt werden, die in allen Gesprächen berührt wurden. Manche spezielleren Fragen, so zum Beispiel die nach bevorzugten Körperhaltungen oder Raumpositionen beim Spielen, wurden in den ersten Gesprächen noch nicht gestellt. Sie ergaben sich irgendwann einmal und erwiesen sich als fruchtbar.

Es gab keine feste Reihenfolge, in der die Fragen abgearbeitet wurden. Lediglich die *Eröffnungsfrage* war immer ähnlich: »Wie sind Sie zum Improvisieren gekommen?« Hier ging es um Erinnerungen, die meistens bis weit in die Kindheit reichten, an spielerische Umgangsformen mit Klängen und Materialien. In der Schulzeit und oft auch im Studium wurde diese Kreativität dann häufig eingeschränkt und diszipliniert. Spätere Erinnerungen beschäftigten sich dann vielfach mit Versuchen, etwas von der früheren Spielfreude wiederzugewinnen. Es wurde von Lebensumständen, Lern-Situationen und prägenden Personen erzählt.

Was sind förderliche Rahmenbedingungen, damit das Improvisationsspiel in Gang kommen kann? Was wirkt behindernd? Mit welchen Mitspielern geht das Spielen gut, mit wem weniger? Dies sind Fragen nach den Voraussetzungen unter denen man sich überhaupt auf ein solches Spiel einlassen kann. Sie können in den räumlichen, instrumentellen, materialen aber auch in zwischenmenschlichen oder atmosphärischen Bedingungen liegen. Hierzu gehört auch die Frage nach bevorzugten Positionen im Raum oder Körperhaltungen, die beim Spiel gerne eingenommen werden, nach Bewegungen oder Körpersensationen. Manchmal konnte über die Art der Aufmerksamkeit, über veränderte Modalitäten des Bewusstseins beim Spielen etwas ausgesagt werden. Diese Beobachtungen, wie auch die Aussagen zu Phantasien oder Bildern beim Spielen, waren immer wieder an konkrete Situationen anzuknüpfen, damit das Gespräch nicht den Kontakt zur sinnlichen, gelebten Erfahrungsbasis verlor und stattdessen lediglich fixierte Meinungen wiedergab.

Immer wieder tauchten – auch spontan – Bezüge zwischen dem Improvisieren und anderen Tätigkeiten auf (zum Beispiel zum Komponieren, zum Interpretieren komponierter Musik, zu anderen künstlerischen Tätigkeiten, aber auch zu ›banalen‹ Alltags-Tätigkeiten), die als Kontrastierung willkommen waren. Mit Ausblick-Fragen nach weiteren Anliegen, Perspektiven und Ideen zum Improvisieren sollten schließlich Bewegungen des Themas im Zusammenhang mit Wünschen und Zukunfts-Vorstellungen erfragt werden.

Die GesprächspartnerInnen

Als Gesprächspartnerinnen und -partner kamen Personen in Frage, die als Musiker bzw. Musiktherapeuten *einschlägige Erfahrungen* mit dem (freien) Improvisieren gesammelt haben. Improvisation sollte ein *wichtiges Thema* für sie darstellen.

Bei der Auswahl der GesprächspartnerInnen für die Interviews spielten auch statistische Erwägungen mit. Um Einseitigkeiten zu vermeiden, sollten gleich viele Männer wie Frauen befragt werden; auch sollte es eine etwa paritätische Verteilung in der Berufsstruktur geben: etwa die Hälfte der Befragten sollten aus dem musiktherapeutischen Bereich kommen, die anderen sollten das Improvisieren aus anderen Situationen kennen: Konzert, Unterricht, Kirche etc.. Eine klare Abgrenzung war dann nicht möglich, wenn Musiktherapeuten auch Erfahrungen als konzertierende Musiker oder als Musiklehrer hatten. Der leitende Gesichtspunkt bei der Auswahl war im Übrigen nicht die Repräsentativität der Befragung, sondern eher die *Heterogenität* unterschiedlicher Erfahrungshintergründe.

Die jüngste Gesprächspartnerin war 28, die älteste 75 Jahre alt. Die Mehrzahl der GesprächspartnerInnen (15 von 24) waren mir schon vor dem Gespräch persönlich bekannt gewesen. Mit ihnen verbanden mich gemeinsame Erfahrungen der letzten zwei Jahrzehnte aus unterschiedlichen Situationen: aus Lehr- und Lernverhältnissen, von gemeinsamen Arbeitsplätzen, aus künstlerischen, fachlich-musiktherapeutischen oder berufspolitischen Aktivitäten. Zu einigen von ihnen bestanden auch freundschaftliche Verbindungen. Zu den Personen, die ich erst anlässlich des Interviews kennen lernte, gelangte ich entweder durch Empfehlungen anderer Interviewteilnehmer oder weil sie auf andere Weise, etwa durch Konzerte oder Veröffentlichungen mein Interesse geweckt hatten.

Die *Verabredung* der Gespräche verlief fast immer problemlos: die GesprächspartnerInnen willigten gerne in meine Gesprächsanfrage ein. Einige äußerten spontane Freude, sich bei dieser Gelegenheit einmal wieder intensiv mit diesem Thema beschäftigen zu können. Nur ein Versuch scheiterte auf interessante Weise, weil sich am Telefon hartnäckig das Missverständnis hielt, ich wollte zum *Spielen* kommen: Ich könne gerne alle Instrumente ausprobieren. Auf meine Erwiderung hin, ich wolle in erster Linie ein *Gespräch* über das Spielen führen, wurde gesagt: Spielen ist besser als Reden. Nach mehreren vergeblichen Versuchen, einen Termin zu verabreden, gab ich auf.

Bei der Auswahl der *zwölf Interviews*, die einer genaueren Analyse unterzogen werden sollten, wurde wieder auf eine annähernd gleichmäßige Verteilung nach Geschlecht und Berufsschwerpunkt (Musiker / Musiktherapeut) geachtet. Die anderen Gespräche dienten als Fundus, als Hintergrund zum Verständnis des Themas.

Die Gesprächssituation

Großen Einfluss auf die Gesprächsatmosphäre hatte der Ort, die Situation, in der das Gespräch stattfindet. Meistens handelte es sich um einen privaten Wohn- oder Arbeitsraum der/des Befragten. Zwei Gespräche fanden in meiner Praxis statt, drei an Orten, an denen ich gerade Urlaub machte, zwei in öffentlichen Gebäuden, den Dienststellen der Betreffenden. Ein Gespräch fand in der belebten Wandelhalle der Musikhochschule statt, eines in einem Café.

Das Mikrophon stand zwischen uns auf dem Tisch. Meistens gab es Getränke. Oft dauerten die Gespräche so lange, dass sich eine oder mehrere Pausen ergaben. Das kürzeste Gespräch (in der Wandelhalle) dauerte 55 Minuten, das längste 165 Minuten. Im Mittel waren die Gespräche 97 Minuten lang. Manchmal gab es noch Nachgespräche im Anschluss an das ›offizielle‹ Interview, die in meinen Aufzeichnungen Niederschlag fanden.

Beim Abschied, manchmal auch zusätzlich in Briefen einige Zeit später, äußerten fast alle GesprächspartnerInnen spontan ihre Zufriedenheit mit dem Verlauf und Ertrag des Gesprächs. Es wäre eine willkommene Gelegenheit gewesen, sich über wichtige Fragen klarer zu werden, es seien neue Überlegungen und Erkenntnisse entstanden. Diese *Rückmeldungen*, die ich nicht ausdrücklich erfragt oder angeregt hatte, waren insofern wichtig, als sie mir Hinweise gaben hinsichtlich der Erfüllung der for-schungs-ethischen Forderung, dass die von der Forschung ›betroffenen‹ Subjekte »Ausgangspunkt und Ziel der Untersuchungen« sein sollen. (Mayring 1993, 9), dass die Forschungsprozeduren also auch für die befragten Personen fruchtbar waren.

II.3.2 Datenaufbereitung: Vom Gespräch zum Text

Nachdem alle Interviews geführt worden waren, lagen die Tonbandmitschnitte (insge-samt fast 40 Stunden) als neue empirische Basis vor. Zusätzlich existierten von jedem Gespräch einige Aufzeichnungen: der Datenblock und Memos, Gedanken, die mir im Umkreis des Gesprächs eingefallen waren. Der erste Schritt der *Aufbereitung* der Mitschnitte war die Herstellung einer geeigneten Verschriftung. Die Transkriptionen hatten schließlich einen Umfang von 360 Seiten.

Transkription als Bearbeitungsform

Es sind sehr unterschiedliche soziologische und linguistische Verfahren der Ver-schriftung sprachlicher Äußerungen entwickelt worden, die insbesondere in Bezug auf den Grad ihrer Genauigkeit und Detailliertheit, aber auch in Bezug auf die gewählte Auffassungsperspektive und den Fokus voneinander abweichen.

Die Sprache eines Gesprächs unterscheidet sich erheblich von der Schriftsprache. Die gesprochene Rede wird begleitet von einer Vielzahl über die Worte hinausgehender ›parasprachlicher‹ Informationen. Die präzise Wiedergabe aller hörbaren Bestandteile der Rede (mit ihren individuellen oder mundartlichen Färbungen sowie den pa-rasprachlichen Äußerungen wie Zögern, Stocken, Stottern, Lachen, Füllworten, Wortwiederholungen, Unterbrechungen, Zusammenziehungen, Pausen, Tem-poschwankungen) ist möglich. Wenn Video-Aufnahmen existieren können zusätzlich Mimik, Gestik, Körperhaltungen etc. beschrieben werden. Es existieren spezielle Computerprogramme, die eine komplexe Transkription erleichtern.

Je differenzierter die Aufzeichnung wird, umso mehr ähnelt die Transkription eines Gesprächs einer *Partitur*, bei der mehrere gleichzeitig ablaufende Ereignisreihen parallel notiert werden. Die Notation erfordert die Vereinbarung von Transkriptions-konventionen, etwa für die Darstellung unterschiedlich langer Pausen, Abbrüche, auffällig schneller Anschlüsse, Ein- und Ausatmen, steigender und fallender Intonationskurven, Betonungen etc. (vgl. Konitzer et al. 2001).

Der Nachteil der größeren Genauigkeit ist die erschwerte Rezeption des Textes *als Text*. Bei jedem Projekt ist daher eine Entscheidung darüber zu treffen, worum es bei der Verschriftung im aktuellen Zusammenhang geht, welche Bestandteile der Interaktion für das jeweilige Vorhaben relevant bzw. unverzichtbar sind.

Bei der vorliegenden Untersuchung war es das Ziel, einen Überblick über einen Untersuchungsgegenstand zu gewinnen, indem mehrere Darstellungen jeweils als Gesamtgestalt aufgefasst und in ihrem strukturellen Sinnzusammenhang miteinander verglichen wurden. Die eingenommene Perspektive ist eher eine (tiefen-)psychologische als eine linguistische, auch wenn sich dies keineswegs ausschließen muss (vgl. Buchholz 1995).

»Das Erkenntnisprinzip des Verstehens lässt sich dadurch realisieren, dass die Darstellungen oder Abläufe von Situationen möglichst von innen heraus analysiert werden können. Die Dokumentation muss dazu genau genug sein, um Strukturen darin noch freilegen zu können, und sie muss Zugänge unter unterschiedlichen Perspektiven ermöglichen. (...) Die Texte, die auf diesem Weg entstehen, konstruieren die untersuchte Wirklichkeit auf besondere Weise und machen sie als empirisches Material interpretativen Prozeduren zugänglich.« (Flick 1995, 194f)

Der besseren Lesbarkeit größerer Zusammenhänge zuliebe wurde hier auf eine detaillierte Fassung und auf den Einschluss parasprachlicher Äußerungen weitgehend verzichtet. Es wurde die Möglichkeit einer »quasi-literarischen Nach- und Neukonstruktion einer geschriebenen Sprechsprache des Befragten« (Fuchs, 1984, 271) gewählt. Dabei ging es darum, »die gesprochene Sprache auf dem Tonband in eine geschriebene Sprache zu übersetzen, nicht einfach abzutippen, sondern eine Schriftsprache nachzukonstruieren, so, als ob der Befragte nicht gesprochen, sondern geschrieben hätte« (ebd.). Nicht durchgehend wurden allerdings die gesprochenen Ausdrücke in die grammatikalisch exakte und vollständige Form gebracht, so dass durchaus noch der Eindruck des Gesprächs erhalten blieb, wenn dies der Lesbarkeit nicht abträglich war.

Als Beispiel für die gewählte Bearbeitungsform folgt ein Ausschnitt aus einem Interview (vgl. Hilke III.2.5). Links ist eine ›gemäßigte‹ *wörtliche Fassung* wiedergegeben (gemäßigt, weil die meisten parasprachlichen Anteile weggelassen wurden), rechts daneben die zugunsten des Leseflusses weiter aufbereitete ›übersetzte‹ Fassung, bei der Wiederholungen, Stockungen, Stottern etc. undokumentiert bleiben.

›Wörtliche‹ Fassung:	›Aufbereitete‹ Fassung:
Das ist natürlich dann schon schwieriger, ob man dann sagen ... das so bewerten darf: das ist Gedudel oder nicht. Bei mir selber merke ich, dass, das fängt immer dann an, wenn ich aufhöre, innerlich vorauszuhören. Wenn ich plötzlich die Finger machen lasse. Und – ja... Ich spiel eigentlich gerne immer das, w...was ich, ich möchte eigentlich gerne jeden Ton voraushören, als ob ich – so – ›n bisschen wie beim Singen vielleicht, dass man auf der einen Seite genau weiß was man spielt, ohne dabei jetzt aber irgendwie fest zu sein – und das ist vielleicht auch ein Wechselspiel, manchmal – gut – machen denn die Finger irgendwas – und dadurch kann man ja auch wieder Ideen dann kriegen oder so, oder so'n Wechselspiel. Aber sobald man nur noch jetzt irgendwie, ja oder soweit ich nur noch den Fingern jetzt dann irgendwie das lasse, dann kann es unglaublich *(macht ein blubberndes Geräusch)* irgendwie, dann spiel ich ganz viel, aber, wenn ich das nicht mehr höre, oder wenigstens dabei bin und noch zuhöre, was machen die Finger denn jetzt – oft überlass ich die Finger dann so und hör eigentlich gar nicht mehr hin – und dann merk ich auch, dass ich zum Beispiel – entweder vom Hundersten in Tausendste komme, aber bei keiner Idee ›n bisschen bleiben kann- irgendwie so endlos spiele, dass Schlüsse irgendwie so endlos werden, weil jeder Schluss, den man dann macht, ist eigentlich irgendwie zu früh oder man weiß gar nicht, wie man den Schluss machen soll, weil man weiß gar nicht, wie das Stück vorher eigentlich war; es wird so komisch endlos dann so...	Das ist schon schwieriger, ob man das als Gedudel bewerten darf oder nicht. Bei mir selber fängt das Gedudel dann an, wenn ich aufhöre, innerlich vorauszuhören. Wenn ich plötzlich die Finger machen lasse. Ich möchte eigentlich gerne jeden Ton voraushören. Wie beim Singen vielleicht. Dass man auf der einen Seite genau weiß was man spielt, ohne dabei aber fest zu sein. Das ist auch ein Wechselspiel: manchmal machen die Finger etwas und man kann dadurch auch Ideen kriegen. Aber sobald ich nur noch den Fingern das lasse – dann kann es unglaublich... dann spiel ich ganz viel. Aber wenn ich das nicht mehr höre oder wenigstens dabei bin und zuhöre, was die Finger jetzt machen --- oft überlasse ich die Finger sich selbst und höre eigentlich gar nicht mehr hin. Und dann merke ich, dass ich vielleicht vom Hundertsten ins Tausendste komme, bei keiner Idee ein bisschen bleiben kann, endlos spiele. Schlüsse werden endlos, weil jeder Schluss, den man macht, eigentlich zu früh ist; oder man weiß gar nicht, wie man ihn machen soll, weil man nicht weiß, wie das Stück eigentlich war. Es wird so komisch endlos.

II.3.3 Auswertungsgestaltung: Transformationen

> Die seelische Produktion ist ein *sich selbst malendes Bild*, ein
> sich selbst spielendes Instrument, ein sich selbst im Leben auf-
> führender Text. Ausgerechnet das muss unsere Methode nach-
> zubilden suchen.
>
> Wilhelm Salber

Unter dem Gesichtspunkt, dass der Forschungsprozess als ein *gemeinsames Werk* der beteiligten Partner zu betrachten ist und der Rekonstruktion, der Nachbildung einer (seelischen) Wirklichkeit dienen soll, erscheint die Aufgliederung in Erhebung, Aufbereitung, Auswertung von Daten etwas künstlich und konventionell. Sie wurde aber beibehalten, um die Vergleichbarkeit mit anderen Arbeiten nicht zu erschweren. Diese ›Schritte‹ sind als *Wendungen einer Untersuchungsbewegung* zu sehen.

Die gewählte Methodik der Text-Analyse unterscheidet sich von der Technik der qualitativen *Inhaltsanalyse* (vgl. Mayring 1993, 85). Letztere arbeitet mit Schlüsselkategorien, »indem sie im theoriegeleitet am Material entwickelten Kategoriensystem die Analyseaspekte vorher festlegt« (ebd., 86), welche dann sogar mit der Unterstützung von Computer-Programmen (wie z. B. *Max* von *Windows*) ausgewertet werden können (vgl. etwa die Studie von Willenbring 1997).

Hier wurde dagegen mit der *psycho-literarischen Verdichtung* an zentraler Stelle ein quasi ›künstlerischer‹ Verfahrensschritt eingeschaltet, bei dem jedes einzelne Interview nach sorgfältiger Text-Sichtung in eine relativ kurze Nach-Erzählung transformiert wurde. Dies geschah in einer Haltung, die als *kreativ-nachbildend* bezeichnet werden kann und sich deutlich von *zergliedernden* Suchbewegungen unterscheidet, welche allerdings in den weiteren Prozeduren der Auswertung ebenfalls ihren Platz fanden.

Die Konkretisierung der folgenden Erläuterungen, die insofern hier zuweilen etwas karg bleiben, kann weiter unten anhand der exemplarisch vorgeführten Auswertung des methodologischen Beispiels (III.2) verfolgt werden.

Von der Transkription zur psycho-literarischen Verdichtung

Datenbasis für den folgenden Bearbeitungsschritt waren die zwölf aus dem Gesamtfundus der Interviews ausgewählten Gesprächs-Transkriptionen. Jeder einzelne dieser jeweils 15-25 Seiten umfassenden Texte, war gesondert zu bearbeiten (Einzelfall-Analyse). Dazu wurde der Text zunächst mehrmals aufmerksam im Zusammenhang gelesen. Es wurden Markierungen und Anstreichungen vorgenommen, Randnotizen (Anmerkungen) gemacht und Memos geschrieben. *Memos* (auch Feldnotizen genannt) sind jene Einfälle, Gedanken, Deutungsideen, Konstruktionsversuche etc., die den gesamten Forschungsverlauf begleiten und im *Forschungstagebuch* notiert werden.

Die leitende Frage war, welches Bild vom Improvisieren *und* welches Lebensbild der / die GesprächspartnerIn vermittelte. Insbesondere war danach zu fragen, welche Formen der Selbstbehandlung eines Lebenswerks im Gespräch deutlich wurden.

Die Zusammenschau der Markierungen, der Anmerkungen und Memos bedeutete eine Verdichtung des Materials, indem einzelne Punkte hervorgehoben und näher zusammengerückt wurden.

In der intensiven Zwiesprache mit dem Datenmaterial formte sich eine Art inneres Bild des ganzen Interviews, seiner Schwerpunkte, seiner Aussagen und inneren Spannungsverhältnisse heraus. Für dieses Bild galt es eine geeignete Darstellungsform zu finden. An dieser Stelle war ein intuitiv-kreativer Schritt erforderlich, der über das Sammeln und Sortieren entschieden hinausging. Die Daten und das dazu gesammelte Material waren zwar nicht gerade zu vergessen (sie sollten sogar sehr präsent sein), waren aber gewissermaßen mit halbgeschlossenen Augen, wie aus der Entfernung, zu betrachten. Dann hoben sich aus der Vielfalt einzelne Aussagen, Szenen, Metaphern heraus – und ›plötzlich‹ war es möglich, einen Erzählfaden aufzunehmen.

Diese kreativ-erzählerische Haltung gegenüber dem Material ist vergleichbar mit dem Erzählen von Stegreif-Geschichten, der Technik des *free-writing* beim Kreativen Schreiben oder des *brainstorming* als Problemlösungstechnik – oder eben mit dem Improvisieren selbst: es ist (nach geeigneter Vorbereitung) beherzt ein Anfang zu machen, aus dem sich die Fortsetzungen ergeben. Voraussetzung ist, dass man sich dem kreativen Fluss überlässt und nicht zu lange überlegt. Es ist, als suchte sich das Material in diesem Stadium selbst eine passende Form.

Auf diese Weise wurden Texte entwickelt, die jeweils ein komplettes Interview in seinen wesentlichen Zügen hinreichend vollständig wiedergeben konnte. Die Texte, die psycho-literarischen Verdichtungen, die sich der Form von *Erzählungen* annäherten, wurden dann in mehreren Schritten am empirischen Material überprüft und abgesichert:

1. Überprüfung des Textes anhand der Markierungen, Anmerkungen und Memos auf hinreichende *Vollständigkeit;*

2. *Dokumentarische* Überprüfung der paraphrasierten Aussagen am Interview-Text und wo möglich Übernahme direkter Zitate (im Text *kursiv* zu kennzeichnen);

3. *sprachliche* Überarbeitung des Textes.

Vereinheitlichende Beschreibung

Die zwölf Verdichtungen wurden nun in einem vereinheitlichenden Zugriff *beschreibungsnah* als ein Ganzes zusammenzufassen gesucht. Mit ›beschreibungsnah‹ ist gemeint, dass hier weitgehend die Begrifflichkeit der InterviewpartnerInnen zur Sprache kommen sollte, noch nicht Abstraktionen im Sinne einer Theorie angestrebt wurden.

Vorbereitend wurden hierzu zahlreiche Kategorisierungsentwürfe gemacht, unter denen das gesamte Material jeweils unterschiedlich zusammengestellt wurde. Schließlich wurden vier Überschriften gefunden, die diesen Zweck angemessen zu erfüllen schienen. Diese *Vereinheitlichende Beschreibung* eröffnet die inhaltliche Darstellung der Studie im folgenden Kapitel (s. III.1.).

Von der psycho-literarischen Verdichtung zur kommentierenden Analyse – Haupt- und Nebenfiguration

Das Seelenleben behandelt Wirklichkeit in Bildern.

Dirk Blothner

Die im engeren Sinne interpretierenden Arbeitsschritte gingen von den Texten der psycho-literatischen Verdichtungen aus. Es wurde darin nun – vor dem Hintergrund eines allgemeinen Entwurfs über das seelische Geschehen – nach strukturellen Zusammenhängen gesucht.

Ziel der Interpretation war jeweils die Rekonstruktion eines *Grundverhältnisses*, wie es in dem Gespräch über das Improvisieren zum Ausdruck kam. Gemäß der Vorannahme von der immanenten Widersprüchlichkeit der in sich gegliederten seelischen Figurationen (das Seelische als ›Problem‹) wurde nach einer *Doppelstruktur* gesucht. Es wurde angenommen, dass sich die Tätigkeit des Improvisierens in einem ›Dazwischen‹ oder ›Indem‹ zweier bestimmender *Bilder* entfaltet, »die methodisch differenziert zergliedert und wiederum ›zusammengesehen‹ werden können. Gegenläufe wie Gegensätze erscheinen dann in einem bestimmten Ineinander und Zueinander gestalthaft versöhnt: in Gegensatzeinheiten.« (Salber 1965, 281) Diese Bilder oder *Figurationen* können also als polar angeordnete dynamische Sinnkonstellationen vorgestellt werden, die sich differenzieren lassen in ein Haupt- und ein Nebenbild. »Ein Bild, das am Leben bleiben will, bildet dementsprechend Haupt- und Nebenwerke aus, berücksichtigt Maß-Verhältnisse, lässt zugleich Unperfektes, Fragmentarisches und Reste zu.« (Salber 1995, 77) (Vgl. die ausführlichere Darstellung der Systematik von Haupt- und Nebenbild in Grootaers 1996a.)

Dem *Hauptbild* gilt der größere und bewusstere Aufwand in der Selbstdarstellung. Hier »gestalten wir die Probleme der Verwandlungs-Richtung aus, die unserem Leben Sinn verspricht.« (Salber 1999, 36) Daneben bildet sich aber eine zweite Figuration aus, die verspüren lässt, »dass nicht alles so genau in die Bewegungen des Bildes der Haupt-Figuration passt. Die Nebenfiguration ist hilfreich, aber sie fordert auch heraus.« (Ebd.) Das bewegte Miteinander dieser Figurationen bildet das *Grundverhältnis* oder die *Grundgestalt*.

Dieses Grundverhältnis ist nicht fixiert. Oftmals konnten Übergangsbewegungen bemerkt werden, die die Figurationen in ein anderes Verhältnis zu bringen suchten (*Stellenwechsel*). »Es ist lebenswichtig, dass zwischen den beiden Figurationen ein Stellenwechsel möglich ist, so dass wir uns auf andere Verwandlungs-Formen einlassen können.« (ebd.)

Es war aber zu bedenken, dass es in einem Interview, anders als in therapeutischen Behandlungen, nur um einen ›kleinen Behandlungsgang‹ geht. Das Gespräch ist auf die Exploration eines *Themas* fokussiert, nicht auf die Erschließung einer kompletten Lebensmethode.

Zum Vorgehen: Der Text wurde mehrmals gelesen und es wurden mit Farbstiften Unterstreichungen angebracht. Dabei wurde nach der jeweils bestimmenden *Gegensatzeinheit* gesucht. So wurden etwa mit ‚rot‹ Ausdrücke unterstrichen, die das *Hauptbild* zu kennzeichnen schienen, mit ›blau‹ wurden Belege für das *Nebenbild* markiert. Es entstanden auf diese Weise Wortfelder, die wie ›Variationen‹ auf ein ›Thema‹ hinwiesen, welches in einem charakteristischen Begriff zusammenzufassen gesucht wurde. Beide Begriffe ergaben zusammen das polare *Grundverhältnis* der Figurationen, das seinerseits wieder in einer *Grundgestalt* zusammengefasst werden konnte.

Die Zweieinheit des Grundverhältnisses, in dem der ›Fall‹ seinen Umgang mit dem Improvisieren gestaltete deutete einerseits auf das jeweilige Lebens-Werk der befragten Person, andererseits aber zeigten sich hierin Angebote und spezifische Möglichkeiten der Tätigkeit des Improvisierens.

Das Grundverhältnis verwies mithin auf drei Kontexte: (1) die individuelle Lebensmethode des Gesprächspartners bzw. der Gesprächspartnerin, wie sie sich ausschnitthaft bezogen auf seine Erfahrungen mit dem Improvisieren zeigte, (2) die spezifischen Möglichkeiten und ›Angebote‹ der Tätigkeit des Improvisierens und (3) die notwendig ›problematische‹, dynamische Struktur des Seelischen.

Das Grundverhältnis von Haupt- und Nebenfiguration jedes einzelnen Interviews wurde in einer *Graphik* veranschaulicht, in die die jeweiligen Schlüsselbegriffe der Figurationen eingetragen wurden.

Psychologische Rekonstruktion und Ausformungen der Wirkungseinheit

Ein wesentliches Ziel jeglicher Forschung ist es, über die individuellen Konstellationen des Einzelfalls hinaus zu allgemeineren Erkenntnissen über den Gegenstandsbereich vorzudringen. Allerdings: »Je dichter, je tiefenschärfer die Beschreibung, desto deutlicher hebt sich Individuelles ab von dem, was das Individuum mit anderen verbindet. Erst im gedanklichen Drehen und Wenden eines Phänomens schält sich heraus, ob sich hinter disparater Erscheinung Allgemeines verbirgt, das nur nach außen hin individuell gefärbt ist.« (Schachtner 1993, 26)

Die Formulierung des Allgemeinen oder für den Gegenstandsbereich Typischen fasst die gefundenen Merkmale auf eine abstraktere, theoriebezogene Weise zusammen, so dass sich mehrere konkrete Erscheinungen darauf beziehen lassen. Der Gegenstand der Untersuchung wird gewissermaßen auf theoretischer Ebene nachgebildet bzw. als wissenschaftlicher Gegenstand rekonstruiert. »Das sich in der Einzelbetrachtung andeutende Allgemeine ist im systematischen Quervergleich zu überprüfen und theoretisch zu fassen.« (Schachtner ebd., 26)

Die psychologische Rekonstruktion des Wirkungsraums des Improvisierens im Ganzen (Kap. III.4) wurde aus dem Vergleich der gewonnenen *Grundverhältnisse* der Einzelfälle erschlossen. Es wurde darin nach einer übergreifenden Polarität gesucht, in der die Einzelfälle aufgehoben waren. Zugleich wurde – gewissermaßen als Gegenbewegung zu dieser begrifflichen Reduktion – die *Vielfalt* der Erscheinungen dadurch zu erhalten gesucht, dass mehrere charakteristische Ausformungen möglicher *Übergangsbewegungen* innerhalb dieser Polarität beschrieben wurden. Diese wurden sowohl auf Beispiele aus dem Datenmaterial als auch auf Qualitäten und ›Material‹-Eigenschaften der musikalischen Improvisation bezogen.

Überprüfungen

Eine Überprüfung der Ergebnisse im Sinne einer Triangulation geschah zu verschiedenen Zeiten und in unterschiedlichen Kontexten. Die Präsentation und Diskussion von Teilergebnissen war in den Forschungsgang integriert, weil dadurch regelmäßig wichtige Anregungen und Korrekturen entstanden. In erster Linie ist hier aber die kontinuierliche Begleitung durch die Betreuer der Arbeit zu nennen. Ihnen mussten die einzelnen Schritte immer wieder plausibel gemacht werden. Mit weiteren Kollegen war ich ständig über die Arbeit im Gespräch.

Teile der Arbeit (Verdichtungen und Analysen einzelner Interviews) wurden bei verschiedenen Vorträgen und in Artikeln der Fach-Öffentlichkeit zur Diskussion gestellt (Weymann 2000, 2002). Eine vertiefte Beschäftigung und Auseinandersetzung fand exemplarisch bei Doktoranden-Kolloquien und in einem kollegialen Arbeitskreis zur Musiktherapie statt. Nicht zuletzt wurden Teile der Arbeit in Seminaren mit Musiktherapie-Studenten durchgearbeitet. Die Studierenden wurde aufgefordert, einzelne Verdichtungen entsprechend dem Untersuchungsleitfaden auszuwerten. Es entstanden auf diese Weise unabhängig voneinander jeweils mehrere Analyse-Versionen, die die eigenen Analysen auf erfreuliche Weise bestätigen konnten.

III   Zwölf Ansichten vom Improvisieren - eine Interviewstudie

In intensiven Interviews mit Musikern wurde über Erfahrungen mit der musikalischen Improvisation gesprochen. Die Gespräche ergaben unterschiedliche ›Ansichten‹ des Untersuchungsgegenstands, die von den subjektiven Lebenserfahrungen der Befragten nicht zu trennen sind. In diesem Kapitel, das den Hauptteil der Arbeit bildet, werden nun aus der Gesamtheit des erhobenen Materials zwölf dieser Ansichten vorgestellt und miteinander in Beziehung gesetzt. Im Spannungsfeld von individueller Erfahrung und abgeleiteter Konstruktion entstehen allgemeinere *Ansichten vom Improvisieren*.

Die Studie wird in vier Abschnitten dargestellt. Einleitend soll eine *Vereinheitlichende Beschreibung* die wesentlichen Themen der Gespräche beschreibungsnah im Zusammenhang darstellen (III.1).

Im zweiten Abschnitt wird dann ein einzelnes Interview als *methodologisches Beispiel* präsentiert (III.2). Es werden die Schritte der Auswertungsgestaltung im Einzelnen gezeigt: Vom Interview zur psycho-literarischen Verdichtung und weiter zur kommentierenden Analyse soll der methodische Gang der Untersuchung für die Leser nachvollziehbar gemacht werden.

Darauf folgen im dritten Abschnitt die weiteren Einzelfallanalysen, also die erzählerischen Verdichtungen und die rekonstruierenden Auswertungen der übrigen elf Interviews (III.3).

Als letzter Schritt der Studie werden die Einzelfälle psychologisch rekonstruierend zusammengefasst (III.4). Die psychologische Perspektive verbindet Aspekte der Lebensgestaltung mit musikspezifischen Material-Aspekten der Improvisation.

III.1 Vereinheitlichende Beschreibung des Improvisierens

Der Wirkungsraum der musikalischen Improvisation wird in der *Vereinheitlichenden Beschreibung* so präsentiert, dass nicht so sehr die individuellen Blickwinkel der einzelnen Interviews, als die übergreifenden Züge herausgearbeitet und in einen (neuen) Erzählzusammenhang gebracht werden. Die Darstellung ist – im Unterschied zur psychologischen Rekonstruktion (III.4) – *beschreibungsnah*: Die Formulierungen sind oft Zitate aus den Interviews[1]. Im Vordergrund steht dabei weniger ein systematisierender Anspruch, als die Absicht, das Material in *einer* möglichen sinnvollen Form zusammenzufassen und überschaubar zu machen. Dazu wurden die Interviews auf der Suche nach thematischen Schwerpunkten gewissermaßen ›quer‹ gelesen, die schließlich in vier Abschnitten zusammenzufassen waren:

1. Das Improvisieren wird als Bewegung, genauer: als eine Art *Suchbewegung* charakterisiert.

2. In *Zuspitzungen* und krisenhaften Momenten beim Improvisieren gerät das Erleben in eine interessante Brisanz, die Wendungen zu etwas Neuem verspricht.

3. Improvisationen entstehen in einem Spannungsfeld von *Intimität und Öffentlichkeit*.

4. In einer *Wendung zum Ganzen* ermöglicht das Improvisieren besonderen Vereinheitlichungserfahrungen.

Suchen, In-Fluss-Kommen

Das Improvisieren gleicht einem besonderen »Raum« mit eigenen Bedingungen. Es »hat mit Logik nichts zu tun, es spielt sich auf einer anderen Ebene ab.« Dieses »Andere« kommt zum Zuge, »wenn man sich wirklich seinen Impulsen überlässt, sich

---

[1] Typographischer Hinweis: Zitate aus den Interviews sind in diesem Abschnitt in Anführungszeichen gesetzt. Die Namen in eckigen Klammern [] verweisen auf die Quellen der Gedankengänge und Zitate in den weiter unten abgedruckten Interviewmaterialien, wo der jeweilige Sinnzusammenhang aufgesucht werden kann.

ganz diesen momentanen Einflüssen und Einfällen hingibt« [Elisabeth]. Die Spieler geraten in »harmonische Schwingung« [Lars]. Das Spiel »kommt in Gang, entzündet sich« [Elisabeth].

Kann man das Leben allgemein als eine Reise oder vielleicht auch als Baustelle (»work in progress«) auffassen, so gilt dies in besonderer Weise für die Produktionen improvisierender Musiker, die sich nicht in abgegrenzten, greifbaren »Werken« dokumentieren lassen [Peter]. »Es ist etwas Unsicheres, nicht so griffig« [Tom].

Improvisationen sind momentane Geschehensformen, sie schließen sich allenfalls für den Moment, ihr Signum ist die »unfertige Geschlossenheit« [Marga]. Der Improvisator setzt bei jedem Auftritt »alles aufs Spiel«. [Stefan] Es spielt »einfach los: Ich weiß noch nicht, was kommen wird, ich fange einfach an« [Marga].

Der Vorgang des Improvisierens beinhaltet oftmals eine *Such-Bewegung* auf etwas hin, in etwas hinein oder aus etwas heraus. Es ist die Suche nach etwas, was man noch nicht kennt. Paradoxerweise weiß man auch schon, dass sie durch das Finden nicht zur Ruhe kommen wird, dass »es weiter und weiter geht.« Ohne diese Suchbewegungen verliert sich das Interesse am Spiel [Anna].

Wird die Unsicherheit nicht zu groß, ermöglicht diese Unbestimmtheit aber gerade die Offenheit, auf der die besondere Stärke des Improvisierens beruht: aus allem etwas machen und mit allem etwas anfangen zu können. Die Improvisation ist die Kunst, die Offenheit, das »Nebeneinander« des Anfangs zu zerdehnen und zu kultivieren, jenes Augenblicks, wo noch »alles möglich« erscheint. [Anna, Lars]

Der zugespitzte Moment

Neben der Offenheit gehört zum Improvisationsvorgang eine gewollte *Anfälligkeit*. Es entsteht im Zusammenspiel ein »filigranes Netzwerk« [Stefan], dessen »Subtilität« [Lene] erhalten werden soll. Durch die gezielte Abkehr von bewährten, »selbstverständlichen« Strukturen der musikalischen Verständigung, im »Stören« des fließenden, »gut laufenden« Zusammenspiels und in der Extremisierung von Ausdruckdimensionen wird eine Verstärkung des Erlebens angestrebt. So werden regelrecht »Krisen« herbeigeführt, indem auf verschiedene Weise »Spannungen auf die Spitze getrieben werden« [Anna].

Die durch Zuspitzung der Spannung und Intensität entstehende »Krise« bringt das Erleben gewissermaßen auf den Punkt der *Wendung* – zum Scheitern oder zu einer neuen Lösung. Es entsteht der Eindruck der Zwangsläufigkeit. »Man kann es nicht mehr wenden, man muss es geschehen lassen – und etwas Neues wird möglich.« [Anna] Das Wissen und die Vergangenheit scheinen in diesem Moment ausgeschaltet [Anna], es wird »alles aufs Spiel gesetzt« [Stefan]. Es geht nur noch darum, »dran« zu bleiben, mitzugehen. »In Bewegung zu bleiben, das ist die Kunst.« [Marga]

Ein zentrales Anliegen ist für viele der befragten improvisierenden Musiker das Überschreiten des Bekannten und das Vordringen in neue Räume, zu neuen Erfahrungen oder Spielweisen. Zuweilen hat das Improvisieren auch regelrecht den Charakter der *Befreiung,* z.B. aus beengenden Lebens-Verhältnissen. [Lars]

Anspruch und Ziel ist es, »bei jedem Konzert irgendwo hin zu gelangen, wo man noch nicht war« um hinterher sagen zu können: »heute ist etwas passiert, was noch nie vorher passiert ist.« In diesem Moment geschieht eine »Öffnung zu neuen Horizonten«, es ist, wie wenn »ein Knoten platzt.« [Peter]

Sich finden – sich zeigen

Wer improvisiert, spielt seine eigene Musik. Auch wenn dieser Satz mit einigen einschränkenden Fragezeichen versehen werden muss, denn jeder Mensch bezieht sich notgedrungen in seinen Ausdrucksformen auch auf das bestehende Repertoire seines kulturellen Umfelds, so ist doch die *schöpferische* Verbundenheit des Improvisators mit seiner Musik groß: Die Improvisation verweist in besonderem Maße auf den Spieler als Autor.

Der Wunsch, eigene Wege zu gehen, motiviert oft den Anfang des Improvisierens schon in der Kindheit. »Da bin ich einfach gegangen, wenn mir das zuviel wurde. Ich habe meine Flöte genommen, bin irgendwo auf die Wiese gegangen und hab was ausprobiert.« [Almut] Zuweilen manifestiert sich die Eigen-Art in einer hartnäckig beibehaltenen »falschen« Spielweise und in der Verweigerung anerkannter Werte wie »Lieder können«, »Noten lernen« [Tom], oder in der Ablehnung des Übens [Peter, Sonja]. Es entsteht im Spielen ein »eigener Bereich«, der mit niemandem geteilt werden muss [Almut], ein »sicherer Raum«, eine »Quelle ständiger Begleitung«. Man ist beim Spielen oder Singen wie »versunken« in die »eigene Welt« [Sonja].

Eine Improvisation wird zuweilen wie ein »direktes Abbild« der eigenen Person erlebt: »das bin ich, da ist gar nichts dazwischen«. [Sonja] Der improvisierende Musiker erlebt sich als »empfindlich« [Christian], »übersensibel« und »hellwach für alles was passiert« [Lene, Elisabeth]. Wenn man öffentlich spielt, »offenbart« man sich persönlich. Man zeigt etwas, »was ganz viel mit einem selbst zu tun hat«. Dabei fühlt man sich manchmal »absolut schutzlos« [Christian].

Wird das Improvisieren nicht schlichtweg zur Privatsache deklariert, die niemanden etwas angeht [Sonja], sondern besteht vielmehr ein Mitteilungswunsch, ja sogar eine Abhängigkeit des improvisierenden Spielens von der Anwesenheit eines Publikums [Peter, Lars, Christian], dann sind Grenzen und Grenzübergänge so zu gestalten, dass die *Vermittlung von Intimität und Ausdruck* im Spiel möglich wird.

Wendung zum Ganzen

Fast alle Interviewpartner und -partnerinnen kamen irgendwann auf Erfahrungen zu sprechen, in denen sie den Eindruck hatten, nicht mehr selbst das Geschehen zu lenken, sondern vielmehr Teil eines größeren Ganzen zu sein und sich *dessen* Bewegungen zu überlassen, als wären sie selbst ein Instrument. Diese Geschehensform wurde unterschiedlich konnotiert und etwa mit Vorgängen in der Natur verglichen oder als eine religiöse oder spirituelle Erfahrung erlebt. In der Ablehnung wurden ihr quasi dämonische Züge zugeschrieben und es wurde versucht, sich gegen die Vereinnahmung zur Wehr zu setzen [Lene].

Im Laufe des improvisierten Spiels kann es geschehen, dass »das Ganze« ein »Eigenleben« zu bekommen scheint, »es verselbständigt sich etwas, das einen trägt«, es wird zu einer »runden Sache«, einem »Werk«, dem man sich überlassen kann [Elisabeth]. Prozess, Produzenten und Produkt sind in »ganzen Szenen« zusammengefasst. Es verschieben sich Abgrenzungen und Trennungen (außen – innen, das Eigene – das Andere) bzw. sie werden *umgekehrt*. Der Spieler wird zum Instrument, er hat das Gefühl »ich werde gespielt« [Stefan]. Alles gehört zusammen. Der Körper ist mit einbezogen [Stefan, Elisabeth, Anna]. Es ist, als spielte sich die Musik »mehr im Körper ab, als außen«, als wären die Mitspieler und Instrumente »Teil von einem selbst«, als würde die Musik im eigenen Inneren »gekocht« [Stefan].

Die Musik wird als Subjekt der Szene erlebt: Die Spieler tun lediglich, »was notwendig ist für die Musik« [Lars]. Man lässt »die Musik führen« [Hilke] und erlebt sich nicht mehr als Urheber dieser sich ereignenden Musik [Peter], in die auch das Publikum einbezogen ist. »Das geht an keinem vorbei.« [Stefan].

Zuweilen wird ein sprunghafter Ebenenwechsel, ein »Qualitätssprung« erlebt, bei dem auf einmal ein Gefühl der Einheit mit den Mitmusikern besteht. Dies wird mit »spirituellen Erfahrungen« [Almut] verglichen, mit Erlebnissen bei einer »gemeinsamen Meditation« [Lars]. Entscheidend ist dabei das Empfinden, von sich absehen und »in Einklang« mit einem außerhalb der Person liegenden Geschehen kommen zu können [Peter, Christian]. Manchmal wird dieses Geschehen ausdrücklich mit religiösen bzw. kosmisch-philosophischen Begriffen zu fassen gesucht: »mystische Einheit«, ein »kosmisches Gefühl« [Lars], die Erfahrung einer »geistigen Kraft, die etwas lenkt« [Christian]. Es werden Metaphern des »Strömens« und der »Energie« gebraucht [Christian].

In einer Art Hellsichtigkeit kann man »vorausschauen, was als nächstes passiert« [Stefan]. Beim Blick in die Augen der Zuhörer versteht man plötzlich besser, was in ihnen vorgeht. Man hat »ein Stück Glück gesehen« [Lars].

III.2 Methodologisches Beispiel: Marga – Unfertige Geschlossenheit

> Es ist eine Geschlossenheit (...), was Abgerundetes in sich. In sich geschlossen. Eine nicht sehr fertige Form; hat was Unfertiges. Eine unfertige Geschlossenheit. Gibt's das? Ist eigentlich widersprüchlich. (Marga)

Nach der ersten zusammenfassenden Darstellung wird nun der Blick auf ein einzelnes Interview gelenkt. Wie entfaltet sich das Thema in diesem Gespräch? Das Interview mit Marga dient zugleich als methodologisches Beispiel, d.h. es soll hiermit einmal ausführlich gezeigt werden, in welchen transformierenden Schritten der Gang der Auswertung vonstatten ging. Dazu war auch die Dokumentation des kompletten Interview-Textes sowie die Schilderung der Rahmenbedingungen des Gesprächs erforderlich.

Begegnung

Die Musiktherapeutin und Musiklehrerin Marga, die in Wirklichkeit anders heißt, war mir aus früheren Arbeitszusammenhängen bekannt. Sie hatte jahrelang als Musiktherapeutin in einer ähnlichen Einrichtung gearbeitet wie ich. Wir hatten Arbeits- und Supervisionsgruppen zusammen besucht und waren uns auf Fachtagungen begegnet. Auch privat hatten wir öfters miteinander zu tun gehabt, hatte zusammen gegessen, gefeiert, geredet und musiziert. Wir haben auch gemeinsame Freunde und Bekannte. Marga hat einen Sohn (›R.‹), der zum Zeitpunkt des Gesprächs gerade das Abitur gemacht hatte und in eine andere Stadt umgezogen war. Auch sonst waren mir ihre Lebensverhältnisse einigermaßen bekannt, was sich im Gespräch immer wieder andeutet.

Überhaupt spiegelt sich neben der Gesprächspartnerin an mehreren Stellen auch die Person des Interviewers im Text, nicht nur in der Art des Fragens, sondern auch in der Art wie Marga auf ihn eingeht, sich auf ihn beziehend, sich mit ihm vergleichend, auf gemeinsame Erlebnisse verweisend etc. Wie es bei einer langjährigen Bekanntschaft zu erwarten ist, entfaltete sich das Gespräch vor einem differenzierten Verweisungshorizont gemeinsam erlebter Situationen und geteilter Erfahrung. Schon allein die angesprochene berufliche Ebene »von Musiktherapeut zu Musiktherapeut« war vielschichtig, was hier nicht genauer darzustellen ist. Sie enthielt gemeinsame Anschauungen und Erfahrungen (was zum Beispiel Probleme der Positionierung von Musiktherapeuten in Kliniken angeht), solidarische Gefühle, aber auch unterschiedliche Erfahrungen, Einstellungen und Methoden, vielleicht auch Konkurrenzgefühle, Befremden. All dies war den Gesprächspartnern nur zum Teil bekannt und bewusst.

Diese Gegenseitigkeit ist Merkmal einer lebendigen Beziehungssituation, die immer Grundlage dieser Gespräche war. Der Interviewer ist nicht distanzierter Beobachter, kein ›Neutrum‹, sondern engagierter Teilnehmer des Gesprächs. Gleichwohl ist die Situation nicht symmetrisch, denn der Interviewer verfolgt ein Vorhaben und leitet das Gespräch gemäß seinem Erkenntnisinteresse. Hier begegnen wir einer Schwierigkeit dieser Form von Forschung: ein angemessenes Verhältnis von Nähe und Distanz zum Gesprächspartner und zum Forschungsgegenstand herzustellen. Zu große Nähe und Vertrautheit verstellt den Blick für neue Erkenntnisse. So versuchte ich mich darauf einzustellen, Marga in Bezug auf mein Thema auch so zu befragen, als ob ich ihr neu begegnen würde.

Als ich Marga telefonisch fragte, ob ich ein Gespräch mit ihr führen dürfte, stimmte sie sofort zu. Es ergab sich, dass ich mit meiner Familie in der Nähe ihres Wohnorts im Haus eines Freundes meinen Sommerurlaub verbrachte. Dort trafen wir uns an einem schönen Nachmittag im August. Der erste Teil des Gesprächs fand in dem weitläufigen Garten statt, an einem Tisch unter Bäumen, bei Tee und kalten Getränken. Später setzten wir uns dann ins Haus. Diese entspannte Situation ist in dem Gespräch noch zu spüren.

Das Gespräch dauerte insgesamt fast drei Stunden. Marga erbat sich zu Anfang von mir Papier und Stift, damit sie sich auch etwas notieren konnte. Da wir uns länger nicht gesehen hatten, begann das Gespräch mit anderen Themen und ging dann fließend in das verabredete Interview über. Ich füllte das Datenblatt aus, begann mir Notizen zu machen und stellte das Aufnahmegerät ein.

Interview

...ich empfinde wenig Einklang mit der [Musik-]Literatur. [2]

Früher war Einklang da, jetzt ist der Einklang verschwunden?

Das ist die Frage, ob der Einklang jemals da war. Jedenfalls habe ich mich früher unheimlich bemüht, in Einklang zu kommen. Das war mir immer mehr oder weniger gelungen. ›Gelungen‹, beim Vorspiel ein Stück zu meistern, ›es klappt‹ bei der Hausmusik, beim Orchester hat man es ›geschafft‹. Jetzt berührt es mich fast gar nicht mehr. Es ist ganz schwierig. – Ich hatte in den letzten Jahren wieder Flötenunterricht genommen, für mich, und habe sämtliche Stücke nochmals gespielt und gelernt, wie neu; Mozart-Konzerte usw. Irgendwann konnte ich es nicht mehr ertragen. Wie wenn ich das nur für die Lehrerin gemacht habe. Schade. Das ist im Moment eine Lücke bei mir, die ich nicht verstehe; die ist einfach da. Das ›Vertraut-Sein‹ mit einer bestimmten Musik hat sich verändert.

(Ich gebe noch einige Erläuterungen zum Interview-Rahmen.)

Ich finde es ganz lustig, von Musiktherapeut zu Musiktherapeut zu sprechen. Das passiert vielleicht zuwenig.

Wie bist du zum Improvisieren gekommen?

Ist das auch die Frage, ob ich in der Kindheit improvisiert habe? Mir fällt eine musikalische Szene ein: ich sitze am Klavier und spiele vor mich hin – ohne dass ich Unterricht gehabt habe. Einfach weil das Klavier da war. Ich glaube, ich wollte mich ertönend erleben, aber ich habe auch meine Schwestern nachgemacht, weil die schon etwas gelernt hatten, und ich wollte es so machen wie sie. Es war eine Mischung zwischen dem Vor-sich-hin-Spielen, wie es kleine Kinder tun, um sich zu hören, und auch dem Versuch, etwas erwachsener zu sein, als ich war.

Ich war die dritte in der Geschwisterreihe, nach mir kamen noch zwei. Ich war wohl drei oder vier Jahre alt, als ich angefangen habe. Klavierunterricht habe ich mit sieben Jahren bekommen. Immer wieder habe ich auch eigene Stücke ›komponiert‹.

---

[2] Zur besseren Lesbarkeit sind die Beiträge der Gesprächspartnerin kursiv, die des Interviewers unterstrichen gesetzt worden.

Das war wichtig für mich, das Gefühl zu haben, ich mache etwas nach, was <u>komponieren</u> heißt. Das konnte ich erst mal gar nicht aufschreiben, aber ich habe ziemlich leidenschaftlich vor mich hin gespielt am Klavier. Es waren keine richtigen Stücke, aber für mich war das wie komponieren, woraus vielleicht einmal so etwas wie richtige Musik werden könnte. Die Vorstellung war: wenn ich das schreiben könnte, wäre es etwas.

Das Aufschreiben habe ich später wenig versucht. Aber zwei oder drei Stücke habe ich doch mal aufgeschrieben, die dadurch von Improvisationen zu Kompositionen wurden. Ein Duett für Flöten habe ich zum Beispiel mit 12 Jahren geschrieben, das hieß ›Fluett‹.

<u>Glaubst du, dass diese frühen Stücke eher ›nachgemachte‹ Musik war, oder hast du da schon das Gefühl von Eigenständigkeit?</u>

Ich denke, dass ich schon in Kontakt mit ›Leidenschaftlichkeit‹ kam, was für ein Kind sicher etwas anderes ist als später. Es hatte etwas fast Dramatisches. Ich merkte, dass ich in dieser Musik auch eine Rolle spielte und sie mit Gefühlen und Szenen in Verbindung brachte. In diesem Alter hatte ich auch angefangen Ballett zu machen, und ich glaube, dass mein musikalischer Geschmack auch sehr mit Ballett und dieser Welt zu tun hatte: es war oft hochdramatisch. Es war das Grundschulalter.

Es muss etwas Eigenständiges gewesen sein, weil ich nicht in Erinnerung habe, dass ich etwas behalten habe von dem, was meine Schwestern gespielt haben. Es ist schwer zu sagen, ob es nur eigenständig war. Man kriegt vielleicht eine gewisse Entschlossenheit mit, wenn jemand was Wichtiges spielt am Klavier. Ich kann mir vorstellen, dass ich das auch nachmachen wollte und dass meine Stücke dann in Verbindung mit diesen Verhaltensweisen, standen.

<u>Ballett ist ja auch dramatisierte, gespannte und leidenschaftliche Bewegung.</u>

Ja. Mir scheint, dass ich so etwas wie Musik pur, also nur die Töne und die Bewegung der Musik, nicht erleben konnte. Ich denke nicht, dass ich das ordnen konnte; das hat mich nicht so interessiert, wie die Dramatik und die Gestik.

<u>Wo stand das Klavier in eurem Haus?</u>

Im Wohnzimmer.

Vorne zur Straße mit Erkerfenster. Da wurde Gesellschaft und Besuch empfangen, wir durften da eigentlich nicht spielen, nur Klavier. Aber das Zimmer wurde nach und nach doch von den Kindern erobert. In dem Raum habe ich auch Ballett-Aufführungen mit meinen Freundinnen gemacht, und meine Schwestern haben für mich gespielt.

Diese Aufführungen waren wirklich improvisiert. Mit Springen durch die Tür. Dieses Erkerfenster hatte rote Gardinen, das Licht kam so durch, es war so mysteriös und rot, was Pränatales wahrscheinlich [lacht], ein geheimnisvoller roter Raum, das war unsere Bühne. Alles wurde ausgeräumt, es war ein Holzfußboden. Das habe ich auch als Improvisation in Erinnerung, stundenlang haben wir ›geübt‹ und dann aufgeführt. Bei der Aufführung waren die auch noch etwas frei. – Im Flur hatten wir einen großen Spiegel. Vor diesem Spiegel hatte ich stundenlang geübt, war aber zugleich für mich wie auf einer Bühne. Manchmal hat eine Schwester Musik gemacht im Hintergrund, für mich oder für sich.

<u>Es klingt, als ob es bei euch üblich war, viel zu improvisieren, vor sich hin zu spielen, nicht nur Stücke zu spielen.</u>

Es war viel Raum dafür da. Besonders von meiner Mutter aus. Die war auch froh, wenn wir so was machten. Die hat auch improvisiert, die konnte Geschichten erzählen, ganz frei. Das war ganz toll für uns, das war das am sehnlichsten Erwünschte, dass sie eine Geschichte erzählte. Sie ließ sich einfach so drauf ein und hat los erzählt. Ich habe das dann auch versucht zu übernehmen und meinen kleineren Geschwistern auch Geschichten erzählt.

Übrigens in meiner Arbeit später, wenn ich einmal völlig erschöpft war, wenn mir nichts mehr einfiel, wenn ich mich dann einfach so aufs Sprechen eingelassen habe, dann kam immer irgend etwas. Das war eine ähnliche Erfahrung. Ich weiß nicht, ob du das kennst: ich weiß nicht, was jetzt ist, ich sage einfach irgend etwas. Sogar mitten im Satz weiß man nicht, wo dieser Satz jetzt weitergeht. Ich vertraue darauf, dass der Satz irgendwo landen wird. Es ist selten, aber das gibt es. Das war der Reiz mit diesen Geschichten-Improvisationen: anzufangen und so nah dran zu sein, dass ich nicht wusste, was ich überhaupt vorhabe mit dieser Geschichte, einfach mitzugehen mit irgendwelchen Figürchen.

<u>Was ist das Reizvolle daran?</u>

Es hat was Entlastendes. Es ist sehr unmittelbar und fast real. Man ist auf der Realebene so nah mit der Fantasieebene zusammen, dass es kaum eine Grenze gibt. Da ist kein Vorbau und keine Überlegung notwendig, um da zu sein.

Was hat das für Vorteile? Es könnte ja auch passieren, dass man seinen Kindern irgend etwas erzählt, was man ihnen lieber nicht erzählt hätte.

Das ist reizvoll daran, das gerade nicht zu machen. Es war spannend, dass man das gerade um die Ecke kriegt, ohne dass ein Missgeschick passiert. Es war wie eine Übung.

Eine Kunstfertigkeit, eine Virtuosität scheint notwendig zu sein dafür.

Ich fühlte mich sehr herausgefordert. Ich habe mich nicht zurückgelehnt, meine Aktivität zurückgezogen. Es ist wie ein Auto steuern: um den Baum herum.

Das macht man ja auch nicht mit viel Überlegung, wenn man es mal kann.

Um den Baum herum... da kommen dann Steine... in Bewegung zu bleiben, das ist die Kunstfertigkeit.

Was ist mit den Steinen?

Da müsste man dann schnell was überlegen, was die Figürchen jetzt machen, wenn die damit konfrontiert sind. Und gleichzeitig: was könnten die Steine hergeben für neue Aspekte in dieser Geschichte. Mit dem was einem begegnet ist also so umzugehen, dass man weiterkommt, dass man Anregungen bekommt, vielleicht passiert etwas...

Mir fallen jetzt diese Würfelspiele ein: es gibt einen Weg zum Ziel, aber es gibt viele Hindernisse und Geschehnisse, die dich zurückwerfen können. Wir hatten auch alle möglichen Fahrzeuge als Kinder, die wir geschoben haben und lenken mussten. Diese Spiele haben die Anforderung, in Bewegung zu bleiben. Man musste aus der Gegebenheit, wo man gerade ist, etwas holen, um da weiterzukommen. Und irgendwann ist die Geschichte zu Ende. Irgendwann kann man aufhören.

Gibt es ein Beispiel für eine Situation, wo du in der Therapie eine solche ›Verbal-Improvisation‹ gemacht hast?

Mir fällt eine Szene ein, wo ich völlig müde und erschöpft war. Ich hatte soviel im Kopf, Angelegenheiten, die gar nichts mit der Gruppe zu tun hatten. Mehr mit dem Team, Überlegungen und drumrum – und dann musste ich auch noch eine Gruppe machen. Ich hatte das Gefühl, ich begebe mich hinein und weiß wirklich nicht, was ich will. Als ob ich das benutzt hätte um mir Zeit zu geben. Solange ich nicht weiß, was ich will, und die auch nichts zeigen, sage ich irgendwas und erwarte, dass die darauf reagieren; was die auch gemacht haben. Es war wie eine Pause.

Es ging um die jetzige Gruppe in der Klinik, in der ersten Sitzung, wo ich zum erstenmal als Vertretung mit dieser Gruppe zusammenkam. Ich hatte zuerst ein Angebot gemacht, dass jeder zu erzählen versucht, was sein wichtiges Anliegen ist, was die meinen, was ich wissen sollte. Diese Runde war irgendwann zu Ende und ich kriegte immer wieder das Gefühl: es sucht keiner hier, außer mir. Ich wollte nicht die einzige sein, ich wollte, dass die auch suchten. Aber die warteten nur und sagten nichts.

Ich habe versucht, nicht diejenige zu sein, die weiß, wo es lang geht, sondern die Stimmung, die für mich vorhanden war – ziemlich unklar, ein bisschen öde und wahrscheinlich etwas traurig – mitzumachen. Ich denke, dass ich auch ein bisschen vor mich hingeplätschert habe, mit dem Risiko, für die etwas unsicher zu wirken, weil ich nicht jetzt genau weiß, was sein muss. Ich habe so rumgeguckt, viel Schweigen zugelassen, ich habe mich nicht unter Druck setzen lassen wollen von denen.

Und irgendwann kam von jemand, dieses Schweigen wäre unerträglich. Ich hatte es gar nicht als so ein bedrohliches Schweigen erlebt, sondern ein Suchen. Es ist eine Suchbewegung von mir, die benutze ich, wenn ich es unklar finde und wenn ich nicht weiß, was ist. Und ich will gucken, dass die mich auch treffen beim Suchen. An dem Tag hatte ich meine Instrumente nicht da; es war die erste Sitzung und ich wollte mit denen besprechen, ob ich mit den Instrumenten kommen könnte, was die davon halten. Aber meine Co-Therapeutin hat nachher diese Sitzung furchtbar gefunden. Sie hat mich sehr kritisiert. Für sie war das wie wenn nichts passiert wäre, dass ich die Leute fast gequält hätte.

<u>Du bist aber anderer Ansicht...</u>

Das Problem war, dass ich mich vielleicht ein Stück zu partnerschaftlich verhalten habe. Aber die waren das nicht gewohnt. (...) Ich habe mich gleich auf etwas eingelassen was ich aus der Musik, der Improvisation kenne, eingelassen nämlich auf das, was jetzt zwischen denen für ein Gefühl, eine Atmosphäre ist; ich wartete auf Impulse, die mir etwas zeigen könnten. Das hat kaum einer mitgekriegt, weil die eine andere Behandlung gewohnt waren. Die hatten eher das Gefühl: die macht gar nichts mit uns. Daraus ist eine Menge Aggression entstanden. In der Abwehr wurde klar, womit ich dann später weiter arbeiten konnte. Aber an dem Tag habe ich mich so gegeben. Meine Co sagte, sie hätte an meiner Stelle mehr von sich gesagt, wer sie ist, was sie vorhat.

Ich habe es nicht als quälend gemeint. Warum soll ich denen so viel mehr entgegen kommen als die mir. Ich trage das schon, aber ich will nicht die Beziehung machen.

Dann habe ich mich schon auf das Unsichere eingelassen, nur haben die noch nicht geglaubt, dass ich es schaffe, es meistere, ob ich wirklich um den Baum komme.

Es ist so was ähnliches wie bei den Beispielen mit dem Erzählen oder dem Ballett: etwas aufführen, was noch nicht ganz ausgereift ist. Wo man sich drauf einlässt, dass man in dem Moment noch etwas finden wird. Die Nachbarn und die Familienmitglieder waren immer sehr bestätigend: sie fanden das toll, was wir gemacht haben, sie haben geklatscht und gelacht.

Eine fördernde Umgebung; während in der Gruppe das nur mit großer Standfestigkeit zu ertragen war. – Es ist interessant wie sich in der Gruppe die Vorgängerin spiegelt.

Und wie! Ich kam mir erst vor wie das nicht angenommene Kind. Die wollen mich nicht. Das ist auch bei einer der Frauen zum Hauptthema geworden: dass ich sie nicht will.

Wenn du in deiner Kindheit eher auf Unverständnis gestoßen wärest, hättest du es dann vielleicht gelassen?

Auf jeden Fall wäre ein Rückzug erfolgt, vielleicht hätte ich insgeheim in einer Ecke weiter improvisiert. Ein Teil dieser Art von Improvisationen war das Du, das Gegenüber; es eröffnete eine Welt, die in Kontakt kommen sollte. Ich habe weniger vor mich hin gespielt mit Puppen etc., ich war mehr draußen und interessiert an Geräten mit Rädern, Bäume klettern usw. (...)

Es hatte schon einen Öffentlichkeitsaspekt. Es war eher selten, dass ich ohne dass ich gehört wurde oder gehört werden wollte so vor mich hin gespielt habe. Aber das kenne ich auch: das hatte eher Verbindung mit Einsamkeit und Gefühle von Ganz-Allein-Sein, tönend allein sein. Aber das hatte auch einen Touch von Drama, wo ich wusste: dieses Gefühl gehört auch in die Welt, es ist nicht nur etwas, wo keiner mich erreichen konnte. Ich fühlte mich nicht so ganz verloren dabei. Ich kann mir gar nicht vorstellen, dass ein Kind, das sich wirklich verloren und verlassen fühlt noch so spielen könnte.

Spielst du jetzt manchmal allein?

Nein, ich finde es sehr schwierig, ich denke fast, dass es nicht geht – ohne Bezug, oder ohne dass es um etwas geht. Was mir mal geholfen hat, das zu können, waren die Bilder einer Malerin. Da konnte ich in bezug auf diese Bilder und was die für Räume anbieten spielen – es war eine Art Meditationsmusik.

100

An Musiktheorie habe ich nie Spaß gehabt. Sondern an Bewegungen, Verläufen, Ab-
läufen, wo eine Spannung ist, ein bestimmter Weg. Wo auch die Frage an bestimmten
Stellen immer wieder auftaucht, ist hier drin eine Anregung zum Weitermachen, fällt
mir jetzt was ein, was eine neue Entwicklung sein könnte oder ist das jetzt bald zu
Ende. Diese Fragen kommen schon währenddessen. Tonalität interessiert mich nicht.
Für die Harmonien interessiere ich mich nicht – interessant. Ich bin doch keine Musi-
kerin, ich bin eine Improvisateurin. Ich bin keine richtige Musikerin. Es ist als hätte
ich nicht wirklich Teil an dieser Welt der klassischen Musik. Eigentlich gehöre ich
nicht dazu. Es ist nicht meins und ich meistere es nicht wirklich, weil ich nicht beim
Komponieren ein bisschen dabei bin.

Bei irgend etwas bist du ja hautnah dabei...

Das Beispiel was ich gegeben habe für das extreme Improvisieren in der Gruppe, wo
ich als Beispiel gesagt habe: Ich fang einen Satz an und weiß nicht, wie er zu Ende
geht – das ist ein Teil der ganzen Methode, nur – es ist wirklich ein extremes Beispiel.
Eigentlich improvisiere ich die ganze Zeit. Das war das extremste Beispiel von dem
Normalen. Es ist meistens nicht so krass, dass ich zu dieser Grenze gehe. Im Nor-
malfall bin ich auch dabei, das offenzuhalten, dass wir jetzt alle nicht genau wissen,
wie es weitergeht, da gehe ich mit in dieser Suche. Manchmal fällt mir sehr viel ein,
was ich sagen möchte. Geformter oder strukturierter geht es oft schon zu. Das war ein
Beispiel für eine Situation, wo ich keine Struktur mehr greifen kann.

Kann es sein, dass du das auch durch dein musikalisches Improvisationstraining besonders gut beherrschst?

Wobei dieses Training offensichtlich sehr in Verbindung mit anderen Medien, mit
Tanz und mit Spielen mit Geschichtenerzählen steht. Ich frag mich jetzt, ob es wirk-
lich aus der Musik kommt. Es ist fast, als ob das Allerelementarste das Erzählen
meiner Mutter war; und dass ich das schon eher wiedergefunden habe in der Musik,
in dem Verlauf der Musik. Das Tanzen hat schon mit Musik zu tun, man tanzte zur
Musik. Vor dem Spiegel tanzte ich auch ohne Musik, aber ich konnte mir trotzdem
eine innere Rhythmik, Spannung vorstellen, wenn keine Musik da war. Das hatte doch
eine Analogie in der Musik.

Ich wollte noch auf R..'s Art zu musizieren eingehen. Es fasziniert mich, wie er mit
der Gitarre stundenlang vor sich hin improvisieren kann. Seit einigen Jahren, seit er
12 oder 13 ist. Vielleicht bezieht er sich doch auf eine Tonalität oder eine Musik-
›Welt‹, die ich nicht habe. Diese Welt hat viel mit Pop- und Rockmusik und bestimm-

ten Künstlern, Musikern, Sängern zu tun, mit denen ich wirklich nichts zu tun habe. Ich kann unmöglich mit R. spielen. Das findet er sofort langweilig. Ab und zu hat er es ganz gut gefunden, wenn ich mit der Flöte so was Schnelles gemacht habe. Ich habe mit seiner Welt der Musik ganz wenig zu tun.

Meinst du, dass deine *Improvisations-Welt* auch so eine Welt ist?

Es ist für mich viel schwieriger, für meine Musikwelt eine Form oder eine Benennung zu finden. Wie du das sagtest: du bist immer hautnah dran – das finde ich irgendwie schrecklich; das beschreibt es ganz gut; wie wenn ich auch hautnah dran bin zu sagen, wer ich bin! Oder die Frage, welchen Beruf hast du denn, oder was bist du denn nach außen hin. Es ist auch eine Welt, die gesellschaftlich nicht so in der Öffentlichkeit stattfindet, sondern nur in Beziehungen.

In Beziehungen ist doch diese ›öffentliche‹ Rockmusik auch.

Es kann sein, dass das ein Ausdruck von deren Beziehungen ist. R. hat ein Theaterstück für seine Leute geschrieben. Ich hab's nicht verstanden, ich weiß nicht wie die miteinander reden. Ein Stück für Jugendliche zwischen 18 und 21. Ganz spezifisch für seine Leute. Es klingt fast irre. So eine eigene Sprache und Symbolik. Wenn er ein Wort wie Symbiose benutzt, ist das was ganz anderes, als wenn wir das Wort benutzen. Eine Subkultur.

Würde deine Mutter das, was sich bei dir musikalisch entwickelt hat, verstehen?

(Sie bemerkt, dass sie inzwischen eine rundliche Form auf ihr Blatt gezeichnet hat, worüber sie lachen muss:) Es kam an der Stelle, wo du fragtest, ob ich auch eine eigene Welt habe, da hab ich so was gemalt.

Was fällt dir daran auf?

Schon das Nicht-Sprachliche dabei. Wie wenn ich aufgehört hätte, da ein Wort hinzuschreiben und nur noch so mache. Und dieses Geschlossene dabei. Es ist eine Geschlossenheit, wenn man sich eine Welt vorstellt, was Abgerundetes in sich. In sich geschlossen. Eine nicht sehr fertige Form; hat was Unfertiges. Eine unfertige Geschlossenheit. Gibt's das? Ist eigentlich widersprüchlich.

Meine Mutter ist nie von sich aus in die Welt der Musik gegangen, hat ganz wenig Interesse an Musik gezeigt. Die Zeit wo ich Flöte und Klavier gelernt habe, war eher eine Zeit, wo ich nichts mehr mit ihr zu tun hatte, ich war schon weg. Ich verbinde meine Mutter nicht mit meiner jetzigen Musik-Improvisationswelt, sie hat damit nichts zu tun. – Oder?

Aber es hat auch was Feenhaftes. Ihre Welt der Feen, der Zauberei, der Durchsichtigkeit. Sie hatte was von Welten, die ineinander so durchsichtig durchgehen – wie wenn man im Traum durch die Wand gehen kann, weil man weiß, dass man im Traum ist. Das hat sie schon gehabt, und vermittelt, dass es das gibt und wir ruhig daran glauben können. Dass die reale Welt wirklich nur ein Teil ist. Und dass man eigentlich sehr viel von der Phantasie und Träumen und Sehnsucht und Anderswo-Sein-Wollen hat.

Eine Vielschichtigkeit hat sie bestätigt.

Ich glaube, dass sie davon innerlich auch gelebt hat.

Die Vielschichtigkeit von Geschichten, Tanzen, Bewegen und Musikmachen – das Übersetzen und Übertragen-Können von einem aufs andere...

Sie hat im Alter eine Form von Blumengestecken entwickelt. Sie hatte einen kleinen Club dafür. Da hatte die Vielschichtigkeit eher abgenommen.

Ich war auf deine Mutter gekommen, weil ich mich fragte, ob dieses Nicht-Verstehen was Normales zwischen den Generationen ist, wo es eher verwunderlich wäre wenn es anders wäre. Obwohl was übernommen wird, zeigt es sich in einer anderen Sprache, einer anderen Welt.

Es kriegt eine andere Form. Ich denke auch, dass R. auch von mir was übernommen hat, was Großzügiges – wo er alles für möglich hält. Er hat ein sehr starkes Gefühl, dass das, was er realisieren will, eigentlich gehen müsste, weniger einen Realitätssinn für Eingrenzungen: Grenzen müssten aufgehen, sind nicht so einengend. Das ist auch in dem Theaterstück spürbar. Da geht es auch um einen Philosophen, der um die Welt kreist. Hoffentlich bin ich das nicht. Es hat was ganz Fremdes. Aber ich bin sehr daran interessiert, das besser zu verstehen. Dazu gibt es zu bestimmten Stellen Musik – ich denke, kein anderer Mensch außer dieser Altersgruppe wird das verstehen können.

Dass er solche Aufführungen macht, ist doch sehr parallel zu deiner Kindheit, wo du Aufführungen für deine Freundinnen gestaltet hast.

Eben, er versucht das nicht wirklich es irgendwo auf die Bühne bringen, es ist wirklich für seine Freunde. Das reicht ihm. Ja, das ist auch so ähnlich wie dieses ›hautnah dran': es kriegt keine dauerhaftere gesellschaftliche Form und Anerkennung. So wie in der Musiktherapie die Bedeutung und Wichtigkeit einer Sitzung nach einer Woche für die Leute nicht mehr nachvollziehbar ist. Du kommst aus der Gruppe und denkst, das war so toll, da ist so viel passiert, wir waren so intensiv und dicht im Kontakt, da entstand so viel Lebendigkeit. Und dann bei der nächsten Sitzung ist die Frage: was war das denn eigentlich das letzte Mal?

Vorhin sagtest du mal nebenbei, du befürchtest, dass du mich enttäuschst. Kannst du mehr dazu sagen?

Ja, als könnte ganz viel an Ahnung in unserem Gespräch angesprochen werden – und ist es denn nicht mehr als das? Es weht etwas an...

Als ob viele Ahnungen, viel Versprechendes in unserem Gespräch in Bewegung gekommen wäre und du Zweifel hast...

...ob das mich frustrieren würde. Es hat mit dem Wort ›hautnah', was du gesagt hast, zu tun; es ist etwas, was mich berührt, ohne dass ich weiß, ob es angenehm ist oder nicht. Die Bedingungen des Alltags sind anders, als die eines solchen Gesprächs. Ich kenne es, dass aus dieser intensiven Improvisation zuwenig wird.

Du hast vielleicht andere Erfahrungen damit, weil du vielleicht mehr daraus machst. Es ist wie wenn ich weniger daran glaube, dass man wirklich etwas daraus machen kann. Vielleicht spüre ich, dass du mehr daran glaubst, dass man was daraus machen kann. Das ist deine Hoffnung jetzt. Es wird bei mir anderswo bleiben. Vielleicht möchte ich es dir nicht so antun, dass nichts daraus wird – vielleicht mir selber nicht.

Ist das für Improvisationen charakteristisch? Bringt die musikalische Improvisation auch viel Ahnungen, viel Versprechendes in Bewegung, wo der Zweifel nahe ist, dass nichts daraus wird?

Was ist das für ein Zweifel? Ein Bild: wir führen jetzt ein intensives Gespräch und kriegen Ahnungen – ganz interessant für mich diese Erinnerungen aus der Kindheit, die Zeit hat auch viel Lust. Ich verschwinde bald wieder in andere Bereiche. Im Oktober fahre ich nach Irland – es ist für mich, als ob ich fast übermorgen nach Irland fahre, und da sitzt du dann mit diesen Kassetten und versuchst etwas daraus zu entnehmen, etwas Konkretes. Ich will nicht sagen, es ist mir nicht wichtig, weil es im Moment wichtig und intensiv ist, aber ich kann nichts dafür, dass ich übermorgen nach Irland fahre und dann werde ich damit nichts weitermachen. Dort erwartet mich was anderes und da suche ich auch was anderes. Und du bist nicht dabei.

Hat es was mit Verbindlichkeit zu tun? Es wird nichts draus, es folgt nichts daraus?

Vor allem bin ich weg.

Ja, und du fühlst dich auch nicht gebunden an das, was du gesagt hast. Ich sitze dann hinterher und brüte darüber nach, was das alles bedeutet...

Und ich bin schon längst bei der nächsten Improvisation. Und ich freue mich schon darauf. Aber ich kann dir auch nicht sagen, was es mir bringen wird. Ich weiß nur, dass ich dahin gehen will. Ich habe eine Ahnung, da ist was und es muss sein.

Machst du da Musik?

Irische Musik. Da ist etwas, was mich anspricht. Die Szenerie, die Landschaft werde ich sehr genießen. Vielleicht mehr: ich kann mich noch nicht so damit auseinandersetzen. Es ist mir noch weiter weg, das so fest zu halten, obwohl ich das sehr faszinierend finde. Für wen sollte ich das auch machen? Vielleicht fehlt es in meinem Leben schon, dass es jemanden interessiert, sich damit auseinander zu setzen. Es kommt mir ungeheuer anstrengend vor.

Ich kenne es, wenn ich was schreiben muss: ein quälender Prozess, wenn es dann fertig ist, bin ich sehr unzufrieden, statt dass ich denke, jetzt habe ich was Festes gesagt, eine Form gefunden. Kurz bevor ich das hinkriege ist es toll, dass ich jetzt bald fertig bin, es ist wunderbar, das jetzt getippt zu kriegen und zu haben. Aber sobald es darum geht, das noch mal zu lesen oder vorzutragen... Es verliert an Brisanz. Und da hab ich Angst, mit Improvisation so was machen zu müssen.

Und da hast du empathisch Mitleid mit mir, dass ich mich mit diesem Kunststück beschäftigen muss, diesen überaus lebendigen Gegenstand festzulegen, ohne dass er stirbt.

Ja, es hat schon mit Mitleid zu tun. Komisch. – Wenn du daraus ein Theaterstück machen würdest wäre ich zufrieden, wäre ich begeistert. Das ist auch manchmal ein Wunsch von mir, an etwas zu arbeiten, und dann aufzuführen und dann ist es weg und dann hat man wieder Punkt Null und sucht das nächste. Das würde ich als einen befriedigenden Arbeitsweg empfinden. Wenn man so was als ein Theaterstück ausarbeiten würde, was wirklich öffentlich lebt, wenn man das so – auf einer anderen Ebene – aufführt, würde man unheimlich in Kontakt kommen, das Ding würde wirklich so lebendig sein, es wäre wunderbar. Und dann wäre es für den Zeitpunkt vorbei. Es wäre wie eine Komposition oder ein Buch, es geht wieder in den Schrank – und dann wird es vielleicht wieder einmal aufgeführt.

Darin steckt ja vielleicht nicht nur die Frage, wie hält man das Werk am Leben, sondern auch, wie kann es sterben.

Das Stück von R. ist eine Art Abschiedsstück von den Freunden in A. Es ist die Frage, ob es überhaupt aufgeführt wird. Irgendwann wird es vorbei sein, dass er es aufführen kann. Dann wird er in B. sein und dann ist es zu spät, dann hat es keine Bedeutung mehr. – Mein Mitleid mit dir hat mit dem Sterben des Dinges zu tun. Du musst das töten, damit es dir bleibt. Du musst es auf jeden Fall in eine Form bringen. Diese Form hat was mit Akademischem, mit anderen Institutionen und Systemen zu tun. Ich weiß nicht, ob diese öffentliche Übersetzung gelingt. In eine andere Welt übergehen.

Ist das auch eine Befürchtung? Was passiert mit dem, was du sagst?

Sicherlich hat es mit meinem Sterben zu tun, mit dem was ich jetzt lebe, ob ich eine Form finde, wo ich dann sterben kann. – Ich habe es auf dich bezogen, weil du eine Vorstellung hast, wie das jetzt weitergeht mit der Formfindung. Ich bin nicht soweit. Du hast eine Vorstellung von einer Form, auch einer gesellschaftlichen Form, Doktorarbeit, in die du diese Inhalte bringen willst.

Und ich habe eine Forschungs-Strategie. Ich habe mich orientiert, wie man über so etwas wie Improvisation forschen kann...

Dann ist es nicht mehr Improvisation. Die Forschung ist was anderes.

Es muss doch was ganz Verwandtes sein, sonst fange ich es nicht ein. Ich muss es einfangen, aber ich darf es dabei nicht kaputt machen.

Du willst es einfangen.

Das Improvisatorische ist, dass ich überhaupt noch nicht weiß, was dabei herauskommt. Ich bin sehr begeistert und neugierig, und staune, was du und die anderen erzählen. Es fängt an in meinem Kopf zusammenzugehen. Das wird die Improvisation sein, die ich bewältigen muss, dass ich diese Gespräche zusammen kriege.

Ja, und dafür würde ich so gerne ein Theaterstück haben. Vielleicht kannst du daraus ein Theaterstück machen. Eine künstlerische Form hätte ich gerne. Ich will nicht, dass es nur im Computer verschwindet oder in den Archiven einer Hochschule. Da krieg ich das Gefühl: armer Eckhard. – Und ich habe Angst, plötzlich an der Stelle nichts mehr damit zu tun zu haben. Was mir in der Morphologie im letzten Schritt, der Rekonstruktion, immer wieder passiert ist. Weg. Es wurde was anderes, es war nicht mehr in der Aktualität der Bedeutung für diejenigen, die da waren. Vom Emotionalen her ist das was ähnliches.

Ist es nicht bei Improvisationen auch so, dass das Spiel immer in der Aktualität stattfindet, in der Beziehung stattfindet und damit einen anderen Charakter hat als ein komponiertes Stück, was übertragbar ist auf viele Gegebenheiten, Situationen?

Ja, obwohl auch ein komponiertes Stück sehr aktuell aufgeführt werden kann, geschehen kann wie eine Improvisation. Trotzdem ist die Form autonomer...

...die lässt sich transportieren.

Ja, aber ich finde auch diese Form, die sich transportieren lässt, lebendig. Wenn du so eine Form kriegst, gut.

Du hast ja das Thema des Absterbens mit dem Absterben der gesellschaftlichen Formen z. B. des akademischen Betriebs verbunden. Und da ist mir eingefallen, was du über deine Verbindung zur klassischen Musik gesagt hast; zur ›wirklichen‹ Musik hast du glaube ich gesagt: ich bin doch nicht wirklich Musikerin, da fühlst du dich nicht so nah. Und danach sagte ich ja das mit dem ›hautnah'. Dass du einem aktuellen Geschehen sehr nah bist, dass du aber diesem Betrieb, oder diesem kulturellen Konsens dich nicht so nah verbunden fühlst. Dieses Motiv fand ich jetzt wieder in deinen Befürchtungen zu dem, was wohl aus dem Thema wird, wenn es in Kontakt mit dem akademischen Betrieb gerät.

Es ist, wie wenn die Übersetzung das Gelingen oder Misslingen bestimmt. Wenn es dir gelingt, die Improvisation zu übersetzen, dann wäre das toll. Eine wirkliche Übersetzung zu finden, die nicht unbedingt was Transportables bedeutet. Ich glaube es geht um die Übersetzung. Ich könnte es ertragen, wenn es wirklich eine Übersetzung bekäme, wo nur bestimmte Leute zu einem bestimmten Zeitpunkt das erleben, und dann kann es schon vorbei sein. Das muss ich nicht unbedingt als transportabel erfahren, dass es dann auch wieder aufgeführt werden kann.

Wenn es wirklich übersetzt wird und lebt, wird es doch eine Fortsetzung haben, irgendwie. So wie Gruppen, die mal eine Zeitlang zusammen sind, du denkst die bleiben ewig zusammen – und zehn Jahre später ist es doch anders geworden. Jetzt ist es was völlig anderes, und trotzdem ist es schon von damals rübergekommen. Zum Beispiel die Gruppe um Graf Dürkheim. Es ist nicht ganz das selbe wie eine Komposition.

Es ist dir auch da wieder wichtig, dass es sterben kann, sich verändern kann. – Könntest du noch mal was sagen, warum dir die klassische Flötenmusik unerträglich wurde?

Es hängt zeitlich genau mit dem Tod meiner Mutter zusammen. Ich empfand meine Flöte fast wie einen Sarg, den man zumacht. Es hat sicherlich auch mit der Beziehung zu der Flötenlehrerin zu tun: da hatte ich das Gefühl, diese Beziehung verändert sich nicht, da ist nichts, was sich wirklich verändert, verändern kann, obwohl es weitergeht. Ja, dieses Weitergehen über den Zeitpunkt hinaus. Kennst du diese Badekugeln? Wenn man die zu lange liegen lässt, geht das Parfüm weg. Wenn es nicht lebendig ist, dann kann es nicht sterben.

Aber ich habe es besonders auf (Musik-)Literatur bezogen; es ist ein Empfinden, dass ich bestimmte Stücke nicht ertragen kann. Immer das gleiche. Die Schubert-Variationen »Trockene Blumen«. Ganz dekorativ, sehr flötistisch. Damit mühe ich mich jetzt nicht ab, davon habe ich nichts. Trockene Blumen. (Lachen) Eine reine Wiederholung ohne neue Perspektive. Die Lehrerin hat mich zu einem Hausmusikabend mit ihren Schülern eingeladen. Ich dachte, ich kann es nur schreiben, *wie das auf mich wirkte, wie sie entsetzliche Musik gespielt haben, so barock und so furchtbar ungenießbare Dinge. Die Nachbarn waren da, es war entsetzlich langweilig und unkommunikativ. Man hörte nur zu, aber war nicht in Kontakt, man hatte mit der Auswahl der Dinge nichts zu tun und nichts wurde dazu gesagt, es wurde nur eins nach dem anderen abgespielt.*

Du hast anscheinend ganz bestimmte Ansprüche entwickelt, die du da nicht verwirklicht gefunden hast. Es muss kommunikativ sein.

Die Volksmusik ist schon eher etwas...

...wo es abgeht.

Aber nicht unbedingt gut gespielt oder ästhetisch toll. Meine ästhetischen Ansprüche ändern sich auch.

Wie orientierst du dich, in welcher Verfassung bist du, wenn du spielst?

Ich habe das in verschiedenen Arbeitssituationen beobachtet, wie es war zu improvisieren. Ganz wichtig war immer die Frage, welche Funktion hatte jetzt dieses Spiel – in meinem Beziehungsangebot zu diesen Leuten. Ähnlich bei allen Spielen ist jeweils dieses Moment: ich lass mich jetzt ein auf was Offenes – und gleichzeitig bin ich mir sicher, dass ich nicht verloren gehe, oder ich will jedenfalls diese Sicherheit behalten.

Ich bemühe mich darum, dass ich nicht verloren gehe in diesem Suchen und in diesem Mich-Einlassen, in diesem Offenen. Ich muss in Kontakt bleiben mit dem Gefühl, das mich jetzt gerade motiviert hat, mich einzulassen. Wenn ich damit in Kontakt bleibe, dann wird es mich auch führen. Schon vom Ausgangspunkt her stark beeinflusst, gesteuert, als eine Möglichkeit wieder nach Hause zu kommen vielleicht. Ich überlege, ob ich wirklich Momente finde, wo ich nicht weiter weiß, aber das kommt selten vor.

Da, wo ich mich einlasse, kriege ich das Gefühl, dass ich den anderen eher oder anders erreichen werde als vorher. Das ist für mich dann auch eine Funktion des Improvisierens, wenn ich denke, ich komme in Kontakt mit dem Anderen, er wird von <u>*mir*</u> *mehr zulassen, als sonst eigentlich möglich ist. Eine Zustimmung, ein Akzeptieren, es darf was leben, was sonst nicht so leicht zuzulassen ist. Über den spezifischen Weg in dem Spiel ist jetzt schwer etwas zu sagen ohne ein konkretes Stück. Aber ich kann es als einen Weg beschreiben im nachhinein. Es ist ein hin und her zwischen dem, was ich in mir wahrnehme, was ich versuche, wachzuhalten – und Impulse merken und reagieren auf andere.*

<u>Wann hast du das letzte Mal improvisiert?</u>

Letzte Woche Mittwoch. Donnerstag war ein Moment, wo ich fast improvisiert habe. Das war auch interessant. Eine Frau, die relativ neu in der Gruppe war, hat auf meine Aufforderung, etwas von sich zu erzählen, die Gelegenheit ergriffen und sehr viel von sich erzählt. Und von ihrer schrecklichen Situation, wo sie nur mit Pflichten leben muss. Es gibt für sie nur Pflicht und Arbeit und aber und aber und aber. Egal wie viele Erinnerungen sie noch hat von früher, es kommt immer dieses Aber. Es durfte nicht sein. Es war schwierig, weil sie doch ab und zu von Erlebnissen im Urlaub erzählte – und da war sie wie verwandelt. Begeistert und den Tränen nah – sie hatte sich in Einklang gefühlt mit der Natur. Das war ihre Sehnsucht. Das durfte aber nie mehr Zeit bekommen, nur eben angesprochen werden, dann war das wieder zu.

Ich hatte plötzlich den Impuls, die Klangschale zu nehmen und zu sagen: Ich will, dass wir jetzt nur dieser Klangschale zuhören. Dann merkte ich wie verärgert sie war über alles, überhaupt dass sie dazu gebracht worden war, zu erzählen. Sie zeigte nur Abwehr. Ich dachte: Nein, sie wird dem jetzt nur aus Pflichtgefühl zuhören, und das wird sie mir hinterher auch sagen. Ich kriegte es nicht hin, dass ich es trotzdem machte, weil ich es gut fand. Das habe ich hinterher bedauert. Wenn ich mich dem ausgesetzt hätte, wäre es mir vielleicht auch schlecht gegangen – mit ihr und mit der

Gruppe. Dann habe ich es halt gelassen. Ich habe die Situation als nicht stark genug empfunden, die Gefahr der Entwertung war zu groß. – Das war die letzte – nicht stattgefundene – Improvisation.

Am Tag vorher: es fing damit an, dass eine Frau sagte: Bitte nicht spielen – du wolltest sowieso nur einmal in der Woche mit uns spielen, jetzt sind die Instrumente immer da! Sie wollte dann zum Thema machen, dass sie sich nur durcheinander fühlte. Sie erzählte eine Litanei über alles was sie aufregt und worunter sie leidet. Ich hatte zunächst etwas verärgert gesagt: Kannst du nicht jetzt bitte eine Geschichte erzählen? Ich versuchte etwas zu greifen von dem ganzen Durcheinander.

Nach und nach hat sich in dem Gruppengespräch entwickelt, dass sie sehr gebraucht werden will von allen. Sie fühlt sich nur glücklich, wenn sie ihr Bedürfnis nach Geborgenheit und Nähe bei anderen erfüllen kann. Diese Strategie gibt ihr tatsächlich etwas. Jetzt sind die Kinder erwachsen, und es entsteht erneut die Frage, wie sie dieses Bedürfnis einlösen kann. In der Sprache dieser Klinik ging es dann in der Gruppe darum: du musst das kleine Kind in dir hüten, ihm Raum lassen. Es war eine Stimmung von ›ei ei‹ und ›streichel streichel‹.

Währenddessen hatte ich erst eine Kantele genommen und auf meinen Schoß gelegt. Zunehmend hatte ich den Impuls: Nein, das zurück. Ich hatte dann die Kantele wieder hingelegt. Dann hatte ich sie gefragt: Darf ich etwas für dich spielen, ich würde gerne für dich spielen. – Jaah, sagte sie.

Ich hatte das kleine bunte Glockenspiel genommen und was ganz Zartes und Energiegeladenes, Lebendiges gespielt. In meinem Ausgangsgefühl hatte ich Lust auf etwas und es war mir wichtig, diesen Einfall sehr fest zu halten, mich damit sicher zu fühlen und darauf zu vertrauen. Ich hatte dann gemerkt, dass meine erste Geste so was war: [summt etwas], gefolgt von einzelnen Tönen, die zart und einfach nebeneinander waren, fast wie ein Kind, das von einem Viereck zum anderen hüpfte. Dann ein bisschen Erweiterung in Richtung Melodie, ein Hauch von Melodie. Nicht zu lang das Ganze. Ich habe sehr bewusst befolgt, was ich zulassen konnte, um sie nicht zu überfordern; und wollte ihr gleichzeitig etwas anbieten, was sie vielleicht nicht so gut kann – nämlich Hüpfen und die Zärtlichkeit... – Es war überraschend für die anderen, dass ich so gespielt habe und nicht das andere mit dem Streicheln und ganz zart und ruhig.

Ist das Überraschungsmoment wichtig?

Ich denke, ja. Wenn ich einen Einfall habe, der überraschend sein könnte, überprüfe ich schon, ob ich das einbringe. Ich finde es schön, wenn ich es einbringen kann. Meistens ist es die Frage, ob die anderen das ertragen können. Ob es nicht zuviel Neues ist. In diesem Moment habe ich gedacht, diese Überraschung erträgt sie.

Es klingt, als ob du hier sehr bewusst gespielt hast, fast schon vorher wusstest, was du spielen würdest.

Ich war sehr wach. Ich wusste nicht wie ich spiele, es hat mich selbst überrascht. Es hat sich währenddessen entwickelt.

Wie bist du darauf gekommen? Wie hast du das gemerkt, dass es so sein sollte?

Oh. Eine sehr starke Identifizierung mit ihr, sehr empathisch: ist das zuviel? Was ist es, was sie nicht kann? Und ich überprüfte während ich spielte, ob es noch stimmig war mit dem Impuls, den ich anfangs hatte. So dass das mir sagte während ich spielte: das stimmt noch, das stimmt noch, das stimmt noch, na – du könntest dir das ein bisschen erlauben, weil du nur das bist, was du ihr jetzt nahe bringen wolltest. Immer das Zurückgehen auf das, was ursprünglich Quelle, Ausgangspunkt war. Der Impuls müsste stimmig mit dem sein. Es gibt andere Improvisationen, wo man mit Absicht weiter geht.

Aber auch da muss man doch wohl irgend etwas ausmessen...

Es muss irgendwie stimmen. Und das ist in der reinen musikalischen Improvisation nicht so sehr erforderlich. Da habe ich den Eindruck – von Leuten, die das machen und erzählen -, dass es gerade darum geht, die Grenze noch nicht zu haben.

Um das Überschreiten der Grenze?

Ja. Es gibt keinen Grund, weshalb man sich begrenzen soll. Es gibt keinen Bezug für die Grenze, keinen Beziehungs-Bezug, die wird rein musikalisch gefunden. Man versucht sich nicht beeinflusst zu fühlen, ob jemand von den Mitspielern das mag oder nicht.

Werden sie nicht doch ständig etwas auspendeln, austarieren müssen?

Auf was anderes bezogen: den ästhetischen Geschmack. Die Angemessenheit der Musikalität derjenigen, die da sind. Sonst würden die sich nicht verstehen.

Ich hatte jetzt jemanden in der Studentengruppe, der hatte große Schwierigkeiten sich zu entscheiden, ob er diese Weiterbildung macht oder nicht. Er hat sich dagegen entschieden, weil er Angst hat, das, wo es um die Musik geht, zu verlieren. Die Autonomie in der reinen Musik war ihm verständlicher und wünschenswert.

In der Zweierbeziehung in der Einzeltherapie gehe ich viel mehr ein auf das, was der andere gerade spielt.

Du hast vorhin gesagt, du bist ganz wach.

Wie wenn etwas hautnah gehalten werden müsste – und dafür müsste ich besonders wach sein, um das nahe beieinander zu halten. Bei mir bleiben, und gleichzeitig das Spiel des anderen dazu bringen, gleichzeitig ist es eine nicht-reale Ebene. Verschiedene Aspekte müssen ganz nah beieinander gehalten werden. Mein Reagieren, das Lassen, das Auf-den-anderen-Eingehen, das Weg, das Wieder-zurück. Ich fühl mich in der Therapieimprovisation sehr wach. Auch sehr verantwortlich für das Geschehen.

Das kann und darf ich auch in der Therapieimprovisation noch mehr zum Ausdruck bringen als sonst. Wenn ich da sitze und das Gespräch leite, fühle ich mich auch wach, aber es ist nicht so deutlich, nicht so dicht. Viele denken, dass ich nicht wach bin; die denken, ich lasse nur geschehen. In der Musik gibt es die Möglichkeit, zu zeigen: so wach war ich. Meine Praktikantin dachte, es würde nichts passieren; ich habe ein anderes Gefühl. Aber wenn ich spiele, merkt sie, dass da eine ganze Menge passiert, dass da eine Wachheit von mir ist. Sonst weiß sie nicht, dass ich wach bin.

Es muss doch passieren, man muss etwas erst mal geschehen lassen, damit man hinterher darauf eingehen kann. Das ist eine ganz andere Vorstellung von Therapie. Ich merke, wie sehr ich von der Improvisation in meiner Arbeit, aber auch in meiner ganzen Denkweise und Lebensweise geprägt bin. Es ist eine Haltung im Leben, im richtigen Zeitpunkt einzugreifen, nicht ständig auf einer Ebene zu kontrollieren und zu beurteilen. Es ist in der Improvisation die Möglichkeit, gemeinsam mit dem Patienten diese Wachheit zu erleben. Ich denke, dass die das auch wissen. Wenn ich es geschafft habe mit Leuten zu improvisieren, habe ich das Gefühl, jetzt sind wir weitergekommen, jetzt akzeptieren sie diese Arbeitsmethode, sie wissen, worum es geht.

Es scheint ja eine besondere Wachheit zu sein, nicht die Alltagswachheit.

Es ist eine Komprimierung, diese Gleichzeitigkeit. Es hat mit Grenzgängen zu tun, wo verschiedene Aspekte des Miteinander-Seins gleichzeitig sind, zusammengenommen, geballt, in eine eigene Welt zusammengezogen werden.

Ich denke, dass die Patienten – z. B. in der Klinik in Z. – das auch so erlebt haben und bejaht und zugelassen haben. Aber sie haben weiterhin im Institutionellen keinen Widerhall, keine Resonanz dafür gefunden. Deshalb ist es auch ein Stück unwirksam geblieben, weil die ›andere Welt‹ das gar nicht mit einbezieht. Dann fragt der Oberarzt: was hast du denn von der Musiktherapie? Der Patient ist überfordert, weil er es im Moment nicht sagen kann. Sonst wäre er nicht da. Es ist keine Hilfe, wie die gefragt werden. Ein begutachtender Arzt fragte einmal meine Patientin (nach 25 Stunden): was ist es, was sie zusätzlich von der Musik haben? – Darauf konnte sie überhaupt nicht antworten. Die Musik war einfach ein Teil der Beziehung zu mir, wie sie mich kannte. Wie sollte sie sich vorstellen können, ohne das zu sein? Das war unvorstellbar für sie.

Und diese besondere Art Wachheit zusammen erleben – das ist die Beziehung zu mir gewesen. Mir scheint, dass das in der Klinik sonst von niemandem gemacht wurde. Das war etwas Frustrierendes in der Zusammenarbeit. Mit Ärzten und Analytikern. Mit X. z. B. kommt es unheimlich schnell an eine Grenze, wo er die Sprache hat, etwas unheimlich Definitives zu sagen. Und ich habe dann das Gefühl: gut, damit hast du jetzt Schluss gemacht, aber wir sind eigentlich noch gar nicht klar. Die Funktion dieser Sprache ist auch eine Strukturierung. Man kann sich sicher auch damit wohl fühlen, mit dieser Art von Strukturierung. Mir gibt das das Gefühl: ich werde dem ewig hinterher laufen müssen. Das ist für mich kein ›Sterben'. Damit hat es sich und damit geht man zum nächsten. Und ich denke, nein, damit hat es sich noch gar nicht. Es ist ständig etwas Unlebendiges, für mich – ich denke, für die nicht. Es kommt nicht zusammen. Das erlebte ich ständig in der Klinik.

(Pause)

Es würde mir jetzt sehr schwer fallen, eine Stelle anzunehmen wie damals, wo ich nur Musiktherapeutin wäre. (...)

Ich kann weniger als andere die Festlegung akzeptieren. Ich kriege keine Beziehung dazu.

Und der andere denkt vielleicht, du kannst die Sprache nicht, du verstehst seine Symbole nicht. Du willst jedem Symbol auf den Grund gehen.

Ja, ich möchte im Gespräch mindestens, dass der andere es auch merkt, dass er da ein Symbol benutzt, oder dass es das Ergebnis einer Vorgeschichte ist, dass er so spricht. Viele sprechen so, als wenn das Gegebenheiten seien, die vom Himmel gefal-

len sind. Diese Einstellung gibt es auch bei vielen Musiklehrern, dass die Literatur-
stücke einfach Gegebenheiten sind. Man weiß aber heute nicht mehr, wie es dazu
gekommen ist. Welche Improvisationen dahinter stehen, das ist keine Frage mehr.

Damit sind sie ja weit entfernt von der Aktualität.

Die Stücke werden aktuell benutzt, aber gleichzeitig sind sie nicht aktuell. Das merken
diese Leute oft nicht. Sie merken nicht, dass das keine Kommunikation ist.

Und du denkst, das hat viel mit deiner Geschichte zu tun, dass du da besonders fühlst?

Mein Vater hatte zu dem, was meine Mutter da gelebt hat, gar keine Beziehung. ›Ich
verstehe so was nicht.'. Er hat es immer ›poetisch‹ genannt. Da gab es keine Überset-
zung zur Vaterrolle, keine Resonanz. Wie er das sieht. Es gibt nur Bewunderung oder
Nicht-Sehen, sonst nichts. Entweder musste er es idealisieren oder er hat es nicht
mitgekriegt. Ich habe vielleicht den Vorgang nicht mitgekriegt, wie etwas übersetzt
wird in diese institutionelle Welt.

Hat das auch mit Männer-Frauen-Rollen zu tun? Konnte er sich vielleicht leichter
distanzieren von der Familie, weil er ein Mann war?

Er war wie ein Gast. Auf Fotos wirkt er wie ein Gast. Am Rande im Anzug. Mit uns
hatte er keine Rolle gefunden.

Ob die Analytiker vielleicht in den Kliniken auch in so eine Rolle geraten, in die
Defensive? Es sieht ja meistens umgekehrt aus, die Ärzte und Analytiker sind die
Leitenden. Vielleicht fühlen die sich gar nicht so. Vielleicht fühlen die sich eher wie
dein Vater unter den ganzen Frauen, mit etwas, wofür er sich nicht kompetent fühlte
und irgendwie defensiv – idealisierend oder neutralisierend – damit umgehen musste.

Es war, wie wenn er keine Ahnung hatte, wie man mit Mädchen umgeht, wie man
Mädchen sich entwickeln lässt. Er konnte sich nur vorstellen, das wären so kleine
Frauen. Warum ist das so schwierig? Aber um diese Zeit kam ohnehin die gesell-
schaftliche Form für Frauen ins Wanken. Vielleicht geht Musiktherapie mit der Frau-
enemanzipation einher. (...)

Was ich von meinem Vater gekriegt habe, war diese Bewunderung. Die wollte ich
aber gar nicht. Er hat mich oft in Verlegenheit gebracht, weil er mich über-gelobt hat.
Das wusste ich ganz genau. Ich hatte immer das Gefühl, er hat das für sich genom-
men. Er konnte es nicht etwas Autonomes werden lassen, wovon er nicht Besitz neh-

men konnte, dass es eine andere Welt ist mit einer anderen Sprache. Es musste alles unter einem Hut landen. Unter seinem.

Das ist die Frage: geht es, dass man erkennt, in welcher Welt man sich gerade bewegt? Dass man es zulassen kann, dass es nicht nur eins sein muss, dass man hin und her gehen kann? Ich kann es auf jeden Fall besser als mein Vater, ich erkenne das auch als was anderes.

Nicht die Dominanz einer Welt. Das ist eine ganz andere Struktur: das Nebengeordnete, die Pluralität statt die Hierarchie – wenn man es unter Begriffs-Hüte bringen will.

Pluralität ist wieder so eine Bewertung. Es hat mehr mit Getrenntheit zu tun. Ich kann es haben: das ist was anderes, wie der Analytiker denkt. Ich kann gucken, ob ich da was übersetzen kann, dem näher kommen kann in seiner Sprache. Wenn nicht, dann kann ich das erkennen. Umgekehrt erlebe ich es nicht, dass der Analytiker sagt, du bist was anderes. Vielleicht hat es was mit Mann-Frau zu tun. Die Analytiker sagen nicht, es ist anders und lassen es auf sich wirken. Sie lassen es nicht auf sich wirken. Das ist schwierig für die Patienten, die in so einer Institution sind. Die müssen das auch einordnen in der einen Welt.

Sie kommen in einen Konflikt. – Wir haben jetzt ganz viel von den Fähigkeiten und Möglichkeiten der Improvisation gesprochen. Möglichkeiten des Hin- und Hergehens, der Offenheit, des Verbindens mit anderem. Gibt es so was wie Scheitern, Störungen?

Ja, Störungen passieren, wenn jemand nicht kapiert, was vorher gewesen ist, weshalb er jetzt etwas geschehen lässt. Da merkt man erst in der Improvisation: Ach, der ist ja gar nicht mitgekommen. Während des Spiels habe ich das Gefühl des Scheiterns wenig.

Aber ein anderes Beispiel: Das ewige Weiterspielen in Selbsterfahrungsgruppen mit Studenten. Das ewige Spielen ist eine Möglichkeit zum Missbrauch. Aber auf der anderen Seite ist was dadurch deutlich geworden. Nur: es geschieht so stark, dass ich wirklich keine Lust mehr habe, in Beziehung zu bleiben. Die verjagen mich so sehr, dass ich Schwierigkeiten habe, zivil zu bleiben. Sie schließen mich total aus in der Improvisation.

Ein Beispiel aus der Klinik. In der Gruppe war eine Krankenschwester, die offenbar in einer starken Konkurrenz zu mir war. Die meinte, was gut wäre für die Gruppe, wäre zu spielen. Sie hat die unterschwellige Aggression auf ihre Seite geholt: Ist das nicht Spaß? Einfach vor uns hin mit den Bongos, ist es nicht das, was wir brauchen, statt dieses Gerede über... Und sie hat dann die ganze Gruppe in ein ewiges furchtbares Getrommel gebracht, so dass ich dachte, ich kriege Kopfschmerzen. Und nachher hat niemand verstanden, was ich meine. Es war nichts. Dann habe ich mich wohl geirrt. Und ich hatte das Gefühl, dass die Improvisation richtig missbraucht werden kann, um den Kontakt noch schwieriger, noch distanzierter zu machen.

Das ist dann eine Möglichkeit, wo keine Annäherung stattfindet, sondern eine Distanzierung. Die Worte sind noch weiter weg, es ist noch nicht mal möglich, mit den Worten über die Musik zu sprechen. Das finde ich schrecklich. Ähnlich wie bei den Studenten.

Dann muss ich ganz woanders anfangen. Richtig abbrechen. Ich kann nur sagen, so war das für mich und es ist für euch nicht so. Ich kann es nur so stehen lassen.

Es gibt schon Therapien, wo ich lange nicht mehr spiele, weil der Patient das nicht möchte. (...)

Gibt es für dich in der Zukunft etwas zu entwickeln, etwas herauszufinden?

Ich hoffe immer noch, dass ich Ideen bekommen könnte in bezug auf Flamenco. Da würde ich sicherlich was mit Improvisation machen, aber es ist wieder eine komische Mischung von Tanz, Musik und Form-Finden. Was in einer Therapie-Arbeit interessant sein könnte. Vielleicht ist es mehr dieses Vorführen, das weiß ich noch nicht. Vielleicht eine Oper oder Vorführung, die man mit Patienten machen könnte. Als ob es um etwas Kreatives ginge, was man auch aufführen könnte. Nicht direkt im Staatstheater, sondern eher im Wohnzimmer...

... mit dem Erkerfenster.

Das ist ja interessant. Ja. – Die Gefahr ist, dass es nicht ernst genommen werden könnte als Therapieform. – Da ist etwas in der Kunstform des Flamenco. In der Tradition ist es für den Privatgebrauch entwickelt. Zur Kommunikation. Man sang einfach zusammen. Es hat so eine soziale Bedeutung. Nicht nur auf Höhepunkten vorzuführen. Eingeflochten in den Alltag.

Und da geht es mir um Flamenco-Gedanken.

Du möchtest Flamenco verstehen?

Ja, deshalb habe ich sogar angefangen, spanisch zu lernen. Ich müsste mich wirklich entscheiden, wie ernsthaft ich so was machen will. Der soziale Kontext macht es interessant für eine Gruppe.

In einer Klinik müsste ich die Patienten erst mal davon befreien – genau wie in der Musiktherapie -, dass man so auftreten muss, wie man sich das vorstellt – so wie man meint, in der Musik muss man harmonisch sein. Es würde wirklich erst mal um eine Überwindung von den Klischees gehen.

Das ist ja für das Ganze vielleicht noch ein wichtiger Gesichtspunkt, dass es darum geht, Klischees abzuwerfen, oder vorgeformte Bilder loszuwerden, von dem, was Musik ist, was Gruppe ist...

Und warum machen wir das ständig? Es ist fast der Reiz an der Sache, dass ich das gerade machen muss. Vielleicht, weil wir wissen, dass es anders entstanden ist, dass Klischees wirklich das nicht mehr Lebendige sind.

Transformation

Im folgenden Abschnitt soll der Transformationsprozess von den *Daten* des Gesprächs bis hin zur *kommentierenden Analyse* exemplarisch dargestellt werden. Dies kann selbstverständlich nicht vollständig gezeigt werden, es werden vielmehr einige Beispiele für die einzelnen Bearbeitungsschritte gegeben, der gesamte Bearbeitungsprozess war wesentlich umfangreicher.

Die Aufbereitung und Auswertung des Gesprächs verlief in den Schritten, wie sie oben (II.3) dargestellt wurden. Der erste Schritt *vom Interview zur Transkription* kann, auch wenn er sehr aufwändig war, an dieser Stelle übersprungen werden, da die allgemeine Darstellung hier ausreichend erscheint.

Von der Transkription zur psycho-literarischen Verdichtung

Die Leitfragen für diesen Bearbeitungsschritt (s.o.!), die beim Lesen die Aufmerksamkeit lenkten, lauten: Welches Bild vom Improvisieren *und* welches Bild ihres Lebens sucht sich im Gespräch zu vermitteln? Was will die Gesprächspartnerin mir über den manifesten Text hinaus mitteilen? Welche Aussagen können in einem Sinnzusammenhang gesehen werden? Und schließlich: wie lässt sich das Ganze verdichtet nacherzählen?

Zunächst wurde die Transkription mehrmals aufmerksam durchgelesen und mit *Markierungen* und *Anmerkungen* versehen. Die Aussagen, die auf Anhieb bedeutsam erschienen, wurden im Text angestrichen.

So wurden auf den ersten Seiten z. B. folgende Ausdrücke hervorgehoben:

Markierungen

»wenig Einklang«, »früher unheimlich bemüht, in Einklang zu kommen«, »mich tönend erleben«, »nachgemacht«, »Vor-sich-hin-Spielen«, »erwachsener«, »leidenschaftlich vor mich hin«, »wenn ich das schreiben könnte, wäre es etwas«, »in Kontakt mit Leidenschaftlichkeit«, »Dramatisches«, »mit Gefühlen und Szenen in Verbindung brachte«, »Entschlossenheit«, »Dramatik und Gestik«, »Aufführungen« etc.

Das Lesen dieser Wortreihe vermittelt, im Vergleich mit dem Gesprächstext, einen neuen Eindruck. Es scheint, als ergeben sich *zwischen* den auf diese Weise *verdichteten* Worten, (neue) Sinnbezüge, die vorher nicht oder nicht so zu bemerken waren. Es entsteht eine Reihe von Anmutungen und Vermutungen, die wie erste Arbeitshypothesen fungieren, denen im weiteren Verlauf des Textes nachzugehen ist. Es taucht sozusagen hinter den Einzelheiten ein *Bild* auf.

So scheint es in dieser ersten Wort-Sammlung z. B. um Fragen des *Selbsterlebens* zu gehen, und zwar in einer bestimmten Ausprägung: »leidenschaftlich« und »dramatisch«. Zugleich deutet sich durch die Ausdrücke »wenig Einklang« etc., »erwachsener«, »nachgemacht« ein Spannungsverhältnis an – als entwickelte sich das Selbsterleben in einer Spannung zu anderem (oder anderen).

Zusammenhangsvermutungen wie diese wurden zunächst notiert und die Untersuchung im weiteren Text fortgesetzt. Dabei fielen einige Querverbindungen auf. Die Aussage »Ich empfinde wenig Einklang mit der Literatur« (gemeint war hier die in Noten niedergelegte Musik) wurde beispielsweise später ähnlich wiederholt: »Ich bin doch keine Musikerin, ich bin eine Improvisateurin. Ich bin keine richtige Musikerin. Es ist als hätte ich nicht wirklich Teil an dieser Welt der klassischen Musik.«. Diese

Aussage erweitert die andere Aussage und gipfelt in der Zuspitzung: »Eigentlich gehöre ich nicht dazu.«

Auf diese Weise ergaben sich mehrere Sinnbereiche, die in der angestrebten verdichtenden Nacherzählung ›irgendwie‹ vorkommen sollten. Sie wurden als *Anmerkungen* notiert, wie zum Beispiel in der folgenden Liste:

Anmerkungen

Geschichten erzählen der Mutter: sich einlassen, direkter Kontakt mit den Figürchen (den Gestaltungstendenzen?) In Bewegung bleiben ist die Kunst. Reizvoll: so nah dran sein. Nicht vorher wissen, wie es weitergeht. Direkt, nah, keine Überlegung. »In Bewegung bleiben, das ist die Kunstfertigkeit.«

Aus den Gegebenheiten etwas holen um weiterzukommen. Und irgendwann dann aufhören.

Nicht dazu gehören – aber hautnah dabei sein.

Hautnah – aber die Frage des Wirkens. Ob genug daraus wird. Intensität ohne Nachwirkung, Auswirkung ohne Konsequenz? Ahnungen!

Sie braucht die Brisanz.

Töten, damit es bleibt. Angst, nichts mehr damit zu tun zu haben. Problematisch ist der Austausch Improvisation = Doktorarbeit (gesellschaftlich-institutionelle Form)

Das Übersetzen in die institutionelle Welt nicht gelernt (= wo etwas Schutz und Dauer hat, Legitimation. Befürchtet: Vereinnahmung!)

Die Analytiker lassen nicht wirken, es soll nicht wirken. Missverständnisse.

Überwindung von Klischees: das ist der Reiz, das muss sie machen. Ein Kampf, eine Opposition, die etwas Leidenschaftliches, Passioniertes hat. Als ob etwas belebt werden müsste, das »Tote« nicht ertragen werden kann (weil es etwas mit ihr zu tun hat! – aber was?).

Zwischendurch, bei der Arbeit an der Transkription oder auch bei anderen Gelegenheiten, wurden immer wieder kürzere oder längere *Memos* verfasst: Einfälle, Refle-

xionen, Deutungsfragmente, in denen die Einzelheiten weiter bewegt und versuchs-
weise in einen Zusammenhang gebracht wurden.

Memos

Es ist eine Auseinandersetzung zu spüren zwischen dem Bedürfnis, ganz
nah, direkt, hautnah in Kontakt zu treten und der Befürchtung, dass aus der
damit verbundenen Brisanz zu wenig wird. Die Szene mit der Mutter, die
Geschichten erzählt, ist vielleicht eine Schlüsselszene. Aber wo ist das Problem? Irgendetwas mit Anerkennung (bekennen?).

Sie kann die Festlegungen nicht ertragen. Sie zwingen etwas für sie unter
einen Hut, was nebeneinander, autonom leben könnte, von dem man nicht
Besitz ergreifen kann.

Aneignung, Besitz ergreifen, zwingen: Das ist die Funktion definitiver Begriffe, der Institutionen, der komponierten »Stücke«. Sie fürchtet, dass dabei
das Wissen verloren geht, welche Geschichte etwas hat, welche Improvisationen hinter den Stücken steht.

Zentral ist das Moment der besonderen Wachheit, in der verschiedene
Aspekte in eine Gleichzeitigkeit komprimiert werden. Eine »eigene Welt«
entsteht. Eine Welt des Nebeneinander, der Gleich-Berechtigung.

Es bedarf eines Sich-Einlassens, um in diese Welt zu gelangen. Das unendliche Nebeneinander wird begrenzt durch die Wirklichkeit der Beziehungen
und durch die Ästhetik.

Hier wird die Aktualität betont. Jetzt, in diesem Moment, in dieser Beziehung wird etwas Intensives, Wunderbares daraus – und im nächsten Moment ist es vergessen, bedeutungslos. Es gibt keine Beweise, keine Form,
die bleibt – aber das Bleiben und die Formen würden auch Angst machen.

Als ob sie der Frosch im Märchen wäre, immer hautnah dran, manchmal erschreckend. »Bitte nicht spielen!« Gefahr, abgewertet zu werden, nicht anerkannt zu sein. Und die Folgen?

Es folgten mehrere Versuche, eine Erzählform für das innere Bild dieses Gesprächs
zu finden, das im Laufe der Beschäftigung mit dem Interview-Material aufgetaucht

war. Die Szene mit der geschichten-erfindenden Mutter wurde als Ausgangspunkt gewählt für die Darstellung von Margas Ansicht vom Improvisieren. Es reihten sich weitere Aspekte, Gedanken und erzählte Situationen an, und zwar auf zunächst spontane Weise während des Schreibens, ohne dass dazu ein Plan aufgestellt worden wäre. So entstand allmählich eine in sich schlüssige Erzählfolge, die anschließend noch einmal anhand der Transkriptionen, der Memos und Anmerkungen gründlich auf hinreichende Vollständigkeit und auf dokumentarische Genauigkeit (Zitate) zu überprüfen war. Im letzten Schritt wurde der Text sprachlich überarbeitet und in die nun folgende verdichtete Form gebracht[3]:

Psycho-literarische Verdichtung

Marga – Unfertige Geschlossenheit

Kaum etwas gab es, was die Kinder sich sehnlicher wünschten, als wenn die Mutter ihr und den Schwestern Geschichten aus dem Stegreif erzählte. Wenn Marga heute zurückblickt, erscheint ihr diese Erinnerung geradezu wie ein Schlüssel zum Verständnis ihrer Vorliebe für das Improvisieren zu sein. Die Mutter konnte sich einfach hinsetzen und *los erzählen*. Später begann Marga selbst, für die jüngeren Geschwister Geschichten zu erfinden. *Ich weiß noch nicht, was kommen wird, ich fange einfach an. Noch mitten im Satz ist unklar, wo es hingeht. Ich vertraue darauf, dass der Satz schon irgendwo enden wird.* Der Reiz bestand darin, *einfach mitzugehen mit irgendwelchen Figürchen* und dabei dem Erzählfluss so nah zu sein, dass keine Vorüberlegung möglich war, *dass ich nicht wusste, was ich vorhabe mit dieser Geschichte. Es ist keine Überlegung nötig, um da zu sein. Das hat was Entlastendes.* Die Fantasie der Geschichte und die Realität des Erzählens kommen sich so nah, dass es dazwischen *kaum eine Grenze gibt.* Marga vergleicht das mit dem Geschick, ein Fahrzeug im Gelände an Hindernissen vorbei zu steuern: *um den Baum herum ... da kommen dann Steine ... in Bewegung bleiben, das ist die Kunst! Man muss aus den Gegebenheiten etwas machen, um weiterzukommen. – Und irgendwann ist die Geschichte dann zu Ende, dann kann man aufhören.*

---

[3] In den psycho-literarischen Verdichtungen werden die direkten Zitate aus dem Interview kursiv gesetzt.

Diese Nähe und diese Intensität erfährt Marga immer wieder und will sie immer wieder erleben. So auch wenn sie in ihrer musiktherapeutischen und künstlerischen Arbeit improvisiert. Aber es ist viel mehr: es ist eine Grundhaltung, die ihr Leben prägt. Das Musikmachen ist ein gutes Beispiel, um zu erklären, wonach sie sucht und wie sie das macht. *Ich lass mich ein auf etwas Offenes, Ungewisses – und gleichzeitig bin ich mir sicher, dass ich nicht darin verloren gehe, wenn ich nur in Kontakt bleiben kann mit dem Gefühl, das mich gerade dazu motiviert hat.* Dieses Gefühl wird auch wieder *nach Hause führen.*

Im Zusammenspiel mit anderen Musikern oder mit Patienten erlebt Marga auf diese Weise oft eine große Nähe, fast hautnah. Der Mit-Spieler kann in diesen Situationen überdies, so hofft sie, mehr von *ihr* zulassen, *als sonst eigentlich möglich ist.* Was es auch jeweils sein mag. Das Wort ›hautnah‹ spricht sie auf eine zwiespältige Weise an, ohne dass sie genau weiß, *ob es angenehm ist oder nicht.* Die Nähe hat auch etwas Bedrängendes: als ob sie darin stets offenbaren müsste, wer sie ist! Nicht geschützt durch die Distanz, die eine gesellschaftliche Rolle bietet. In den Improvisationen erschaffen die Spieler eine eigene Welt, die nur in der Intimität der gegenwärtigen Beziehung bestand hat, die nicht verankert ist in gesellschaftlich anerkannten Formen.

Hautnah dran sein – aber eigentlich nicht dazugehören! Marga sagt: Ich bin keine richtige Musikerin. Eigentlich gehöre ich nicht dazu. Früher hat sie sich unheimlich bemüht, in Einklang zu kommen mit der richtigen Musik. Das war ihr auch immer mehr oder weniger gelungen – jetzt berührt es sie fast gar nicht mehr. Jetzt hat sie ihre eigene Welt, ihre Improvisationswelt. Und während sie darüber spricht, zeichnet sie unwillkürlich eine rundliche Form aufs Papier: unfertige Geschlossenheit. Gibt's das?

Manchmal bekommt sie Zweifel, ob die Intensität, die Brisanz, die sie da entfacht, nicht zuwenig Folgen hat. Nach einer Improvisation mit einer Musiktherapie-Gruppe denkt sie vielleicht: *das war so toll, da ist so viel passiert, wir waren so intensiv und dicht im Kontakt, da entstand so viel Lebendigkeit!* – und eine Woche später kann sich kaum jemand daran erinnern. Wo ist die Wirkung? Was sind die Konsequenzen dieser intensiven Improvisationen? Hat es mit ihr zu tun, dass so wenig daraus wird – oder sind die *Bedingungen des Alltags* einfach andere? Zuweilen wünscht sie sich kreative Formen, die nicht nur im intimen Schutzraum einer Therapiestunde stattfinden können, sondern die man auch öffentlich wiederholen kann. Wie die Aufführungen mit Tanz und Musik in der Kinderzeit, bei der die ganze Nachbarschaft eingeladen war.

Sie denkt darüber nach, Flamenco-Tänze mit den Patienten einzuüben und aufzuführen.

Und was wird aus unserem Gespräch, das so voller *Ahnungen und Erinnerungen* ist? Wird es irgendwelche Folgen haben? Für sie ist es vielleicht nur ein Spiel – und morgen ist sie *schon längst bei der nächsten Improvisation*, während der Interviewer noch lange mit den Tonband-Kassetten sitzt und ihnen *etwas zu entnehmen* versucht. *Du musst das töten, damit es dir bleibt. Du musst es auf jeden Fall in eine Form bringen*, sagt Marga. Sie hat Zweifel, dass die Übersetzung gelingen kann. So schön es auch ist, dass sich mal jemand für ihr Improvisieren, für ihr Leben interessiert, da wird auch eine Angst spürbar, mit dem Ergebnis *plötzlich nichts mehr zu tun zu haben*, nicht mehr dazu zu gehören, weil es nicht mehr lebt. Sie fürchtet, dass da etwas weitergemacht wird, über die Zeit hinaus. Das wäre wie Badesalz, das zu lange gelegen hat und seinen Duft verloren hat. Manchmal denkt sie, sie habe es nicht ausreichend *mitgekriegt, wie etwas übersetzt wird in diese institutionelle Welt*. Dazu fällt ihr die Verständnislosigkeit ihres Vaters gegenüber seiner Frau und den Töchtern ein. *Er war wie ein Gast, am Rande im Anzug.* Da gab es *keine Übersetzung* aus ihrer Welt in seine, *keine Resonanz*. Es gab *nur Bewunderung oder Nicht-Sehen*, aber *es musste alles unter einem Hut landen, unter seinem.*

So ähnlich erlebt Marga die Begriffe der Fachsprache: als vereinnahmend und festlegend, wie abgegriffene Klischees. Sie fürchtet, dass das, was ihr wichtig ist, darin verloren gehen könnte und abgetötet wird. Dass die Wirklichkeit nicht länger mehrdeutig sein kann und sie sich nicht mehr in dieser Vielschichtigkeit hin und her bewegen kann. Und ohne diese Art von *Lebendigkeit* fände sie selbst keinen Platz mehr darin.

Von der Verdichtung zur kommentierenden Analyse

Mit den nächsten Schritten – der Interpretation im engeren Sinne – wurde der Bearbeitungsprozess auf eine abstraktere Ebene geführt. Auf der Suche nach strukturellen Zusammenhängen wurde nun in der Erzählung, der psycho-literarischen Verdichtung, nach Zügen der vorherrschenden *Hauptfiguration* und der sich als Gegenbewegung zeigenden *Nebenfiguration* geforscht. Haupt- und Nebenfiguration werden als polar angeordnete dynamische Sinnkonstellationen gedacht, die zugleich wie Motive oder

Bewegungstendenzen den seelischen Haushalt formieren. Gemeinsam bilden sie eine Doppelstruktur, das so genannte *Grundverhältnis* bzw. die *Grundgestalt.*

Welches Bild des Improvisierens (und der eigenen Person) sucht die Gesprächspartnerin zu vermitteln? Welche Erfahrungen scheinen dabei besonders wichtig zu sein? Welches Anliegen wird in diesem Zusammenhang spürbar? Fragen wie diese geben die Suchrichtung zur Hauptfiguration an.

Was kommt immer wieder dazwischen, welche geliebt-gehassten Störungen und Komplikationen werden mitgeteilt? Welches Leiden gerät im Zusammenhang des Improvisierens (und der Lebensmethode) in den Blick? Mit derartigen Fragen wurde der Nebenfiguration nachgespürt.

Wie verhielt es sich nun im vorliegenden Beispiel? Mit Hilfe roter und blauer Markierungen wurden die folgenden Wortfelder aus dem Verdichtungstext herausgehoben:

Markierte Ausdrücke Hauptfiguration

Einfach hinsetzen / los erzählen / vertraue / einfach mitzugehen / so nah / keine Vorüberlegung möglich / dass ich nicht wusste / so nah / kaum eine Grenze / in Bewegung bleiben, das ist die Kunst! / Nähe und Intensität / Ich lass mich ein / in Kontakt bleiben / wieder nach Hause führen / hautnah / zulassen / eigene Welt / Intimität der gegenwärtigen Beziehung / hautnah dran / eigene Welt, Improvisationswelt / Intensität / Brisanz / so intensiv und dicht im Kontakt / Lebendigkeit! / Ahnungen / Spiel / mehrdeutig / Vielschichtigkeit / Lebendigkeit

Markierte Ausdrücke Nebenfiguration

Zwiespältig / Bedrängendes / offenbaren müsste, wer sie ist! / Distanz / gesellschaftliche Rolle / gesellschaftlich anerkannte Formen / nicht dazugehören / zuwenig Folgen / Wirkung? / so wenig daraus wird / Bedingungen des Alltags / du musst das töten / in eine Form bringen / nicht mehr dazu zu gehören / institutionelle Welt / vereinnahmend und festlegend / Klischees / verloren gehen / abgetötet

Bis die Wortfelder sich zu Figurationen verdichten, die Entscheidung für bestimmte Formulierungen fällt, ist oft einiges Probieren erforderlich. Es war nach Polaritäten zu suchen, welche das Spiel dieser Haupt- und Nebenfigurationen im Ganzen zusammenhalten. Ließ sich dieses Verhältnis von der Polarität *Nähe* und *Distanz* oder vielleicht von Begriffen wie *Unmittelbarkeit, Intensität, Brisanz, Aktualität* auf der einen Seite und *Einbindung, Nachwirkung, Tradition* andererseits aufgreifen?

Die Hauptfiguration wurde schließlich nach längerem Probieren auf den Begriff *beleben* gebracht, während die Nebenfiguration sich vom Begriff *verankern* erschließen ließ. Das Grundverhältnis hieß folglich *beleben – verankern*. Als Bezeichnung für die Grundgestalt, in der das Grundverhältnis aufgehoben ist, bot sich ein Ausdruck an, den die Protagonistin selbst verwendet hat: »unfertige Geschlossenheit«.

Dieses Wort erschien deshalb als geeignet, weil es etwas von der Paradoxie seelischer Werke überhaupt anklingen lässt: von dem ›Problem‹ des Seelischen, nie an ein Ende zu kommen und doch darauf angewiesen zu sein, begrenzte ›Werke‹ ausbilden zu müssen. Dieses Problem scheint in der Tätigkeit des Improvisieren in zugespitzter Weise zur Darstellung zu kommen. Bei Buytendijk (1928) findet sich übrigens in einem vergleichbaren Zusammenhang der Ausdruck »ungeschlossene Geschlossenheit« (zit. n. Fitzek 1994, 164).

Das Bild, das Marga vom Improvisieren zeichnete, war also einerseits das einer großen Belebung, einer lebenschaffenden Nähe und Verwandlungslust. Zugleich kamen aber die Nöte und Zweifel in den Blick, die mit dieser Belebung einhergehen und die letztlich etwas mit Notwendigkeiten der Formgebung zu tun haben: Belebung und Verwandlung ohne formende Gegenkräfte führen in die Auflösung, in die Wucherung und damit letztlich in den Form-Zerfall. Die Marga-Geschichte lässt erahnen, dass es Wünsche gibt, die Belebungs-Tendenz absolut zu setzen und den Verankerungs-Bedarf auszublenden.

Ein weiterer Interpretationszugang wurde mit der Frage gesucht, ob und wo es im Zusammenhang dieser Erzählung Anzeichen für einen *Stellungswechsel* gab, wo sich also ein veränderter Übergang zwischen den Figurationen zeigte. Hier waren insbesondere die Überlegungen Margas zu erwähnen, die Improvisationsarbeit durch kreative Formen, die *eingeübt* und *wiederholt* werden können, zu ergänzen.

Diese Überlegungen wurden in der kommentierenden Analyse folgendermaßen zusammengefasst:

Kommentierende Analyse[4]

Dieses Interview zeigt Künste und Probleme, die mit dem Paradox einer *unfertigen Geschlossenheit* verbunden sind. Zunächst fällt die Gegenüberstellung von Lebendigem, Offenem - und Festem, Erstarrtem auf. Wir sehen eine Frau, die viel einsetzt, um Unmittelbarkeit, Intensität und Beweglichkeit in ihrem Lebensbereich zu erhalten oder immer wieder neu in Gang zu setzen.

Das Improvisieren erscheint geradezu als ein Modell für eine Lebensweise, die auf die lebendige Aktualität des Augenblicks setzt. Dies steht in Gegensatz zu Tendenzen der Festlegung, Bewahrung, Begrenzung, Vermittlung und Verankerung, wie sie sich u.a. in Institutionen und gesellschaftlich-kulturellen Formen, aber auch in eigenen Bedürfnissen konkretisieren. Die beiden Tendenzen lassen sich zusammenfassen in dem allgemeinen Spannungsverhältnis

beleben – verankern.

In dieser Grundgestalt nehmen Figuren der *Nähe* eine problematische, ambivalente Stellung ein. Oder anders gesagt: Ein Problem-Thema in diesem Grundverhältnis ist die Regulierung der Nähe und die Beeinflussung.

Die eine Linie, der der Hauptaufwand in diesem Grundverhältnis gilt (*Hauptfiguration*), ist markiert durch Begriffe wie Lebendigkeit, Intensität, zulassen, Nähe, hautnah. Es heißt im Interview: Wenn man sich auf den Prozess einlässt und einfach mitgeht, dann kann man das Vertrauen haben, dass man nicht verloren geht. In dieser Unmittelbarkeit nicht unterzugehen, erfordert Schnelligkeit und Geschicklichkeit. Der Lohn für diese artistische Übung ist eine ungewöhnliche Nähe, wie sie sonst eigentlich nicht möglich ist, ein extremer, intensivierter Kontakt mit sich, mit anderen und der Welt. Es scheint kaum eine Grenze zu geben, kaum eine Distanz, es ist wie der Kontakt mit dem Leben selbst. In dieser Mutter-Welt gibt es das Bestreben, die Aktualität absolut zu setzen, es wird eine eigene Welt mit eigenen Gesetzen aufzubauen gesucht, eine Improvisationswelt, die auch von der übrigen Musik-Welt unterschieden ist.

---

[4]
Zur typographischen Gestaltung: In den kommentierenden Analysen werden Zitate aus den Interviews in Anführungszeichen gesetzt. Hervorhebungen werden in einfache Anführungszeichen oder kursiv gesetzt.

So entsteht die Vision einer vielschichtigen Wirklichkeit, die ganz der eigenen Geschicklichkeit unterworfen ist, in der man immer durchkommt, wenn man sich nur
entschieden ›einlassen‹ kann. Dabei ist es der *Zufall,* nicht der Plan, der hier favori-
siert wird. Im Zufall wird aber nicht das in den Schoß fallende Glück erwartet, es geht
eher um die rasante Belebung aller Kräfte, die die spontane und geistesgegenwärtige
Bewältigung des Zugefallenen ermöglichen: *jetzt und hier* zeigt sich, was ich wirklich
bin und kann. Das ganze Leben wird zu einem bedeutungsvollen aber exklusiven
Spiel.

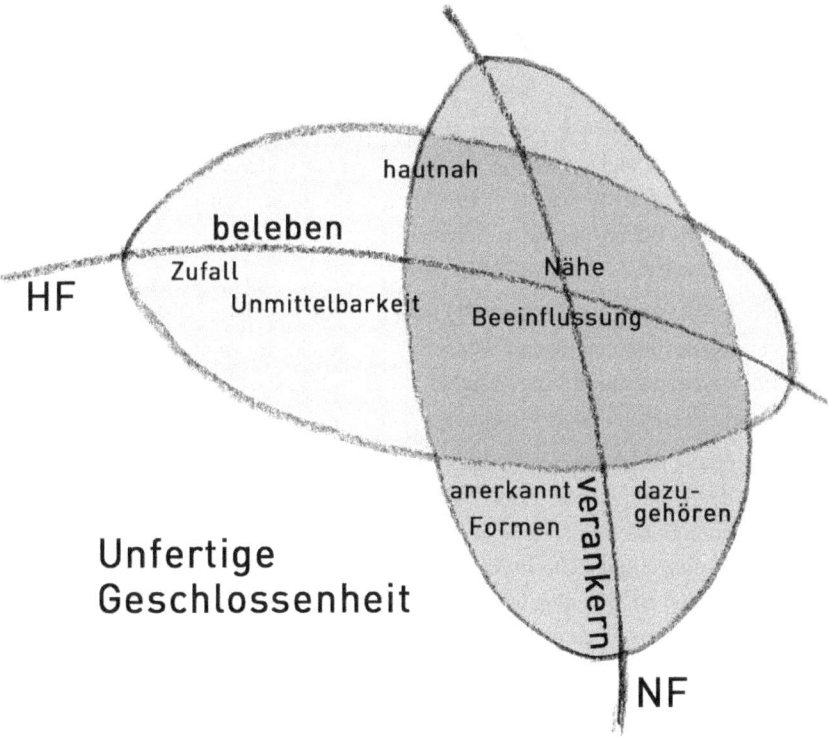

Zweifel und Klagen deuten aber auf den Einfluss einer zweiten Linie an dieser Formenbildung (Nebenfiguration), die durch Worte wie *anerkannt, Formen, dazugehören, Bedingungen, Folgen, töten* markiert werden kann. Es ist die Welt der Institutionen und des Vaters. Es tauchen Fragen auf nach der Zugehörigkeit, der Akzeptanz und dem Verstanden-Werden. Es wird ein Leiden spürbar an der Ungeschütztheit und ein Zweifel an der eigenen Wirksamkeit. Andererseits wird die Verankerung als Festlegung, als eine abtötende Vereinnahmung gefürchtet. In der Formulierung »hautnah dran – aber eigentlich nicht dazu gehören« wird das Problem auf den Punkt gebracht.

Das Improvisieren stellt somit einerseits ein Vor-Bild bereit für einen Entwicklungswunsch, der allerdings eine Art märchenhafte Wirklichkeit zeigt, in der alles den eigenen Wünschen entspricht; in großer Beweglichkeit werden schwierigste Situationen gemeistert. (In ähnlicher Weise charakterisiert Balint (o.J., 68) den von ihm so genannten *philobatischen Typus* der ›freundlichen Weiten'.) Hier kommt die Belebung also durchaus und intensiv in Austausch mit der widerständigen Wirklichkeit. In der Stilisierung aber zu einem exklusiven, abgeschlossenen und bedrohten Spiel-Raum kann das Improvisieren zu einer Tätigkeit werden, die Züge von Verwandlungsabwehr zeigen.

Ein Stellungswechsel, bei dem die Figurationen einen anderen Übergang finden und dadurch ihre Bestimmung ändern können, kündigt sich im Interview da an, wo nach einer Ergänzung der Improvisationsarbeit durch musikalisch-kreative Formen gesucht wird, die die Eigenschaft der Wiederholbarkeit aufweisen, wie die Flamenco-Tänze.

Die Darstellung verweist im Hinblick auf das Improvisieren insbesondere auf das Merkmal der Unmittelbarkeit der Produktion. Wo kein zeitlicher Unterschied zwischen Erfindung und Wiedergabe besteht, gibt es auch keine Möglichkeit der reflektierenden Distanzierung. Die Produzentin kann sich nicht unterbrechen und verbessern. Was gesetzt ist, gilt. ›Fehler‹ können nicht korrigiert, sondern nur in Anlässe für neue Wendungen umgedeutet werden.

III.3 Psycho-literarische Verdichtungen und kommentierende Analysen

III.3.1 Lene – Werkstattwelt

Mittlerweile improvisiert die pensionierte Musikpädagogin eigentlich gar nicht mehr – *das geht nicht mehr*, sagt sie. An das Musikmachen und besonders an das Improvisieren, eines ihrer zentralen Lebensthemen, scheint Lene bestimmte Wünsche geknüpft zu haben, die nur zum Teil aufgegangen sind. Sie wirkt etwas enttäuscht und verbittert – und kämpft gegen *Missverständnisse* an.

Eine frühe Erinnerung: Lene beobachtete eine Frau, die Klavier spielte. Sie fand *toll, wie das klang und wie die sich am Klavier bewegte*. Das ahmte sie dann nach. Sie muss vier oder fünf Jahre alt gewesen sein. Der neben ihr am Klavier sitzende Großvater bewunderte ihr Spiel: »*Kind, was kannste doch schön spielen!*« Und dann war das aus. Bei den Klavierstunden gab es so ein freies Spielen nicht mehr, sondern Üben, Vom-Blatt-Spielen usw. Das, was sie sich erträumt hatte, war nun für eine *lange, lange Spanne* vorbei.

Prägend war auch die Umgebung, in der sie als Kind viel gespielt hat: rund um die väterliche Tischlerei und im angrenzenden Garten gab es *Hobelspäne, die da abfielen, die verschiedenen Hölzer, die in den Holzschobern gestapelt lagen, die Gerüche von den Leimöfen; die Kiesel und Regentonnen, wo die roten Tiere drin waren, die aussehen wie Seepferdchen; Wasser, Steine, Pflanzen, Hölzer, Gerüche. Schuppen mit Kohle darin, der Keller, der mit Steinen war und Durcheinander und Chaos. Nichts Glattes, nichts Fertiges.*

Schon als Kind hat Lene das *Alleinsein* gelernt. Sie ist *sehr viel allein gewesen* und hat das auch gemocht. Sie *mag das immer noch*, sie *genießt* es sogar. Lene sagt: *In diesem Alleinsein und in der Stille bin ich in mir drin.* Daneben gab es aber immer auch ein starkes *Bedürfnis, mit anderen Musik zu machen.* Das aber erfüllte sich nur selten. Das Zusammenspiel scheiterte an der Pedanterie der Mitspieler - *die waren Bürokraten* - oder an der für sie unattraktiven Musikauswahl - *Potpourris* – es machte ihr jedenfalls bald *keinen Spaß mehr.* Vielleicht hatte sie auch *zu sehr* ihren *eigenen*

Kopf. Mit anderen Musik zu machen, war für sie in der kleinen Stadt, in der sie noch heute lebt, *fast nie möglich, schon gar nicht Improvisation.*

Eines ihrer *schönsten Erlebnisse* mit Improvisation hatte sie als Teilnehmerin einer Musik-Tagung (nur wenig kann sie davon erzählen). Während sie sonst meistens in der Rolle der Dozentin, der Lehrerin, der Leiterin von Gruppenimprovisationen war, gab es diesmal keinen Rollenunterschied. Sie konnte und wollte sich als ›Gleiche‹ in die Gruppe einfügen. Es gab eine offene Situation, in der *Gruppen verschiedenster Couleur zusammenkamen.* Man ging herum, *konnte in irgendein Zimmer mal ›reingucken, mal schnüffeln, mach ich hier mit oder hier?*... Lene hatte ein ganzes *Auto voll selbstgebastelter Instrumente* mitgebracht und mischte sich nun in eine Gruppe, bei der sie ebenfalls ein *nichttraditionelles Instrumentarium* fand. *Die Leute* hat sie sich *nicht weiter angeguckt. Es entspann sich eine lange Improvisation – es muss über drei, vier Stunden gegangen sein.* Was sich sonst noch sagen lässt? Wenig. *Der Raum war kahl,* man saß *auf dem Fußboden* zwischen den vielen Instrumenten. Zwischendrin kamen neue Leute herein, es standen welche herum, alles das war für sie *überhaupt keine Ablenkung* und nicht von Bedeutung. Entscheidend war aber, dass die *Subtilität* des Zusammenspiels aufrechterhalten wurde. Hätte *irgendeiner angefangen, Rhythmen zu kloppen, wäre es aus gewesen.* Wenn sie sich heute daran erinnert, wundert sie sich irgendwie über dieses Erlebnis. Mehr gibt es dazu nicht zu sagen. *Basta.*

Für das Verständnis, warum dieses Erlebnis für Lene so wichtig war, können einige biographische Momente aufschlussreich sein. Lene ist *in den 30er Jahren zur Schule und durch den Nationalsozialismus gegangen,* ohne die *geringste Möglichkeit, politisch denken zu lernen.* Obgleich sie nie im BDM (Bund deutscher Mädchen, nationalsozialistische Jugendorganisation) war oder *politisch tätig gewesen* ist, hat sie sich doch von diesen Bewegungen *erlebnismäßig berühren lassen* und das verursacht ihr *heute noch ein großes Schuldgefühl.* Sie fragt sich, *wie das möglich gewesen ist.* Diese erlebnismäßigen Berührungen entstanden immer in Verbindung mit *Singen, Marschieren, Sportveranstaltungen,* mit inszenierter *Gemeinschaftlichkeit.* Die Erlebnisse haben sie intensiv berührt und zugleich abgestoßen, ohne dass sie genau wusste, wodurch. Immer wieder suchte sie einen Weg, mit der Gemeinschaft bzw. ihrer Abneigung dagegen zurecht zu kommen.

Sogar bestimmte Worte wie *Gemeinschaft, Erlebnis, Ganzheit* sind ihr seither suspekt. Situationen, in denen sie sich *in eine Gruppe vereinnahmt* fühlt, geht sie aus dem Weg, sie reagiert gleichsam allergisch darauf. Den gefühlsbetonten und stimmungsvollen Momenten in Improvisationen gegenüber, verhält sie sich kritisch, analysierend bis ablehnend; insbesondere dann, wenn sie sie nicht selbst steuern und gestalten kann. Statt von Gefühlen spricht sie distanzierter vom *gemeinsamen Feeling*. Vor allem anderen fürchtet sie das *Vereinnahmen in eine Gruppe*, die *Vermatschung* und die *Suggestivkraft*, die Musik haben kann. Dann ist sie alarmiert und möchte den Leuten warnend zurufen: *Werdet wach! Das nächste Mal kann ein Anderer kommen und euch einkaufen!* Sie möchte von Musik *nicht mitgezogen* werden, sondern den Klängen gegenüber *frei* bleiben, wie zum Beispiel bei der Musik von Morton Feldman. Zu Gruppen hat sie nach wie vor ein ambivalentes Verhältnis: es scheint geprägt von *Suche und Vermeidung* zugleich.

Als Improvisatorin hat sie den Anspruch, beim Spielen *hellwach* zu sein *für das, was musikalisch vorgeht*. Sie beschreibt diesen Zustand als eine *Übersensibilität* und *Offenheit*, ein *Da-Sein* und stets wache *Entscheidungsbereitschaft* im gegenwärtigen Moment. Und sie braucht Mitspieler, die das genau so sehen und denen sie in dieser Hinsicht vertrauen kann.

Besonders intensiv hat sie sich mit der Neuen Musik und den avantgardistischen Ansätzen in der Kunst des 20. Jahrhunderts befasst, in der *jedes Material als klangfähig, jedes Geräusch als komponierfähig betrachtet* wurde. Das Experiment, die freie Form, die offene Notation, die prinzipielle Unfertigkeit des klanglichen Materials waren hier stets verbunden mit einer kritischen, strukturell analysierenden Einstellung. Darin ist ihr noch heute keine Aufgabe zu schwierig. Und: von dieser Musik fühlt sie sich nicht vereinnahmt.

Kommentierende Analyse

Aus der Perspektive einer persönlichen Geschichte erfahren wir etwas von dem allgemeinen Grundverhältnis

auflösen – vereinheitlichen,

wie es in der Wirkungseinheit des Improvisierens zu beobachten ist. Bestehende und bekannte Zusammenhänge werden gelockert und aufgelöst, die Bestandteile isoliert, neu und anders bewertet und umfunktioniert. Die Improvisation ist der Skizze, dem Fragment verwandter als dem ausgeführten Werk. Das Unfertige und Fragmentarische ist improvisierenden Musikern – wie wir auch hier sehen – oft näher als das Glatte und Fertige. Eine verbreitete Stilistik des Spröden, Offenen und Gebrochenen kennzeichnet diese Vorliebe.

Andererseits ist die synthetisierende Tendenz und ihre Wirkung auch beim Improvisieren nicht zu umgehen: das Einbinden (und Eingebunden-Werdens) in Verläufe, das Vereinheitlichen (auch im Sinne des Beeinflussens und des Mitreißens der Zuhörer), das ›kompositorische‹ Herstellen überschaubarer, verstehbarer Einheiten und – damit verbunden – der Rekurs auf bekannte Wendungen und Stilmittel. Man kann darin vielleicht eine ›Tendenz zum Werk‹ erkennen.

In der vorliegenden Geschichte ordnet sich die *Hauptfiguration* um das Unfertige, das Divergente, das Durcheinander – bildlich gefasst in der inspirierenden Vielfalt des väterlichen Gartens. Strukturell analog ist auch die beschriebene Situation bei der Musiktagung: offen, unverbindlich, spontan, vielfältig, karg, unkonventionell. Es ist als läge die Welt in Einzelheiten vor einem, in Bestandteile aufgelöst, die der neuen Verwendung harren. Das ähnelt einer Fundgrube, die einen großen Reichtum an ungehobenen Schätzen bietet: »jedes Material ist klangfähig, jedes Geräusch komponierbar«.

Eine andere Figuration (*Nebenfiguration*) lässt sich demgegenüber in Worten wie »Mitgezogen-Werden, Vereinnahmung, erlebnismäßige Berührung, Vermatschung« erkennen. Wir erfahren die Geschichte einer Verführung (Jugend im Nationalsozialismus), eines emotionalen Missbrauchs, bei dem das Spiel von Anziehung und (gegenseitiger) Einwirkung in Überwältigung und institutionalisierte Gewalt umschlägt. Dadurch wird der Protagonistin die erlebnismäßige Berührung schlechthin vergällt, wird die Qualität des Mitreißenden grundsätzlich als verdächtig und anstößig erlebt.

Gegen das Vereinnahmende ›der Formenbildung’, das beispielsweise in der Wucht musikalischer Wirkungen (etwa in der Qualität des Mitreißenden) spürbar werden kann, baut die Protagonistin eine analytisch-kritische Haltung auf und kultiviert eine Spielpraxis, die das Unfertige und Vereinzelte des klanglichen Materials und die Offenheit der Form zum Programm erhebt. Obwohl es immer wieder auch die Suche nach Zugehörigkeit und Zusammenhang gibt, scheint doch weitaus mehr dagegen zu sprechen.

unfertig

auflösen

Durcheinander
verschieden

subtiles
Zusammenspiel

HF

vereinheitlichen

suggestiv

Gemein-
schaft

Verein-
nahmung

Werkstatt

NF

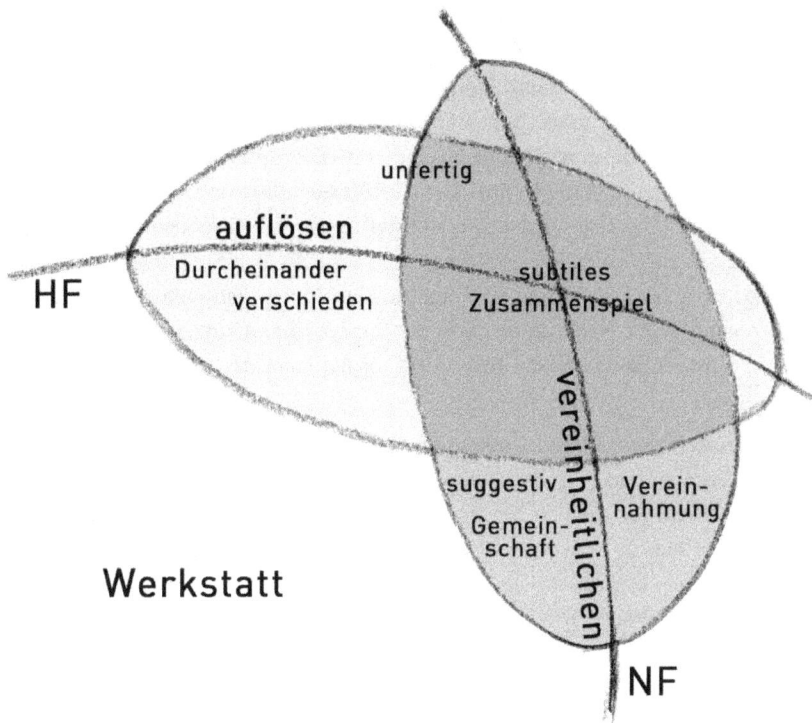

Die Wirklichkeit erscheint hier wie in zwei Welten aufgespalten. Die beiden Figura-
tionen sind extremisiert und stehen sich wie feindlich gegenüber. Das mehrstündige
Musikereignis, von dem berichtet wird, bildete eine Ausnahme. Hier hielt sich das
Erleben wie in einem anfälligen, empfindlichen Zwischenbereich. Nur wenn das
Zusammenspiel »subtil« blieb, war die Gemeinsamkeit akzeptabel – vereinheitli-
chende, mitreißende Aktionen, hätten zum Ausstieg aus der Formenbildung geführt.

III.3.2 Stefan – Filigranes Netzwerk

Eine Musik wie filigranes Netzwerk aus verschiedensten Stimmungen schwebt Stefan vor. Das können auch sehr selbständige Strukturen sein, die nebeneinander stehen, aber als Gesamtheit ein Organisches bilden. Eine solche Musik ist wandelbar und kontrastreich, sie verharrt nie lange in einer Art. Die Spieler stehen in spontanem Kontakt zueinander, sie verfügen über so viel Rüstzeug, dass sie leicht in Schwingung kommen können: Die sich ergebenden Konstellationen lösen spontan kurze Themen aus, in denen Bezüge zu anderen Stücken oder musikalischen Situationen wie Erinnerungen aufleuchten. Das kollektive Spiel entwickelt sich naturgemäß, also ähnlich einem Vorgang in der Natur, in den sich der Spieler so einbezogen fühlt, als wäre er nicht sein Urheber, sondern sein Instrument: er hat dann das Gefühl, ich werde gespielt.

Derartige Verschiebungen und Umkehrungen im Verhältnis von Produzent und Produkt, von Eigenem und Fremdem, von innen und außen sind Stefan vom Musikmachen mit der Band gut bekannt. Er empfindet es zudem öfters so, als spielte sich die Musik mehr *in* seinem *Körper ab als außerhalb. Es ist dann manchmal wie ein Aufsaugen, Einsaugen dessen, was die anderen spielen,* als würde die Musik in ihm *gekocht. Eine Ganzkörpergeschichte. Die anderen Instrumente werden Teil* von ihm selbst – *und doch wieder nicht. Es ist schwer mit Worten auszudrücken.* Wenn es gelingt und er ganz in der Musik ist und die Musik in ihm, dann erscheint es ihm so, als könnte er ein wenig *vorausschauen, was als Nächstes passieren wird.*

Wenn man in einen solchen Prozess hineingekommen ist, dann kann es geschehen, dass die Musik *abgeht*: Es beginnt eine überzeugende *Steigerung* zwischen den Musikern, ein gegenseitiges Anheizen und Überbieten, immer *höher*, immer *dichter. Das geht an keinem vorbei.* Das Publikum, die Mitmusiker, alle sind in diese Entwicklung einbezogen, was oft durch unterstützende und zustimmende Rufe signalisiert wird. Es steigert sich bis zu einem Höhepunkt, ähnlich einem sexuellen *Orgasmus.* Hier ist auch der Gipfel der allseitigen Beteiligung erreicht, es entsteht der Eindruck einer totalen Übereinstimmung und gegenseitigen *Bestätigung,* das Publikum *tanzt und hört gleichzeitig zu, grölt* und *klatscht.* – Nach solchen Augenblicken sucht man natürlich immer wieder – aber, auch wenn es eine gewisse Methodik des Steigerns und der Intensivierung gibt, man kann sie nur sehr begrenzt planen oder *organisieren,* denn das kommt fast einem *Todesurteil* gleich. Diesen Momenten haftet immer etwas *Zufälliges* und Unerwartetes an. Fast etwas *Schicksalsmäßiges.*

Im Konzert wird jeden Abend alles *aufs Spiel gesetzt*. Und so verspürt Stefan manchmal auch den Wunsch, gar nicht mehr zu improvisieren und lieber in einer Bigband zu spielen, wo jeder seinen *klipp und klar festgelegten Part* hat und wo festgelegte *handwerkliche Aufträge zu erfüllen* sind. Um Vereinheitlichungen geht es aber auch hier: man muss lernen, *im Satz* zu spielen und so *gemeinsam* zu rhythmisieren, dass es *wie eine Stimme klingt*.

Gegenstücke zu den wunderbar erfüllten Momenten des Zusammenspiels, die *wie Sahnehäubchen* das Musikmachen krönen, kennt Stefan natürlich auch. Das sind Situationen, die von Scham und Versagensgefühlen geprägt sind; die Einigkeit lässt sich nicht herbeiführen. Dann möchte er *am liebsten nicht da* sein, von der Bühne verschwinden, eine *Tarnkappe* aufsetzen. Er ist unzufrieden mit sich und hat das Gefühl, *tausend* andere sind *besser* als er. Die Steigerungen gelingen nicht, es kommt nichts als Krampf und peinliches Abmühen dabei heraus. Man fühlt sich ausgeliefert, *unfrei* und gehemmt. Dann zieht man sich innerlich zurück, man geht aus der Musik raus, schaut zu Boden, nicht mehr in die Augen der Leute und spielt nur noch mechanisch und versucht auf das zurückzugreifen, *was man schon mal gespielt hat*. Es erhöht das Leiden noch, wenn man merkt, dass man nur noch seine immer gleichen *Phrasen runternudelt*.

Schöne Momente sind ihm auch aus den Zeiten seiner ersten musikalischen Experimente am Klavier in Erinnerung. Damals liebte er es, Klänge zu spielen, die sich *zufällig ergeben haben*, wenn er die Finger auf die Tasten setzte – um dann zu lauschen, *was sich daraus entwickeln kann*. In dieser Phantasie-Musik entstanden dann meist sehr dichte, flächig aufgeschichtete Akkorde. Mit dem Spielen waren Gefühle der *Grenzenlosigkeit*, der *Sehnsucht nach Weite*, auch der unbegrenzten Fähigkeiten verbunden. Er dachte dann, dass er *damit groß herauskäme*, wenn man das nur *ein bisschen ausfeilen* würde.

Das Klavier stand mitten im Treppenhaus auf einer offenen Empore. Wenn ihm mal jemand beim Spielen in diesem Durchgangsraum zugehört hatte, hieß es: *Stefan spielt wieder seine traurigen Lieder*. Lieber wartete er, bis ihm keiner zuhören konnte, dann genoss er es, *einfach draufloszuspielen* und zu träumen, ohne sich für seine Musik oder seine Gefühle verantworten zu müssen. Gelegentlich versuchte er auch, etwas aufzuschreiben und es damit wiederholbar zu machen, doch hatte er mehr Lust, *immer wieder neu* zu spielen und zu *träumen*.

Das Losspielen und Experimentieren gelang ihm am Besten mit dem Klavier, weil er hier keinen Unterricht hatte; keine *Ansprüche* hinderten ihn, seinen Klangphantasien in dieser *Klavierwelt* nachzugehen. Auch im Bereich der Jazzimprovisation, in die er sich parallel zur klassischen Orchestermusik hineinspielte, hatte er keine Lehrer (wenngleich starke Vorbilder) – einerseits weil es an seinem Wohnort damals noch kaum Jazzunterricht gab, aber auch weil er sich lieber *eigenständig* entwickeln wollte. Hatte er Angst, dass ein planmäßiger Unterricht seine Unbefangenheit zerstört hätte?

Kommentierende Analyse

Das Improvisieren wird hier als eine Art äquilibristisches Glücks-Spiel beschrieben, bei dem man viel riskiert aber auch hohe Gewinne erzielen kann. Es scheint zum Beispiel darauf anzukommen, etwas so in die Schwebe zu bringen, dass rasante Steigerungen der Erlebnisgestalt, bis hin zum kompletten Umschwung, möglich werden. Es handelt sich um eine Verwandlungsgeschichte, die sich im Spannungsverhältnis von

entgrenzen – sichern

entfaltet. Das Risiko besteht im Zusammenbruch der Formenbildung, im Herausstürzen aus dem Prozess, was hier mit Gefühlen von Zweifel, Scham, Versagen markiert wird.

Die *Hauptfiguration* wird durch Begriffe wie »Unbestimmtheit, Weite, immer wieder neu, unbegrenzt und wandelbar, spontan, in Schwingung« markiert. In ihr entfalten sich Bilder einer fließenden Welt mit unbeschränkten Möglichkeiten, von grenzenloser Weite und unendlicher Formenvielfalt und Beweglichkeit. Die verspürte oder phantasierte Auflösung fester Grenzen (Körpergrenzen, Gegenstände, innen – außen, aktiv – passiv) bringt eine mannigfaltige transmodale Beziehbarkeit mit sich (alles hat mit allem zu tun, alles erscheint verwandt), wie wir sie auch aus den Bildungen des Traums oder des Wahns kennen.

Die *Nebenfiguration* (»geplant, Arbeit, handwerklich, exakt, festgelegt«) bringt demgegenüber begrenzende Tendenzen ins Spiel, die je nach Situation als förderlich (sichernd) oder als einschränkend erlebt werden können. So macht etwa der Hinweis auf das »Rüstzeug« klar, dass das Verwandeln-Können auch technische, materiale und mentale Grundlagen braucht. Anderseits kann das Gelernte aber auch behindern: es zieht Ansprüche, Zweifel und Vergleiche nach sich, die befangen machen und die spontane Entfaltung blockieren können.

In gelingenden musikalischen Situationen scheint ein Umsatz zwischen den Figurationen das Ganze in Schwung zu halten. Die Metapher vom *filigranen Netzwerk* ist in diesem Zusammenhang mehrdeutig: während *filigran* die Feinheit, Beweglichkeit aber auch Anfälligkeit betont (Hauptfiguration), deutet das *Netzwerk* auf den die Einzelheiten sichernden Halt (Nebenfiguration). Anders gesehen kann filigran aber auch die differenzierte Handwerklichkeit bezeichnen und das Netzwerk die Vereinheitlichung zum Ganzen.

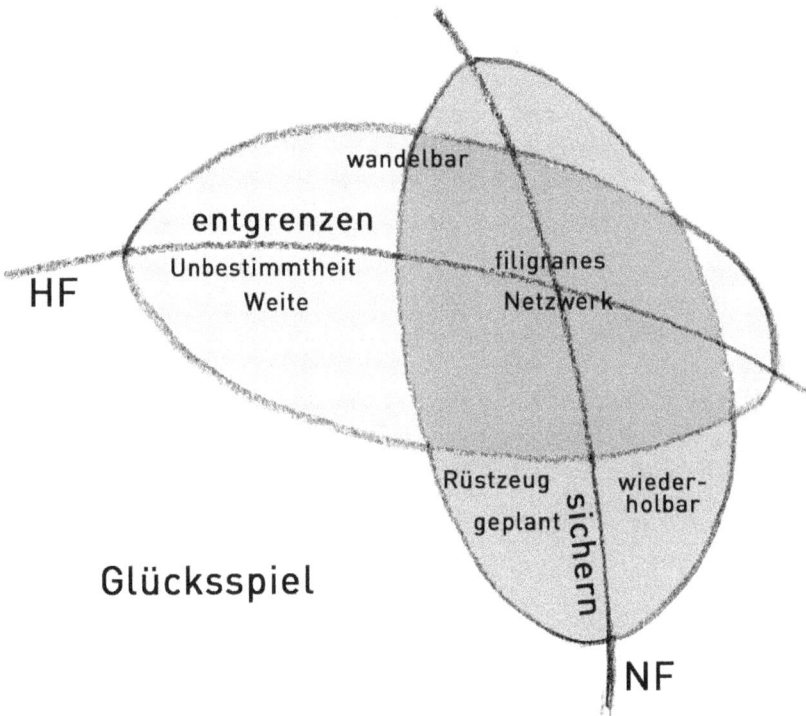

wandelbar

entgrenzen

Unbestimmtheit

HF

Weite

filigranes

Netzwerk

Rüstzeug

geplant

sichern

wieder-
holbar

Glücksspiel

NF

Während die kindlichen Experimente am Klavier noch nicht viel von sichernden Maßnahmen (Unterricht, systematisieren, Wiederholen, ausfeilen) wissen wollten (zugunsten der grandiosen Gefühle unbegrenzter Möglichkeiten), scheinen die avancierten Produktionen mehr mit dem Stellenwechsel zwischen den Figurationen zu rechnen, so dass neben die Wandelbarkeit die formende Prägnanz tritt.

Bemerkenswert ist, dass die Nebenfiguration beinahe unbemerkt mitzuwirken hat. Der Halt wird in den glückenden Momenten weniger im eigenen Können als – dezentriert-ganzheitlich – im Prozess selbst erlebt. Das Gelingen wird weniger Übung und Erfahrung zugeschrieben, als dem glücklichen Zufall oder sogar dem »Schicksal«. In der Wirkungseinheit *Improvisieren* wird (im Unterschied zum *Bigbandspiel*, in der andere Verhältnisse bestehen) ein Verlagern der Aufmerksamkeits-Gewichtung hin zur Strategie, zum Plan fast als »tödlich« für die Formenbildung erachtet.

Gelingende Entwicklungen werden mit Naturvorgängen verglichen (man denke etwa an den Wachstumszyklus einer einjährigen Pflanze in geraffter Form). Die Entwicklungsgestalten können mehr oder weniger dynamisch bzw. dramatisch sein. Das »filigrane Netzwerk« kann auf eine tänzerische, »leichtfüßige« oder auch ruhige Version hinzudeuten, während die Verlaufsgestalt des »Abgehens« dramatischer ist: Steigern, Vereinheitlichen, krisenhaftes Entgrenzen, Umschwung und Abklingen der Erlebnisgestalt.

Es geht um die Suche nach einer erregenden Veränderung, einer vorübergehenden Verschiebung im Erleben: das Verhältnis des Einzelnen zu seiner Umgebung (innen – außen, nah – fern) wird als verschiebbar und umkehrbar erlebt. Die Erfahrung des zeitlosen Totals (Alles) lässt einen Augenblick vergessen, dass ein solcher Zustand nur vorübergehend ist. Das Improvisieren bietet Möglichkeiten, Hin- und Rückwege zwischen dem Erleben der Einheit und der kleinen Schritte von Üben und Arbeit immer wieder neu zu gehen.

III.3.3 Anna – Splitter in der Schachtel

Zerfall hat zwei Gesichter. Manchmal hinterlässt er Gefühle von Enttäuschung und Scheitern. Ein andermal kann er Hoffnungen wecken und erneut Spannung erzeugen. Diese Ansicht des Zerfalls ist für Anna beim Improvisieren reizvoll. Sie schätzt das Zerfallen der musikalischen Formen und die dabei entstehenden Bruchstücke. Das ist für sie Material, aus dem Neues entstehen kann.

Anna hat ein Bild dafür: eine Schachtel, die man öffnet und darin sind lauter Splitter. Und man weiß eigentlich nicht, wie die zusammengehören und was das überhaupt darstellen soll. Man fängt an, das irgendwie anzugucken, herumzudrehen, wegzulegen – und vielleicht fügt sich was zusammen, aber wahrscheinlich nicht. Es ist ein Spiel. Das Nicht-Passen bedeutet keineswegs das Scheitern, sondern ermöglicht im Gegenteil den Fortgang. Was wird aus diesem Nebeneinander des Nicht-Passenden? Entsteht dazwischen eine Spannung? Und ist die überhaupt auszuhalten?

Das Bild von der *Schachtel mit Splittern* kam in einem Improvisationstrio auf, in dem Anna mitspielt. Man machte sich einmal Gedanken, mit welchen Vorstellungen und unter welchen Voraussetzungen es möglich ist, aus den Bindungen konventioneller Tonalität und Rhythmik herauszukommen. Gefährdet die Abkehr von bewährten Strukturen, ja, geradezu deren *Zerstörung*, nicht auch den Kontakt, die *Bezogenheit* der Spielerinnen? Ziel war es, den *Zusammenhalt auf einer anderen Ebene zu finden, so dass selbst der Zerfall etwas ist, was ausgehalten werden kann. Es gibt eine Art von Verbindung. Man kann ganz weit auseinanderlaufen, ohne sich zu verlieren.* Das Vorstellungsbild auf das sich die Spielenden einigen konnten, bot für diese Suche gewissermaßen eine Fassung – wie die Schachtel für die Splitter.

Eine solche Übereinkunft lässt sich nicht immer herstellen. In einem anderen, größeren Ensemble fühlt sich Anna oft ziemlich allein. Hier stellt sich leicht eine andere Art von Gemeinsamkeit ein: *die Stärke dieser Gruppe ist es, einen schönen gemeinsamen Klang herzustellen und dann irgendwann den Wagen auf eine Schiene zu setzen und darauf weiter und weiter zu fahren.* Wird diese fließende Gemeinsamkeit, die rhythmisch oder tonal befestigt wird, verlassen, *zerfällt alles* und die Spieler sind unzufrieden. Daher gibt es eine starke Tendenz in der Gruppe, in diesem Fluss zu bleiben.

Anna findet dieses *Fließen*, so *schön* es ist, oft *langweilig*, sie möchte es am liebsten *stören*. Sie mag es nicht, wenn jeder Ton, den sie spielt, sofort beziehbar ist auf einen festen bestehenden Zusammenhang, auf ein rhythmisches oder tonales Schema. Sie kommt sich dann *eingemeindet* vor, gegen ihren Willen vereinnahmt und ohne die Möglichkeit, eigene Wege zu gehen. Sie fühlt sich *in einen Trott eingereiht*, kann dann nur in der *Marschrichtung* mitlaufen – oder eben *stören* oder aussteigen. Dann zeigt sich oft das andere Gesicht des Zerfalls mit den Gefühlen von *Ratlosigkeit, Ohnmacht* und Scheitern.

Während die anderen also diese Gemeinsamkeit suchen mögen, sehnt sie sich mehr nach einem spannungsvollen *Nebeneinander*. Besonders interessant findet sie daher die Anfänge der Stücke: sie *spielen irgendwas, mit Geräuschen vielleicht, und es ist sehr spannend, wie die Zufälligkeiten zusammenkommen, es beginnt sich etwas zu entwickeln.* Wenn dann jemand dieses Nebeneinander nicht mehr aushält *und latscht da mit einem Rhythmus rein,* was in der Regel *sehr ansteckend wirkt,* ist sie enttäuscht und *ärgerlich.* Sie hat das Gefühl, *etwas, was gerade entstanden war, ist zertrampelt, ist verloren und lässt sich auch nicht wieder holen.* Sie steht vor den *Trümmern* ihrer Erwartungen. Sie fühlt sich dann – obwohl sie mittendrin ist – *isoliert* und eingesperrt zugleich.

Anna hat so ein Ideal: Spannungen, die auf die Spitze getrieben werden, und zwar möglichst in der gesamten Gruppe. Ein Nebeneinander, das nicht »in die Rinne rutscht«, Unvereinbarkeiten, die gehalten werden. Dimensionen, die bis an die Grenze getrieben werden: Ganz leise, so leise, dass man es fast nicht mehr hört oder eine Pause, dass man fast das Gefühl hat, alles ist verloren. Der Tropfen, der das Fass zum Überlaufen bringt. Oder wie ein Radsteher, der in der Schräge, in der Kurve so lange steht, steht, steht – und dann erst losfährt.

Es ist ein Spiel mit der *Irritation*, mit dem *Zweifel*. Man glaubte schon fast nicht mehr, *dass es noch irgend etwas werden könnte, hat fast das Gefühl, alles ist verloren.* Und dann kristallisiert sich etwas heraus, kommt an, *landet* wider Erwarten: das ist für Anna der befriedigende und beglückende Moment, den sie immer wieder anstrebt. Nicht nur beim Improvisieren, auch sonst im Leben, aber hier findet diese Entwicklung eben innerhalb so kurzer Zeit statt. *Es ist ein Prozess der dadurch entsteht, dass etwas so in Spannung und Intensität versetzt wird, bis man nicht mehr weiß* – bis eine *Krise* da ist, in der das Vorhergehende verschwindet – *es gibt keinen Rückweg, man kann es nicht mehr wenden,* man muss es *geschehen lassen* – und etwas *Neues wird möglich.*

Eine bevorzugte Position beim Spielen ist für Anna besonders zu Beginn das *Versteck: Zusammenballen, zusammenziehen, sie begibt sich gerne hinter was.* Eine kör-

140

perliche Spannung entsteht, der sie allerdings zugleich entgegenwirken muss, damit sie spielfähig bleibt. Die *körperliche Spannungszunahme* geht mit diesem Intensitätsempfinden einher. *Vielleicht ist es wie mit Sexualität, könnte sein.* Sie versteckt sich eigentlich nicht vor den anderen, aber sie findet es reizvoll, wenn das, was sich klanglich aufbaut, fast *unsichtbar* ist, weil sie in einer Ecke sitzt, oder verdeckt von Instrumenten auf dem Boden, mit dem Gesicht zur Wand; sie findet es *irre, wenn da was entsteht, wo man nicht glaubt, dass was entstehen könnte.* Wie wenn *im Keller etwas raschelt,* und man weiß nicht, was es ist. Es ist nicht so, als würde sie sich in den Keller setzen und spielen, sondern sie tut *so, als würde was aus dem Keller kommen* – ist sie es oder ist sie es nicht, die da spielt? Sie ist es – und sie betrachtet sich zugleich erstaunt dabei wie von außen. Was da herauskommt ist eigentlich nicht *erschreckend – oder doch?*

Bemerkenswert ist noch, dass sie für dieses *verrückte* Verhalten einen bestimmten Rahmen braucht. Das geht zum Beispiel nicht, wenn sie mit dem Trio in einem Wohnzimmer probt, da würde sie das nicht machen wollen. Ein öffentlicher, neutraler Raum bietet mehr Sicherheit, mehr Halt für dieses intim-öffentliche spannungsvolle Spiel.

Kommentierende Analyse

Das Improvisieren wird in dieser Erzählung dargestellt als eine Veranstaltung, die in erster Linie der Produktion von Spannung und Erwartungen dient: es wird eine verlängerte Such-Szenerie errichtet, in der sich Erwartungen bilden und umbilden können. Dabei geht es nicht um die Suche nach etwas Bestimmtem, sondern um eine unbestimmte Suche, um den Zustand des Auf-der-Suche-Seins selbst. Dazu sind bestehende Bezüge, gesicherte Bestände und Übereinkünfte aufzulösen und in Frage zu stellen.

Es wird eine lustvoll-riskante Verfassung angestrebt, in der man nichts mehr weiß und in der kein Schema das Verhalten leitet. Dabei wird die Lust umso größer, je weiter das Finden hinausgeschoben wird – bis nah an einen Kipppunkt heran, an dem dieser Zusammenhang des Erlebens zu zerfallen und sich in eine gegenwertige Erlebnis-Gestalt (Frustration, Enttäuschung) zu verkehren droht. Dieses Such-Spiel mit der Möglichkeit des Scheiterns, des Absturzes provoziert und mobilisiert das Finden eines *anderen* Zusammenhangs, der einen vielleicht altbekannten, nun aber wie neu erscheinenden Rahmen für das Erleben bietet. Das Finden ist (vorübergehende) Erfüllung, zugleich aber seinerseits Einschränkung, Begrenzung der Möglichkeiten.

Vergleichbare Verhältnisse finden sich beim Reisen (Abenteuerurlaub) und in erotischen und sexuell geprägten Interaktionen. Aber auch Handlungseinheiten wie Schaufensterbummel und Flohmarktbesuche spielen mit der Spannung zwischen rahmenden Bedingungen und Tendenzen zu ihrer Auflösung und Überschreitung. Auch hier geht es im Grunde um die Suche nach dem Außerordentlichen.

Das Bild von der Schachtel mit Splittern kann als Hinweis auf das spannungsvolle Grundverhältnis von

verrücken – rahmen

verstanden werden. Es geht um die Frage, wie Verwandlung provoziert werden kann, ohne den Zusammenhalt des Ganzen zu verspielen.

Die *Hauptfiguration* des Improvisierens wird hier von Umbildungsaktivitäten geprägt. Es wird die Auflösung fester Anhalte angestrebt, damit sich »Neues« ereignen kann. Die Unbestimmtheit des Anfangs, wenn noch nichts Bestimmtes erkennbar ist, wenn noch alles möglich ist, übt einen Reiz aus. Um in diese Unbestimmtheit zu gelangen, sind Formen, Erwartungen, Strukturen zu verlassen oder zu (zer-)stören. Es sind die zufälligen und unerwarteten Verbindungen, von denen man sich eine Wendung erhofft. Gerade in dem zufälligen Nebeneinander, ja im Unvereinbaren kommen Hoffnungen und Erwartungen in Gang.

Diese Tätigkeiten des Störens, des Auflösens und Herumprobierens, des Drehens und Wendens (*verrücken*) sind aber immer schon bezogen auf mitwirkende Rahmungen (*Nebenfiguration*). Die entstehenden Bildungen geraten in Spannung *zu etwas*. Man möchte *aus etwas* herauskommen, der Rahmen wirkt mit bei den Arten und Qualitäten des Herauskommens. Das Rahmende kann einmal als einengende Struktur, als vereinnahmendes, gefangen nehmendes Schema erlebt werden, ein anderes Mal als notwendige, nicht zu gefährdende Bezogenheit oder als Sicherheit gebender Schutz des »Settings«. Zwischen diesen Polen (vereinnahmen – halten) bewegt sich die Mitwirkung der Nebenfiguration.

Es scheint hier darauf anzukommen, den Bezug zwischen den Figurationen möglichst weit auseinander zu ziehen, zu zerdehnen, möglichst weit zu »reisen« (wie es etwa in dem Spiel »Mutter, wie weit darf ich reisen« versinnbildlicht ist), um sich schließlich der (gerade noch) sichernden Strukturen zu vergewissern. In den Übergängen wird das Sein oder Nicht-Sein der Gesamtgestalt aufs Spiel gesetzt. Je weiter der Zusammenhang zerdehnt wird, umso glückhafter ist das Erleben der Unabhängigkeit wie der Qualitäten des Zusammenhangs.

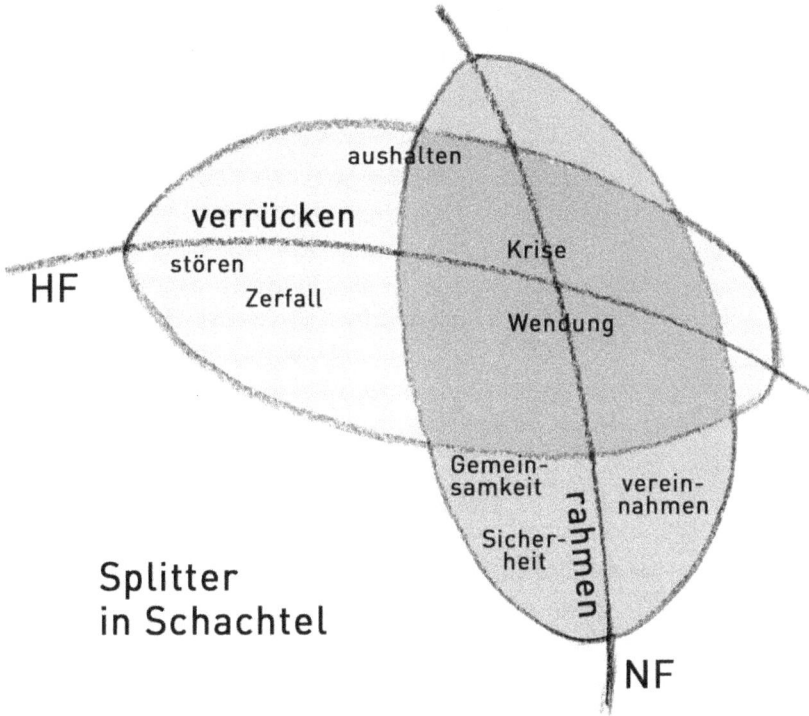

Der besondere Reiz besteht in diesem unerwartet-erwarteten *Gerade-noch*, in diesem dramatischen Stellenwechsel beim Ausreizen der größtmöglichen Zerdehnung der Figuration. In den krisenhaften Wendepunkten (»im letzten Moment«) erscheint der Sinn des Ganzen in einer intensivierten Vergewisserung der Bewegungsmöglichkeiten wie der haltgebenden Organisation (»landen«) *in einem*. Hier ist Verwandlung und (neue) Gestalt zugleich erlebbar.

III.3.4 Peter – Der Pionier

Peter musste vieles allein schaffen. Seinen Werdegang zum professionellen Musiker hat er schon als Jugendlicher fast allein bewältigt – gegen den Willen des Vaters und beinahe autodidaktisch. Er hatte ferne Vorbilder, die er in Konzerten erlebte oder deren Schallplatten er ganze Tage lang anhörte, statt zur Schule zu gehen. Bis er zum Beispiel *jeden Ton* von John Coltranes »My favourite things« *in- und auswendig kannte*... Hauptsächlich lernte er seine Kunst durch Versuch und Irrtum, machte seine Erfahrungen beim Auftritt selbst, nicht vorher, vorbereitend. Er nennt das *the hard way*. Es ist der Weg des Pioniers, des Vorkämpfers oder Wegbereiters.

Auch heute erarbeitet er sich neue Spielweisen, Strukturen oder Techniken selten zu Hause, beim Üben, sondern vor dem Publikum. Früher hat er überhaupt kaum geübt, in der Hinsicht war er *total faul*. Heute übt und spielt er zwar viel, aber nicht gerade die Sachen, die er im Konzert spielt, sondern alles Mögliche andere. Er schafft sich damit die Voraussetzungen, um im Konzert in der Lage zu sein, *die Arbeit zu beginnen*. Diese eigentliche Arbeit, das was ihn vor allem interessiert, ist, etwas *Neues* zu finden. Es ist für ihn entscheidend, *bei jedem Konzert irgendwohin zu gelangen, wo man noch nicht war*. Das ist der Anspruch und die Herausforderung. Damit wird er nie fertig. *Improvisation ist nun mal ›work in progress'*.

Peter hat eine Vorliebe, ja Begeisterung für das *Neue* und *Rätselhafte*. Es genügt schon, dass er etwas nicht kennt oder nicht versteht, um davon *fasziniert* zu sein. So kam er auch zum Freejazz und zur Neuen Musik. Er sucht nach dem *Glück des Unbekannten, des Fremden*. So geht er auch lieber auf eine Party, wo er niemanden kennt. Oder er spielt lieber vor einem unbekannten Publikum als für Freunde. Die Fremden, so denkt er, sind wirklich gekommen um von ihm als Musiker etwas zu hören, die anderen wollen nur ihren *Freund, Sohn oder Nachbarn* mal auf der Bühne beobachten.

Wenn es gut geht, baut sich zwischen ihm und dem Publikum ein intensives, fast intimes Vertrauensverhältnis auf. Besonders deutlich wird das bei einem Soloauftritt. Zunächst sucht er dann mit irgendwelchen Kunststücken die Aufmerksamkeit auf sich zu ziehen und einen Kontakt anzuknüpfen. Wenn er merkt, dass sich eine *Verbindung* aufbaut, dass wirklich *zugehört* wird und dass ihm *gestattet wird, wirklich zu musizieren*, dann vergisst er sich selbst und konzentriert sich nur auf das, was er spielt. Nun schaut er nicht mehr um sich, sein Blick verengt sich zum *Tunnelblick*. Dabei lässt er sich gehen und erlaubt überwiegend seinem *Unterbewusstsein* (eben der Instanz in ihm, die *nach dem Neuen sucht*), die Richtung des Geschehens zu bestimmen. Je selbstverständlicher das wird, um so tiefer kann er *in die Sache eindringen.*

Immer wieder, auch wenn man es nicht erwartete (oder vielleicht gerade dann), ergeben sich *Momente von so außergewöhnlicher Schönheit, dass alles andere, alle Mühe und Isoliertheit gerechtfertigt ist.* Wie oft hatte er schon kurz davor gestanden, alles hinzuwerfen. *Es will ja eh keiner hören, es wird ja nicht mal ein Werk daraus, wie bei den Komponisten oder Malern.* Er wollte schon seine Instrumente verkaufen und mit dieser Musik Schluss machen. Aber er konnte es nicht. Offensichtlich reichen diese *bescheidenen Glücksmomente,* wo etwas für ihn *so Sensationelles* passiert, aus, um alle Beschwerlichkeiten auszugleichen.

Was ist das Besondere in diesen Momenten des Glücks? Es hat vielleicht mit plötzlichen aber lang erwarteten Wendungen zu tun: eine *Barriere* wird überwunden, ein *Knoten* platzt und neues Material ist da, das Eingeschliffene löst sich, es erscheint eine Öffnung zu völlig *neuen Horizonten.* Häufig fühlt er sich dann gar nicht als der Urheber, als derjenige, der diesen musikalischen Zusammenhang *gemacht* hat. *Es ist irgendwie gekommen, es hat stattgefunden* – und er war ein Teil davon! Darüber empfindet er dann eine berauschende Freude. Er kann sich *glücklich schätzen, so was gehört zu haben.*

Während er früher nur auf den Zufall gesetzt hat, beginnt er jetzt selbst auf solche Situationen, in denen sich etwas Neues und Unterwartetes ereignet, mit hinzusteuern und neue Formen bewusster zu gestalten. Er übt und spielt viel mehr als früher und beginnt zu bemerken, wie das, womit er sich beschäftigt, was er hört, sieht, spielt und liest einfließt in seine Improvisationen. Aus dem Üben ergeben sich *Anhaltspunkte, die sich später in einer abstrakten Form auf das Spiel übertragen.* Ja, es kommt sogar vor, dass er das, was er an anderen Musikern liebt und bewundert, in seinem eigenen Spiel in einigen Wendungen direkt anklingen lässt. Da hört er die ganze Zeit Ray Brown und denkt: *Das ist der Größte! So was will ich auch* spielen! Und dann übt er das und scheut sich später nicht, ein paar Fetzen davon *reinzuwerfen.* Das hätte er vor zehn Jahren nie gemacht. Er schreibt es dem mit dem Alter einhergehenden *Klassizismus* zu, wenn er jetzt ab und zu einen *Hang* verspürt, *auf längst erprobten Formen rumzureiten,* oder wenn er mal zeigen will, was er kann. *Sollen die Leute doch gukken!* Dieser Ausruf klingt stolz und zugleich wie ein etwas trotziger Protest.

Kommentierende Analyse

Bezogen auf das Wirkungsspektrum des Improvisierens im Ganzen wird hier das Verhältnis des Neuen zur Wiederholung thematisiert. Wie ist insbesondere das Verhältnis von Improvisierenden zur Tradition (auch der eigenen) und zum Idiomatischen?

Das Bild des Improvisierens erscheint vor dem spannungsvollen *Grundverhältnis* von

überschreiten – einbinden.

Ein zentrales Interesse beim Improvisieren liegt für den Gesprächspartner im Übersteigen oder Überschreiten von Grenzen (*Hauptfiguration*). Hierin liegt ein unendlicher Anspruch, ein nicht zu beendendes Projekt. Doch diese expansive Geste, die an Abenteurer und Eroberer denken lässt, kann anscheinend nur teilweise in einem aktiven Modus vollzogen werden. Bei näherem Hinsehen ist die Hauptaktivität darauf konzentriert, immer wieder einen neuen Anfang zu machen und sich aus den Zusammenhängen des Gewohnten zu lösen, um für Neues bereit zu sein.

Für das Weiterkommen wird auf den Zufall, das Unvorhergesehene (Unvorhersehbare) gesetzt. Im Wechsel von Machen und Zulassen werden Momente erhofft, in denen sich plötzliche Wendungen ereignen. Ziel dieser »geschenkten« Wendungen ist nichts weniger als das Unerhörte. Wobei in *unerhört* durchaus mehrere Bedeutung anklingen: etwas noch nie Gehörtes, etwas Außergewöhnliches, etwas, das – die Ordnung sprengend – zudem anstößig und provozierend sein kann. Das erinnert ein wenig an die Dynamik von Glücksspielen, bei denen auch auf den Zufall gesetzt und unerhörte Gewinne erhofft werden.

Ein weiterer Zug der Hauptfiguration zeigt sich in bestimmten Umgangsformen mit dem Autonomie-Abhängigkeits-Konflikt: Der Gesprächspartner ist es im Leben gewohnt, *the hard way* zu beschreiten: damit meint er ein Lernen durch Versuch und Irrtum, weniger durch die Anleitung Anderer. Dieser Weg verhilft ihm zu einem hohen Maß an Unabhängigkeit. Er ist niemandem Rechenschaft schuldig oder in anderer Weise verpflichtet, muss keine Bindung eingehen, hat alles allein geschafft - und ist doch für ein etwaiges Scheitern aufgrund der Mitwirkung des Zufalls nur begrenzt verantwortlich zu machen. Die Liebe für das Fremde und Unbekannte sorgt für Unabhängigkeit (zum Beispiel von alten Geschichten), allerdings mit der Gefahr der Unverbindlichkeit.

Eine davon abweichende Methode im Umgang mit der Wirklichkeit zeigt sich als *Nebenbild*, wenn über die »alten Meister« nachgedacht wird: zum Beispiel mit der Frage, ob man auch auf Bewährtes setzen und erprobte Formen weiterführen könnte. Diese Haltung beinhaltet allerdings Anlehnung, Wiederholung, Nachfolge – und gerät damit in Konflikte zum Hauptbild. Während die Hauptfiguration das Bild eines einsamen (Glücks-)Spielers oder Kämpfers zeigt, erkennen wir in der Nebenfiguration Züge der Sehnsucht nach einer vertrauensvollen Anlehnung, einer Bindung, der man sich arglos überlassen kann. Das zeigt sich auch in dem intimen Verhältnis zum Publikum, das dann wie zu einer großen Mutter wird, die der Suche des Kindes nach einer eigenen Form wohlwollend beiwohnt (womit hier natürlich nur ein bestimmter Teilaspekt herausgehoben wird).

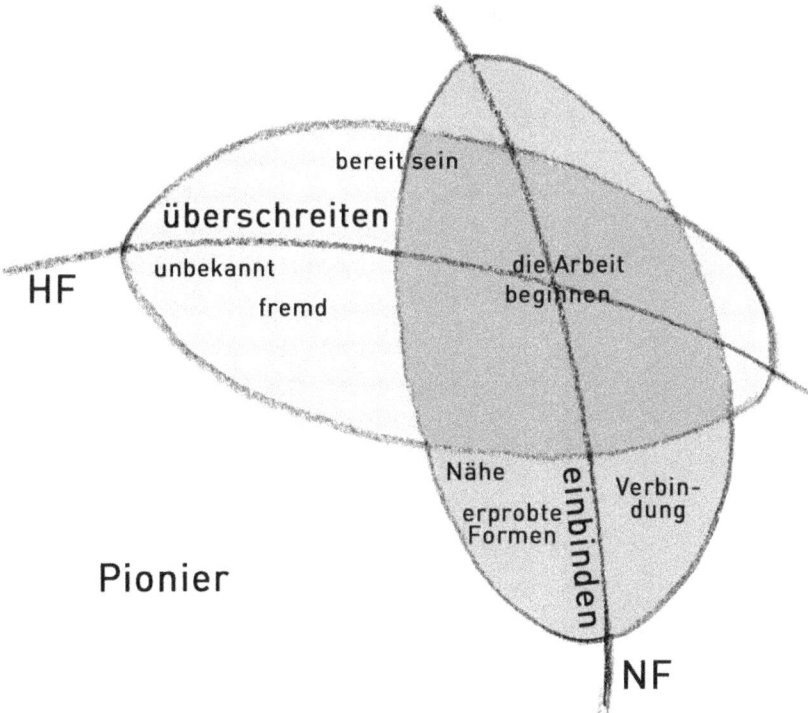

Die Übergänge zwischen den Figurationen gestalten sich als plötzliche und unerwartete Wendungen (überschreiten, überwinden, Öffnung, platzender Knoten), die mit berauschenden Gefühlsintensitäten einhergehen, deren Ausbleiben allerdings mit starken Zweifeln und Anflügen von Verzweiflung beantwortet werden. Die manchmal bedrückenden Gefühle der Unzufriedenheit über die Isoliertheit, das Fehlen greifbarer Ergebnisse, die »Werklosigkeit« und die relative Unpopularität der Bemühungen drängen auf einen Stellenwechsel zwischen den Figurationen hin.

In einer Wendung im Ganzen (*Stellenwechsel*), die durchaus langsam geht und mit dem Alter in Verbindung gebracht wird (»Klassizismus«), zeigen sich dem Probanden bestimmte (neue) Möglichkeiten des Stellenwechsels zwischen den Figurationen, die die Ausgangslage variieren können. Zwar hat er die Musik Coltranes (und anderer) »in- und auswendig« gelernt, hätte aber früher nie etwas davon in sein eigenes Spiel einfließen lassen.

Jetzt wird langsam vorstellbar, die längst erprobten Formen auch zu nutzen und überhaupt an der Weiterentwicklung, an neuen Lösungen aktiv mitzubauen. Eine solche Wendung ist wiederum paradox: machte er sie nicht, wäre er festzulegen als der Nichtfestzulegende – was zu vermeiden ist. Nimmt er Wiederholung, Orientierung an Anderen(m) in sein Verhaltensrepertoire auf, verblüfft er zugleich alle, die genau dies nie von ihm erwartet hätten. Die Nuance des Protests lässt vielleicht den Versuch erkennen, *jeder* Vereinnahmung zu entgehen.

III.3.5 Hilke – In Fluss kommen

Im Musikstudium war Hilke einmal in eine *Krise* geraten. Sie studierte Blockflöte und meinte immer, sie müsste sich beim Spielen *künstlich zurückhalten*. Zunehmend fühlte sie sich *unglaublich beschränkt* und wollte schließlich gar nicht mehr spielen. Das änderte sich aber, als sie begann, mit anderen Flötistinnen in einer Improvisationsgruppe zusammen zu spielen. Dazu hatte sie sich eigentlich *mehr überreden* lassen.

Zuerst dachte Hilke, sie könnte gar nicht improvisieren, sie wisse nicht, was sie spielen sollte. Schon früher, bei der Arbeit an improvisierten Barock-Verzierungen hatte sie sich *immer sehr verklemmt und ›zu‹* gefühlt und sich wenig zugetraut. Zufrieden war sie immer dann, *wenn es richtig war*. Die erste Stunde in der Gruppe wurde zu einem *unheimlichen Aha-Erlebnis: dass das irgendwie geht, dass man plötzlich irgendwas spielen kann!* Durch diese Erfahrung war etwas *in Fluss* geraten.

Heute denkt sie auch kritisch an diese Anfänge zurück. Da war sicherlich eine Menge *Gedudel* dabei. Aber schließlich sei es *für den Anfang ja auch ganz schön, sich erst mal freizududeln*. Das ist ihr von dem täglichen Üben vertraut, wenn sie sich zunächst einspielt: Sie spielt so vor sich hin, *ein paar Töne, mal mehr, mal weniger* – bis sie das Gefühl hat, mit ihrem Instrument in Fluss zu sein. Dann bricht sie das ab – und spielt *was Richtiges*.

Mit *Dudeln* bezeichnet Hilke einen Randbereich des Improvisierens, dem sie nicht viel Wertschätzung schenkt. Es ist eben *nur Gedudel*, scheint aber doch irgendwie dazu zu gehören. Vielleicht gibt es *verschiedene Arten des Dudelns*. Gemeinsam ist ihnen, dass etwas *losgelassen* wird, dass man dabei *nicht so viel denkt*, sondern *einfach macht*. Das Gedudel fängt da an, wo man aufhört, *innerlich vorauszuhören* oder mindestens zuzuhören, *was die Finger machen*. Als übernähmen die Finger die Regie. Dabei stellt sich eine Zeitlang ein *ganz rundes Gefühl* ein, es *hat seinen Reiz*. Meistens wird dann mit *viel Vibrato* gespielt, die Töne werden überwiegend *gebunden*, *dicht* artikuliert, mit *viel Klang, sinnlich: Sehnsucht nach Klang*.

Wenn man nicht aufpasst, löst sich allerdings alles auf, man weiß nicht mehr, *wie das Stück eigentlich war*, das man gespielt hat. *Das Gedudel hat keinen Anfang und kein Ende.* Es kommt *vom Hundertsten ins Tausendste*, und eigentlich ist es doch *immer dasselbe* und dreht sich im Kreis. *Man ist mittendrin* und in Gefahr, den *Weg heraus* nicht mehr zu finden. *Es wird dann so komisch endlos.* Das beunruhigt etwas.

Wenn in der Gruppe jemand dudelt, ist es für andere schwierig, da rein zu kommen. Es macht so eine Haut um einen herum, jeder ist für sich. Das empfindet Hilke dann schnell als unbefriedigend. Andererseits: wenn man zuviel denkt, zu sehr aufpasst, was man spielt, kann dann dabei schließlich rauskommen, dass man überhaupt nicht mehr spielt.

Eine gemäßigte Form des Dudelns in der Gruppe ist das *abwartende Spielen*. Es ist keine Idee da, kein bestimmtes Anliegen, man bietet nichts an, sondern wartet eben ab, ohne aber ganz mit dem Spielen aufzuhören. Man spielt *oft mit ganz wenig Ton* und *probiert immer mal: passt das, passt dieses? Man probiert einen Weg* in die Musik. Da man nicht ganz mit dem Spielen aufgehört hat, fühlt man sich trotzdem noch dabei, sozusagen dazwischen.

Sicherlich ist es immer Hilkes Ziel, *etwas Richtiges* zu spielen, das heißt: eine Idee, eine Klangvorstellung zu verwirklichen. Dazu gehört auch, zu wissen, wer was spielt und wie die Rollen in der Gruppe verteilt sind. Andererseits könnte *ein Stück Gedudel ja auch eine Suche nach etwas sein, wenn man noch nicht so richtig weiß, was man spielen will,* worauf es hinaus läuft; *vielleicht findet man* es dann *auch manchmal.* Die Schwierigkeit ist wohl, beim Dudeln *wach* zu bleiben, das *Beobachten* nicht aufzugeben und *die Musik führen* zu lassen.

Über die musikalischen Ideen hinaus gibt es noch etwas anderes, was sie beim Improvisieren sucht: Es ist ein bestimmter Zustand *ganzheitlichen* Erlebens, der nicht leicht in Worte zu fassen ist. Beim Singen war dieses Erleben leichter zu erreichen, aber sie möchte es auch auf der Blockflöte zuwege bringen: Es entsteht dann das Gefühl, *eins mit mir selber* zu sein. Man kann das, was man spielt oder singt, selbst *extrem fühlen.* In solchen Augenblicken hat Hilke den Eindruck, *angekommen* zu sein. Sie hat einen Punkt *plötzlicher Klarheit* gefunden, wo sie das Gefühl hat: das war jetzt die *Quintessenz, darum geht es eigentlich.* Dieses *Ankommen* bei sich selbst scheint auch das Ankommen bei anderen, bei den Mitspielern, beim Publikum zu ermöglichen. Solche Momente sind *so schön, dass man sie immer wieder will.*

Die highlights sind im Allgemeinen plötzlich und kurz bzw. zeitlos. Einmal hat sie mit einer Freundin in einer Gruppenimprovisation exakt im selben Moment absolut das Gleiche gespielt, den selben Ton, die selbe Klangfarbe, als hätten sie wirklich in dem Moment genau dasselbe gehört und gefühlt. Das hat eine unheimliche Nähe geschaffen. Vielleicht geht es immer um Nähe? Solche Erlebnisse lassen sich anschließend allenfalls feststellen, sie lassen sich nicht wirklich in Worte fassen und erklären oder beweisen. Die Worte führen dann schon eher wieder in die Distanzierung, in die Unterschiedlichkeit der Bedeutungen hinein, in den Zweifel, ob das wirklich so gleich war, wie es sich anfühlte.

Kommentierende Analyse

Diese Erzählung über das Improvisieren wird durch das *Grundverhältnis*

loslassen – steuern

bestimmt. Von einem Übergangsbereich her, gewissermaßen einer Vorform des Improvisierens, dem »Dudeln«, werden charakteristische Merkmale der Entfaltung der Wirkungseinheit des Improvisierens darstellbar. Es wird berichtet, wie Wege in die Musik gesucht werden, es geht um das Reinkommen, das In-Fluss-Kommen.

Dudeln hat mit dem Vor-sich-hin-Spielen zu tun, das auch mit Daddeln, Klimpern und Pimpsen bezeichnet wird. Es scheint dem »richtigen« Spielen diametral gegenüber zu stehen, kann aber dennoch als eine gängige Anfangsform von improvisierter Musik, ja sogar auch der Aufführung von komponierter Musik gelten, wenn man die Stimm- und Einspielrituale der Musiker einmal mit einbezieht. Dass die darin überspitzt vertretene Tendenz des Loslassens und Herumprobierens für das *Spiel* im Seelischen lebenswichtig ist, wird zu Beginn der Erzählung deutlich: sie wirkt Tendenzen des Verkrampfens, Verklemmens entgegen, die bis zum Verstummen führen können.

Die *Hauptfiguration* des Improvisierens wird hier als eine fließende Welt dargestellt: loslassen, einfach machen, in Fluss kommen. Man gerät zur Wirklichkeit in ein Verhältnis des Dazwischen, die klaren Konturen, Absichten, Rollenverteilungen werden aufgelöst, man spielt ›irgendwie‹ und ›irgendetwas‹ und ist mittendrin. Dabei scheint die Steuerung des Geschehens automatisierten Funktionen wie dem »Fingergedächtnis«, momentanen Einflüssen der Lust oder einer noch diffusen »Sehnsucht« überlassen zu werden. »Wenn man nicht aufpasst«, gerät man allerdings schnell aus dem Dazwischen in ein Abseits. Statt einen Weg in ein ›Werk‹ (im Sinne eines Zusammenwirkens der Teile, der Spieler) zu finden, gerät man in eine Isolation oder verirrt sich im Immergleichen. Unter dem Einfluss der Loslassen-Figuration dreht sich das Spiel im Kreis, es hat keinen Anfang und kein Ende. Das wird dann »komisch« beunruhigend. Wie eine Fahrt mit dem Karussell kann diese Bewegung eine Zeitlang reizvoll sein, ein rundes Gefühl erzeugen, bis die Formenbildung nach einer Veränderung verlangt.

Sehnsucht

loslassen

Übereinstimmung

HF

Gedudel

endlos

Klarheit

richtig
- falsch

zurück-
halten

beob-
achten

steuern

In Fluss
kommen

NF

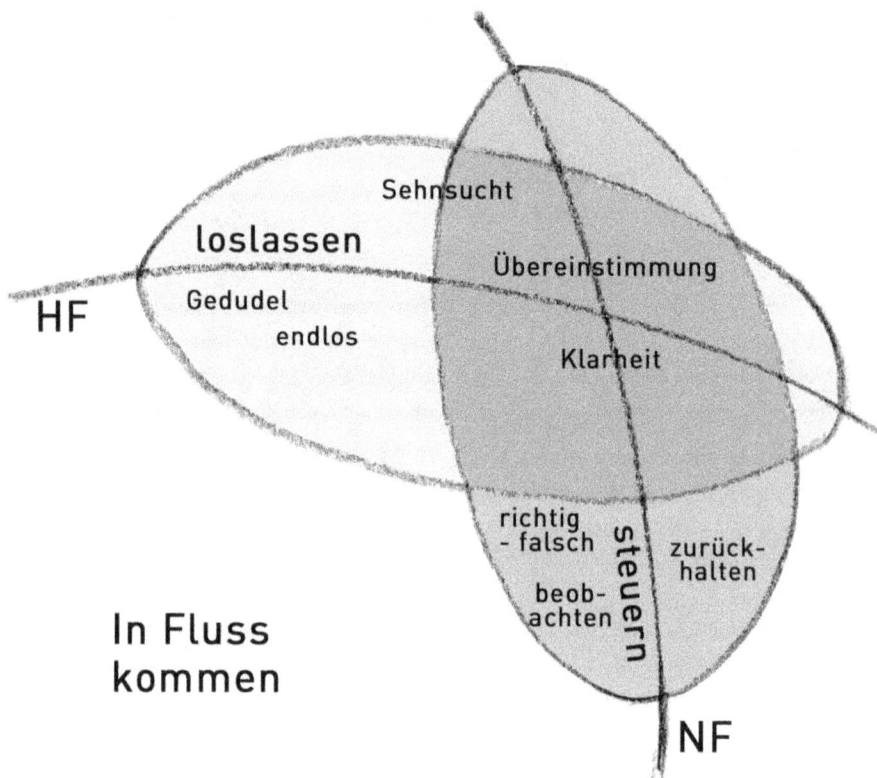

Dieser Wunsch nach einer Richtungsänderung hat mit dem Wirken einer zweiten Figuration *(Nebenfiguration)* zu tun, die andere Methoden anbietet. Auch beim Improvisieren, wo es doch zunächst scheinbar »einfach drauf los« geht, gilt es, nicht das Bewusstsein zu verlieren, nicht den beobachtenden Kontakt zu steuernden Mustern aufzugeben, sonst tritt bald Unzufriedenheit (bis hin zur Übelkeit) auf. Es gilt, sich zu orientieren, zu wissen, wo man ist, wie das Stück ging; zu beurteilen und kontrollieren, was gespielt wird und wie man dazu steht. Das schließt den Zweifel, die Distanzierung und die Wahrnehmung von Trennendem und Unterschieden ein. Es scheint auf ein Maßverhältnis anzukommen, bei dem ein »Spiel« gelingt – zwischen den Extremen der Formlosigkeit und der Erstarrung.

Der Ausdruck »sich von der Musik führen lassen« deutet auf einen gelingenden Stellenwechsel zwischen den Figurationen hin. Was in dieser Formulierung vielleicht etwas mystisch anmutet (z. B. in der Personifizierung der ›Musik'), könnte auf eine Übergangserfahrung verweisen, bei der die Bewegungen im *fließenden* Raum in Einklang zu bringen gesucht werden mit den kulturell vorhandenen *Formen* musikalischen Ausdrucks: In Ausnahmefällen führt dieses Übereinstimmen zu besonderen Glücksmomenten der Klarheit, des Ankommens und der Nähe, die als die *Quintessenz*, als besonders wesentlich, als der Kern der Sache erlebt werden. (Die Quintessenz, von lat. *quinta essentia* = die fünfte Wesenheit, bedeutet laut Brockhaus »bei Aristoteles der Äther als fünfte, allerfeinste Substanz und alles durchdringendes Element ... In der Alchemie war Quintessenz die Einheit bzw. Vereinigung der Gegensätze als Ziel des alchimistischen Prozesses.«) Diese Momente sind kurz und werden als zeitlos erlebt. Doch schon bald können wieder Zweifel an der »Wirklichkeit« des Erlebten auftauchen, die auf die »Konkurrenz« der Figurationen hindeuten und die Formenbildung weitertreiben.

III.3.6 Elisabeth – Übergänge

Die Improvisation gleicht einem Raum, der nicht leicht zu betreten ist. Im Innern herrschen andere Bedingungen als außerhalb. An der Übergangsstelle ist eine Art Schwelle: etwas sperrt sich gegen den Eintritt, zugleich wird man angezogen und fasziniert. Ist man erst darin, tun sich neue, erregende Perspektiven auf.

Dieser Wirkungsraum hat Ähnlichkeiten mit bestimmten Situationen im Alltag: etwa wenn man mit Anforderungen zurecht kommen muss, die einem fremd sind und bei denen man nicht auf bekannte Lösungen zurückgreifen kann. Elisabeth war während eines Praktikums in einem Heim zuweilen dafür verantwortlich, dass innerhalb weniger Stunden für fünfzig Personen das Essen gekocht wurde. Das hätte sie sich *vorher einfach nicht zugetraut*. In dieser Situation war sie *ganz auf sich gestellt* und *konnte auf nichts zurückgreifen*. Sie musste *improvisieren, irgendwie zurechtkommen*. Vieles von dem *bisher Gelernten* konnte sie *vergessen,* hier galt es, Neues *aus dem Ärmel zu schütteln*. Sie musste lernen, *ganz in der Gegenwart zu sein, die Gegenwart zu nutzen. Die Strategien entstanden in der Situation.*

Beim Musikmachen schien es ihr aber, als ob sie viel mehr von sich selbst zeigen musste. Als sie zum ersten Mal in einer Gruppe improvisierte Musik spielen wollte, war sie *verdutzt und kam unter einen unheimlichen Druck*; sie hatte das Gefühl, sie *müsste jetzt hier was ganz Tolles können oder bringen oder sein*. Unter diesem *Leistungsdruck* konnte sie erst immer nur auf sich selbst achten. Sie versuchte zu *kontrollieren*, ob ihr Spiel wohl den (geheimen) Anforderungen genügte. Sie fühlte sich auch von anderen beobachtet. Gerade das Fehlen von Vorgaben erzeugte bei ihr den *massiven inneren Druck*, ständig etwas ganz *Tolles* produzieren zu müssen, nach der Devise: *wenn man schon macht, was man will, dann muss es wenigstens nach was klingen, nicht nur nach Kindergarten*. Sie hatte die Befürchtung, dass ihr Spiel – und damit sie selbst – zu kunstlos oder zu kindlich erscheinen könnte, als *völlig ungehobeltes Geklimper*.

Sie wollte nicht *ertappt* werden in ihrer *völligen Hilflosigkeit und Unsicherheit*. Die Befangenheit machte sie *eng* und einsam. Alle schienen das besser zu können, als sie selbst. Warum machte sie trotzdem weiter? Irgend etwas zog sie beim Improvisieren heftig an, zog sie regelrecht in das Spiel hinein. Und wenn sie sich mitreißen ließ, konnte sie manchmal ihre ganzen Bedenken zurücklassen und *einfach das tun*, was ihr *in den Sinn* kam und wozu sie gerade *Lust* verspürte.

Der Weg zum Improvisieren hat schon auch Übung erfordert. Es war das Vertrauen zu erlernen, sich überlassen zu können. Der Eintritt in die Improvisation erfordert ein Umschalten. Man wechselt die Ebene, man sieht von irgendwelchen Schwierigkeiten, Alltäglichkeiten, Unstimmigkeiten, Diskussionen, die einen gerade beschäftigten, ab – es ist wie ein Vertauschen von Vorder- und Hintergrund – und betritt einen Raum, in dem andere Bedingungen zu herrschen scheinen. Es hat mit Logik nichts zu tun, es spielt sich auf einer anderen Ebene ab. Hier kommen andere Orientierungen zum Zuge.

Für Elisabeth ist es der Inbegriff von gelungener Improvisation, wenn man beim Spielen nicht mehr kontrolliert und nachdenkt, sondern sich wirklich seinen Impulsen überlässt, sich hinreißen lässt, sich ganz diesen momentanen Einflüssen und Einfällen hingibt. Sie beobachtet dies auch in den Spielen ihrer zweijährigen Tochter: Wie so eins das andere ergibt, wie sich das fortsetzt und entwickelt, was sie dazu erzählt oder singt oder brabbelt, eine Fähigkeit, sich selbst zu vergessen und ganz im Spiel aufzugehen. Es macht schon Spaß, nur daran zu denken, das ist ungeheuer belebend und beglückend. (Während wir im Interview darüber sprechen, erinnern wir uns an eine Improvisation, die uns mal vor Jahren zusammen in einem Ensemble gelungen war – und wir brechen minutenlang in glucksendes, kicherndes Lachen aus.)

Wo andere Leute Aufputschmittel brauchen oder irgendwelche Drogen, um in solche Zustände zu kommen, holt das Improvisieren Persönlichkeitsanteile aus einem heraus, die sonst verschüttet sind. Das ist so heilsam, meint Elisabeth. Das geht zum Beispiel so: Etwas kommt in Gang, es entzündet sich. Die Musiker kommen miteinander ins Spiel, es gibt vielleicht einen Rhythmus, der sich immer wieder verändert, das geht fast ins Tänzerische, wird sehr lebendig. Es nimmt Wendungen, die man nicht ahnen konnte, entfernt sich weit von seinem Ausgangspunkt. Und dann bekommt das Ganze ein Eigenleben, es wird zu einem Werk, das man nicht zerstören will, eine runde Sache. Es verselbständigt sich etwas, was einen trägt, und was es einem erlaubt, irgendwas für eine Zeit lang aufzulösen oder loszulassen.

In solchen Momenten verändern sich manchmal Elisabeths Wahrnehmungen, sie kommt in einen *veränderten Bewusstseinszustand*: entweder ist sie ganz *bei einer einzigen Sache, vielleicht einem Ton*, ist auf ein *winziges Detail aufmerksam* – oder *es ist, als wenn alles gleichzeitig zusammengehörte* und sie *alles gleichzeitig* wahrnähme. Die Gegenstände und Personen im Raum bekommen andere Bedeutungen, sie schließen sich zu *ganzen Szenen* zusammen, die sie betrachtet *wie ein Kunstwerk. Das ist dann nicht mehr der Schreibtisch, dieses Objekt passt dann genau in das, was gerade musikalisch passiert oder der Anblick verschwimmt mit dem akustischen Eindruck. Die Gegenstände werden irgendwie komponiert, stehen in Beziehung zueinander, zu dem was in der Zeit gerade passiert.* Die Dimensionen sind nicht mehr *getrennt,* sondern alles *verschwimmt oder fließt. Jede Bewegung gehört zur Inszenierung, zur Improvisation dazu. Es ist übrigens ein sehr wacher Zustand.* Das Gefühl einer *ungeheuren Energie* durchströmt sie. Ein *Kick.* Man meint in der neuen Perspektive einen Blick auf den *Kern des Ganzen* zu werfen.

Bis zu einem gewissen Punkt ist es inspirierend und faszinierend, sich etwa mit ganz fremden Instrumenten oder ungewohnten Spielweisen zu beschäftigen. Doch dann kommen auch Wünsche auf, sich *deutlicher, vielfältiger oder schneller, rhythmisch präziser* äußern zu können – man stößt an die *Grenzen* seines technischen Könnens, es sind einem gewissermaßen *die Hände gebunden.* Hier müsste man *eigentlich üben.*

Kommentierende Analyse

Das Improvisieren entfaltet sich hier in dem Grundverhältnis von

mitbewegen – gegenüber sein.

Um in eine Improvisation hineinzukommen scheint bereits ein Stellenwechsel, ein Vertauschen von Vorder- und Hintergrund nötig zu sein. Das, was sonst im Hintergrund der Aufmerksamkeit ist, die Wünsche, die kindliche Lust sich auszubreiten, tritt hervor, die alltäglichen Widrigkeiten treten für eine Weile in den Hintergrund.

Die Modalität des reflektierenden, planenden, urteilenden, differenzierenden Verhältnis zur Wirklichkeit wird vertauscht mit dem gewissermaßen »kindlicheren« (weil entwicklungspsychologisch gesehen früheren) Modus der *Mitbewegung.* Andere Einflüsse (Lust, Impulse) kommen zum Zuge. Dieser Wechsel ist vergleichbar mit dem Übertritt vom festen Boden ins Wasser, wo man sich den ›Forderungen‹ des Wassers zu überlassen hat, um darin zurecht zu kommen. Doch auch wenn es zeitweise so erscheint, als wäre der Modus der Mitbewegung in der Improvisation total gesetzt, so wird doch schnell deutlich, dass in den Ausläufern und ›Fransen‹ der Formenbildung ein begrenzendes Nebenbild aufsteigt.

Die *Hauptfiguration* der Tätigkeit des Improvisierens ist in dieser Darstellung gekennzeichnet durch eine Verfassung, die durch eine verstärkte Reagibilität mit inneren und äußeren Einflüssen aller Art gekennzeichnet ist. Dadurch geschieht eine starke Anregung, wie unter Drogeneinfluss; etwas kommt in Gang, entzündet sich. Die Wahrnehmung verändert sich, sie gerät in Bewegung (verengen, ausweiten, zusammenschließen, verschwimmen, verkehren), Trennungen zwischen Sinnesarten verschwinden (synästhetische Wahrnehmung) und es kommt zu dynamischen Zuspitzungen (»Kick«).

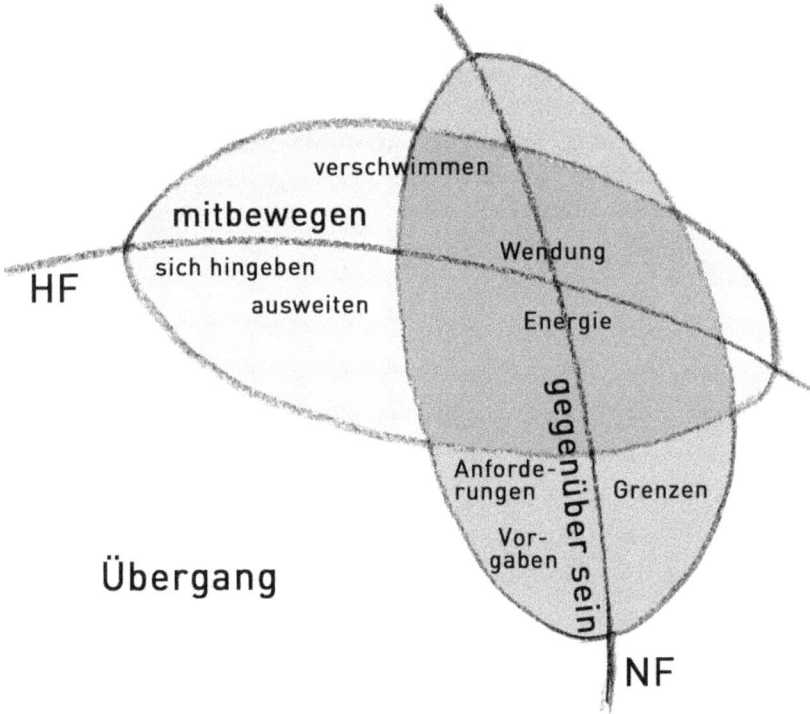

Die *Nebenfiguration* gerät hauptsächlich an den Rändern des Wirkungsraums in den Blick, wenn von der Schwelle, den Bedenken beim Übergang die Rede ist oder wenn die Begrenzungen des Könnens bemerkt werden. Dann wird deutlich, dass das Improvisieren kein körperloser Zauber ist, sondern auch handwerklich-technischen Bedingungen, gewissermaßen den Gesetzen einer »Mechanik« unterliegt; das Spiel entsteht nicht nur im Kopf, es hat auch mit den Händen und den Grenzen einer Kunstfertigkeit zu tun. Das Üben ist der Tribut an diese Bedingungen.

Die charakteristischen *Übergangsformen* sind in dieser Beschreibung einerseits das Zögern, andererseits ein Umschalten in ein heftiges mitreißendes Geschehen (Entflammen).

Auch wenn wir von den *Stellenwechseln* ausdrücklich nur von den Rändern und Schwellen her erfahren, also dort wo der »Vertausch« der Herrschaft in der kreativen Regression stattfindet, müssen wir doch annehmen, dass auch unterwegs das Nebenbild mitsteuernd, unterstützend und regulierend beteiligt ist, dass es die Handlungseinheit geradezu in Gang hält. In der fast paradox anmutenden Bemerkung, dass es Übung braucht, sich auf die Haltung des Sich-Überlassens einzulassen, können wir die Mitwirkung stützender Systeme erkennen, die von dem sich verselbständigenden Improvisations-Werk vorübergehend miteinander verschmolzen werden.

III.3.7 Lars – Zur Welt kommen

Lars erzählt von einer Befreiung, bei der die Musik – und besonders die Improvisation – eine wichtige Rolle spielte.

Lars war als Einzelkind in einem bürgerlichen Elternhaus aufgewachsen. Als Gymnasiast, der sich für klassische Musik interessierte, fühlte er sich *etwas isoliert* – und auch *etwas gelangweilt. Da passierte eigentlich zu wenig* in seinem Leben. Als Gegengewicht suchte er nach dramatischen Musik-Erfahrungen. Lars *erfand einen Kult:* er *saß da im dunklen Zimmer mit Sonnenbrille und hörte Beethoven* und Wagner. Er *liebte diese Musik sehr.* Später war es dann die Musik von Stockhausen und Boulez, die er sich mit Kopfhörern *auch nachts vor dem Schlafen* anhörte. *Das war aufregend und sehr sehr sehr seltsam.*

Das Musikstudium war *wirklich die eigene Wahl.* Was wohl *passiert wäre,* wenn er *nicht Musik gewählt* hätte? Im Studium traf er auf eine Gruppe, in der mit Musik experimentiert wurde. Hier bekam er auf einmal ganz viel Resonanz. *So ein Reichtum an Kontakt, Liebe, Freundschaft.* Andererseits aber auch das *Erlebnis der Verschiedenheit: wir sind wirklich verschieden! Für andere waren andere Dinge wichtig, diese große Mannigfaltigkeit war möglich.* Man arrangierte Konzerte, bei denen Improvisationen und Kompositionen der Gruppenmitglieder aufgeführt wurden. Das wurde wie eine *selbstverständliche Sache* betrieben. Für Lars brachte die Gruppe eine *Befreiung,* eine *persönliche Revolution! Die Zeit war sehr günstig für solche Erfahrungen.* Es war die Zeit der *antiautoritären Bewegung.* Die Gruppe verstand sich als ein Teil dieser Bewegung. Man glaubte an *Kollektivität* und *Gleichheit,* an *persönliches Wachstum.*

In der Gruppe gab es Möglichkeiten des *gemeinsamen Gesprächs,* des *gemeinsamen Erfindens,* die ihn *unheimlich fasziniert* haben. Das war etwas anderes als eine Komposition oder ein Vortrag, wo jemand ziemlich lange allein redet. Das Zusammenspiel war *erotisch, ohne eigentlich Schwärmerei oder Flirt* zu sein.

In der Gruppe erfuhr Lars neuartige Formen des gleichberechtigten Lernens und Weiterentwickelns; man lernte von denen, die erfahrener waren, aber auch von den neu Hinzukommenden. Es war ein geschwisterliches Lernen, ein *gemeinsames Bestreben.* Lars meint heute, er habe hier *das soziale Leben wirklich entdeckt.* Vom Studentenwohnheim zog er in Wohngemeinschaften, neue Formen des Zusammenlebens ergaben sich. Nicht dass er jetzt *aus dem ganzen Leben eine Improvisation machen* wollte, *aber die verschiedenen Dinge passten gut zusammen:* die Konzerte, die

Gruppe, die Wohngemeinschaft und das Beziehungsleben, die Erotik. In jenem Sommer hatte er auch einen *wichtigen Traum*, in dem es um die *Erfüllung* seiner *Bedürfnisse nach Liebe und Wärme* ging.

Lars hatte *ein Stück Glück gesehen*, das wollte er *weiterkultivieren und anderen schenken*. Er vergleicht seine Erfahrungen mit einem *Schlüssel*, mit einem *Werkzeug, das kann man verwenden*. Es ist so ähnlich, wie wenn man in eine Institution eintritt und nun *die Ehre bekommt, den Schlüssel für das Haus zu besitzen*: man gehört dazu. Es bedeutet für ihn auch ein Glück, dass sich diese Befreiung jetzt seit über zwanzig Jahren *bewährt* hat. Inzwischen ist er mit dieser Musik *erwachsen* geworden, er ist selbst Lehrer und *Fachmann*.

Wenn er über die Musik spricht, die er mit seinen Studenten zusammen erarbeitet, dann erscheint darin so etwas wie das Modell einer idealen menschlichen Gesellschaft, einer neuen humanen Lebensform. Wenn die Gruppe *konzentriert* gearbeitet hat, dann wirkt die Musik selbst wie befreit: *Die Musik ist fähig, sich unendlich zu variieren, sie kann unendlich flexibel sein, alles Steife und Gehemmte verschwindet. Und dann merkt man: es ist alles möglich in der Musik, Dialoge jeder Art, es ist Platz genug, wenn man nur einander lauscht, wenn nur nicht einer diktatorisch dominiert, und wenn die Dichte nicht allzu groß ist.*

In solchen Momenten kann das Erleben der Musik wie ein *kosmisches Gefühl* sein. Das gleicht dann einer *gemeinsamen Meditation. Mystische Einheit.* Jeder kann diese Einheit *als er selbst* erleben und seine *eigenen Bedürfnisse* darin erkennen. Die Spieler lernen, sich eher am Gesamtklang zu orientieren, als am eigenen Instrument oder an einzelnen Mitwirkenden (Komponist, Dirigent, Solist): *Ich muss tun, was notwendig ist für die Musik. Und dadurch kann das Wunder geschehen, dass das, was passiert, auch für den einzelnen Mitspieler gültig ist und er sich sagen kann: Das ist auch meine Musik, ich brauche nicht zu dominieren um darin vorzukommen. Viele Menschen können daran teilnehmen.* In Worten kann man nur nacheinander und abwechselnd seine Sätze formulieren. In der Musik geschieht dieser Austausch oder Wechsel *viel schneller.*

Während und nach einem solchen Ereignis fühlt sich Lars *froh und sehr stark*. Es ist für ihn manchmal wie ein *Geschenk von Gott oder vom Universum*. Übrigens bildet die Grundlage solcher Erfahrungen nicht eine Art von *sentimentaler* Schwärmerei, sondern die sehr genaue Vor-Arbeit am musikalischen *Material. Man denkt sich systematisch ins Material hinein*, beobachtet, analysiert und variiert in möglichst vielen

Parametern. Diese so geschärfte Aufmerksamkeit für einander und für die Musik verhilft dann zum *Sprung ins Ungewisse*.

Ein wichtiges Erlebnis hatte Lars einmal bei einem sommerlichen Konzert im Freien, in einem Park mitten in der Stadt. Bei diesem Konzert wurden auch Improvisationskonzepte von ihm realisiert. Es ging so *gut mit dem Publikum. Die Leute sahen alle sehr freundlich aus.* Die Musiker bewegten sich zwischen den am Boden ausgebreiteten Partiturseiten hindurch, was zugleich eine Art theatralischer Aktion war. Plötzlich entdeckte er, dass er *mit den Augen Kontakt zu den Leuten aufnehmen* konnte. Das verstärkte den kreativen Prozess noch. Es war für ihn ungewöhnlich und *aufregend*, dass der Kontakt *so direkt* sein konnte. Plötzlich hatte er den Eindruck, er verstünde jetzt etwas besser, was in den Leuten während der Musik vor sich ging.

Kommentierende Analyse

In dieser Darstellung geht es in Variationen um das Hineinkommen: in die Musik, in eine Gruppe, in das Denken anderer Menschen, letztlich in die eigene Biographie. Insbesondere werden die ›sozialen‹ Aspekte des Improvisierens berührt. Die improvisierte Musik wird als ein Medium des Kontakts, des Austauschs mit anderen Menschen gezeigt.

Der zentrale Aspekt der *Befreiung* hat viel mit der Funktion der Musik als Kontaktmedium zu tun, das Improvisieren in der Gruppe ermöglicht die Überschreitung der Grenzen der eigenen Person. Das Gefühl der Einkapselung in den eigenen Mikrokosmos wandelt sich: Es gibt doch Fenster, man kann in den Augen der Anderen etwas (wieder-)erkennen (Kontakt, Resonanz, Austausch). Und mit dieser Befreiung von sich selbst ist gewissermaßen auch eine Befreiung zu sich selbst verbunden, in der Möglichkeit, die eigenen Bedürfnisse im Hinblick auf andere Menschen zu erkennen und sie als (mindestens teilweise) erfüllbare Wünsche zu erahnen.

Die Musik wird als der verheißungsvolle *Spielraum* imaginiert, in dem alle Wünsche in Erfüllung gehen könnten, denn hier ist »alles möglich«. Es gibt – unter bestimmten Bedingungen – Platz genug für alle und vieles. Die Musik erscheint als Medium des Austauschs schneller und flexibler als die Sprache und bietet zudem die Möglichkeit der Gleichzeitigkeit (Harmonie im Sinne von Zusammenklang). Daher kann in der Musik, insbesondere im Improvisieren geradezu ein Gesellschafts-Modell aufscheinen, mit gleichberechtigten und befreiten Teilnehmern an einem kollektiven Unternehmen. Musik wird zu einem Transportmittel (Medium) des Verkehrs zwischen den Menschen.

In dem Grundverhältnis

vereint – verschieden

entsteht hier im improvisierenden Musikmachen die Hoffnung, in einem größeren Ganzen aufzugehen, ohne aber darin unterzugehen und seine Eigenart einzubüßen.

Das Zusammenbringen und Vereinigen des Verschiedenen bildet die *Hauptfiguration*, die der Tätigkeit des Improvisierens in dieser Darstellung ihren Sinn verleiht. Es ist als geriete das Seelische mittels dieser Tätigkeit insgesamt in Fahrt, in »harmonische Schwingungen« mit der Umgebung: das Seelische »versteht« sich selbst, gleichsam wie die schwingende Materie in einem unendlich beweglichen Resonanzgeschehen. Das lässt sich auch mit dem spannungsvoll-harmonischen Miteinander erotischer Verhältnisse vergleichen.

Darin macht sich ein Zug zum Ganzen bemerkbar: Es werden überall Gemeinsamkeiten gefunden, alles passt zusammen, Wünsche werden beantwortet und gehen in Erfüllung. Es wird Zusammengehörigkeit und Teilnahme erlebt, Gleichberechtigung, Geschwisterlichkeit bis hin zu einer meditativen, mystischen Vereinigungserfahrung, bei der die Ausrichtung auf einen größeren, außerhalb des Subjekts liegenden Zusammenhang (die Musik, der Gesamtklang) die Orientierung gewährleistet. Auf diese Weise erfolgt eine Dezentrierung vom eigenen Selbst, ein Absehen von sich selbst zugunsten des Gewahrwerdens eines größeren Ganzen. (Vgl. hierzu: *Unio mystica* [lat.-griech. ›myst. Vereinigung’], die ›geheimnisvolle Vereinigung‹ der Seele mit Gott; die höchste Stufe des Weges zur Gotteserkenntnis in der Mystik (Brockhaus).)

Bei so viel machtvollem Zusammenhang, so viel »Fahrt« liegt die Frage nahe, wie man da wieder rauskommt, wie vielleicht das Ganze zum Anhalten zu bringen wäre. Der Text spricht mehr vom Reinkommen, erwähnt nicht ausdrücklich die Befürchtung des Verschlungenwerdens. Die *Nebenfiguration* wird aber durch die Betonung der Verschiedenheit markiert, deutlich in dem Ausruf: »Wir sind wirklich verschieden!« Die Vereinigung braucht und fördert eine Gegenbewegung hin zur Differenz, zur Distanz, die Tendenz zur Zerlegung und zum Zerfall der Einheit. Die Nebenfiguration lebt auf in den Tätigkeiten der Beobachtung und Analyse, ihr Spielfeld ist das (Ordnungs-)System zum Beispiel der musikalischen Kategorien. Da ist von Werkzeugen und Schlüsseln die Rede, von der praktischen Bewährung im Alltagsleben, von der

Professionalisierung und vom Erwachsenwerden. Auch hiermit muss die Wirkungseinheit des Improvisierens rechnen, will sie sich nicht in einer illusionären, von der Realität abgekoppelten Wunschwelt verfangen.

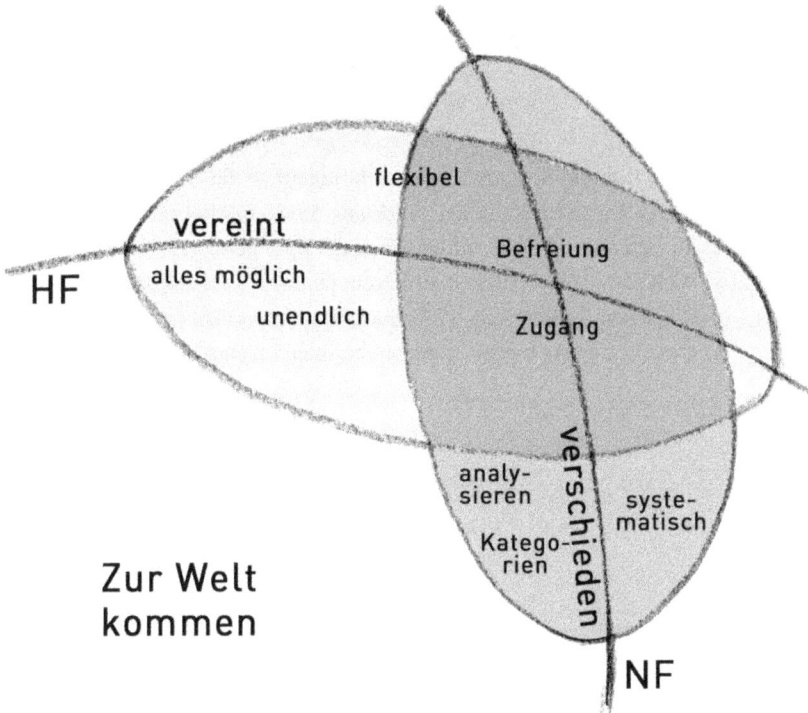

flexibel

vereint

Befreiung

HF

alles möglich

unendlich

Zugang

verschieden

analy-
sieren

syste-
matisch

Kategorien

Zur Welt
kommen

NF

Die Figurationen brauchen einander. Es wird betont, dass erst die genaue unterscheidende Arbeit am musikalischen Material, das systematische Hineindenken, die geschärfte Aufmerksamkeit für Mitspieler und für musikalische Strukturen zu den genannten Vereinheitlichungserfahrungen führen. Es entstehen Stellenwechsel, die mal als Glück, mal als Wunder oder als »Sprung ins Ungewisse« erlebt werden. Der »Sprung« deutet auf eine gewisse Plötzlichkeit hin. Die Drehpunkte führen jeweils zu Übergängen (vom »Ich« zum »Du«, vom Einzelnen zur Gruppe, neue Formen finden, von der Einstimmigkeit zum Zusammenklang), zum Überschreiten von Erfahrungs-Dimensionen.

Prototypisch für diese Übergänge erscheint die Wendung von den dramatisierten Musik-Selbst-Erfahrungen des Jugendlichen (im Dunkeln mit Sonnenbrille) hin zur quasi hellsichtigen *Schau* des Denkens und Erlebens Anderer während der Performance. Aus dem solipsistischen Allein-mit-sich-selbst-Sein, das hier auch Züge des Rückzug und der Weltflucht hat, ist eine Möglichkeit geworden, mit der Innenwelt anderer in Verbindung zu kommen, mit ihnen in der Unterschiedlichkeit vereint zu sein.

Vielleicht können wir hierin Spielarten des (nach Sloterdijk) für das Hören charakteristischen Modus des In-Seins erkennen: *Im-Klang-Sein* entfaltet sich zwischen der Versunkenheit in sich selbst und der Möglichkeit der »innigen« Verbindung mit anderen, mit der Welt. Im Musikmachen erfahren wir die »Tendenz des Zur-Welt-Kommens in Tongesten«. (Sloterdijk 1993, 305) Das Improvisieren erscheint geeignet, solche progressiven Übergangsgestaltungen beispielhaft entstehen zu lassen.

III.3.8 Christian – Im Einklang

Schon als Kind hat Christian alles Mögliche in Musik umgesetzt: *Bilder, Vorstellungen, Träume*. Die Kunstbände der Eltern mit Bildern von Landschaften usw. wurden aufs Klavier gestellt; die *Glocken am Kölner Dom* waren ein Thema, nach dem er stundenlang spielen konnte.

Heute macht er manchmal Musik für Filme. Dann sitzt er am Klavier, schaut sich einzelne Szenen an, der Regisseur sitzt neben ihm, und er probiert einfach mal etwas aus. Das geht gut mit dem Improvisieren, es sollen keine *fertigen Kompositionen* sein, *eher so Momente, eine Stimmung oder die Psychologie einer Figur. Der erste Einfall ist meistens der beste*, den notiert er sich dann auch. Beim Auskomponieren wird *jeder Ton drei-, viermal gedreht, was oft ja nicht so gut ist*. Überhaupt ist das Improvisierte oft besser als das Komponierte. Das war bei seinem Vater, einem Kunstmaler, auch schon so: die Mutter sagte immer, die Skizzen und Entwürfe, die er *so hingeworfen* hatte, seien *viel stärker als die fertigen Bilder*. Aber *man nimmt sich oft nicht die Freiheit*. Oder man ist *nicht kühn genug*.

Wenn man *etwas Besonderes* will, *funktioniert es nicht*. Christian mag sich manchmal selbst nicht mehr hören. Vielleicht ist es sein *ausgeprägtes Harmoniebedürfnis*, das ihn bei *Hergebrachtem* verweilen lässt. Er hat den Wunsch, noch deutlicher eine *eigene Sprache, eine persönliche Handschrift entwickeln* zu können. Es schwebt ihm vor, dass er *kühnere, freiere Klänge* mit einer *klaren Form* zusammenbringen könnte. Die Musik Bartóks regt ihn dazu an und zeigt ihm eine mögliche Einstellung: *nicht so wühlen im Klang*, nicht diese *schmutzigen Klänge*, wie etwa bei Reger – *auf der Orgel kann man sich ja so reinschmeißen. Eher etwas distanzierter; sich freimachen für eine klare Form. Man ist ja oft deprimiert, wie es in der Welt so läuft; das auch noch in die Musik reinzubringen* ist vielleicht gar nicht gut. Angesichts der Weltlage gibt es eine *Sehnsucht nach Klarheit* und nach *Strenge; Klarheit der Linien und der Form*, auch wenn die Klänge kühner sein müssen.

Es ist merkwürdig: in manchen Augenblicken denkt Christian, dass die Musik, die er gerade spielt, gar nichts mit ihm zu tun hat. Und das sind die *besonders guten Momente*. Er empfindet es so, als ob etwas durch ihn *hindurchgeht*, was *völlig unabhängig* von ihm ist. Es ist wie ein *Strömen von Energie*, wie elektrischer Strom. Da ist er irgendwie außen vor – und gleichzeitig fühlt er sich ganz mit sich selbst *im Einklang*. Es klingt vielleicht *sehr pathetisch*, aber in diesen Momenten kommt es ihm tatsächlich so vor, als gebe es *eine geistige Kraft, die etwas lenkt*. Wenn es gut ist, scheint das wenig mit ihm zu tun zu haben, mit seinem Können und seinen Fortschritten. Er hat in diesem Zusammenhang gar *keine Vorstellung von Fortschritt oder Entwicklung.* Mehr von In-Einklang-Kommen und Von-sich-Absehen. Das geht ihm auch so, wenn es ihm mal gelingt, ein Stück von Bach so zu spielen, als ob er – wie beim Improvisieren – *so darüber stehen* würde. Es ist am Schönsten, wenn man den Eindruck hat, das Stück sei wie eine Improvisation im Moment erfunden worden.

Wenn er komponierte Stücke aufführt, ist er oft nervös, besonders wenn er die Musik sehr bewundert. Er gerät manchmal *ins Zittern,* einfach weil er die Komposition *so toll* findet. Beim Improvisieren fällt die Nervosität sofort von ihm ab. Wenn er den Chor und das Orchester dirigiert, gibt es die guten Momente auch manchmal; das sind *genau dieselben Sachen:* dass *etwas durch einen hindurchgeht,* dass man spürt, *die Zuhörer und die Musiker sind alle auf einem Level.* Alles fühlt sich *richtig und wohl* an. Das spürt man vor allem auch in den *Pausen* und *nach dem letzten Ton:* da hat man oft das Gefühl, dass etwas *im Raum* ist, was durch die Musik hervorgerufen wird, eine Spannung, die geradezu wie *Elektrizität* wirkt. Man spürt das als *ein Strömen,* das regelrecht mit den Händen zu gestalten ist. Man spürt *richtig körperlich,* dass *alle bei einem Geschehen* sind. Aber das geschieht leider nicht allzu häufig.

Wie kommt man beim Improvisieren von Ton zu Ton? Man hört das! Christian macht möglichst beim Spielen *die Augen zu* und dann hört er innerlich einen Klang und weiß, *jetzt muss es so und so laufen.* Manchmal lässt er sich ein Thema geben, über das er improvisiert. Ein Volkslied oder einen Choral. Dann lässt er sich erst mal von dem Thema *angucken.* Das macht er gerne so, dann kommt er leichter auf *neue Gedanken.* Aber es ist die ganze *Situation,* die ihn zum Spielen bringt. Allein im Studio eine Improvisationsplatte aufzunehmen, das würde nicht gehen. Das Publikum ist ungeheuer wichtig. Es muss immer Öffentlichkeit da sein. Und es ist, als ob das Publikum auch in einer bestimmten Verfassung oder Bereitschaft sein muss, damit es gut geht.

Christian ist beim Spielen *sehr wach, sehr empfindlich für alles was passiert – mit allen Vor- und Nachteilen.* Er fühlt sich *absolut schutzlos.* Eigentlich bräuchte er Wächter, die ihn schützen, während er spielt. Manchmal fällt ihm auf, wie sehr man sich *offenbart* und *bloßstellt,* wenn man öffentlich improvisiert. Man zeigt etwas, was *ganz viel mit einem selbst zu tun hat,* eine *ganz intime Geschichte.* Ganz intim und zugleich ganz öffentlich. Das ist genau die widersprüchliche Spannung des Improvisierens.

Kommentierende Analyse

In eine Reihe unterschiedlicher künstlerischer Kontexte und Tätigkeiten wird hier das vorwiegend öffentlich-konzertante Improvisieren einzuordnen gesucht. Es wird ins Verhältnis gesetzt zu bildnerischem Handeln (Skizze, Entwurf, fertiges Bild), zum Komponieren, zum Aufführen und Interpretieren komponierter Musik.

Am einen Ende des Bogens ist das Unfertige, Skizzenhafte, spontan Hingeworfene – am anderen Ende das Ausgearbeitete, das Vollendete. Man könnte meinen, dass Tätigkeiten wie Improvisieren, Skizzieren, Entwerfen etc. ausschließlich dem einen Pol zugeordnet sind, während die Kompositionen etc. in ihrer Vollkommenheit allein den Gegen-Pol markieren. Betrachtet man jedoch die seelischen Produktionsprozesse beim Herstellen oder Rezipieren künstlerischer Gestalten, wie sie in diesem Gespräch herausgestellt wurden, stellt sich die Sache komplexer und verschachtelter dar. Wir erfahren von ständigen und vielfachen Übergängen zwischen den genannten Polen, sowohl beim Improvisieren, wie auch beim Interpretieren von Kompositionen oder beim Komponieren. In den als besonders bemerkenswert herausgehobenen Momenten scheinen die Gegensätze kurzzeitig aufgehoben. Darin scheint geradezu der psychologische Sinn des Ganzen, gewissermaßen das verspürte Ziel des Musizierens zu liegen.

Von der Systematik der Haupt- und Nebenfiguration her scheint das Improvisieren dazu beizutragen, das spannungsvolle *Grundverhältnis*

roh – entwickelt

immer wieder in Gang zu bringen oder zu halten. Beide Worte bekommen als Verhältnisbegriffe erst in Relation zu einander oder zu einem anderen Gegenbegriff einen Sinn. Sie verweisen immer schon auf ein jeweils Anderes. Eine Speise als roh zu bezeichnen deutet zugleich die Möglichkeit an, sie zu kochen. Mit ›roh‹ ist der Status des Un-Gekochten, allgemeiner des Nicht-Zubereiteten, des noch nicht Verarbeiteten im Verhältnis zu einem anderen Status der Verarbeitung oder Verfeinerung gemeint. Man denke etwa an einen rohen, unbehauenen Stein in der Werkstatt eines Steinmetzen oder Bildhauers, in dem *in potentia* in den groben Formen unterschiedlichste Möglichkeiten enthalten aber noch nicht verwirklicht sind. Ebenso verweist ›entwickelt‹ auf einen Prozess der allmählichen Differenzierung.

In einer ersten Figuration (Hauptfiguration) stellt sich das Improvisieren dar als eine Tätigkeitsform, die den aktuellen Augenblick betont und zuzuspitzen sucht. Sie ist verbunden mit Ausdrücken wie: »der erste Einfall ist der beste, im Moment erfunden, so hingeworfen, einfach mal probiert«. Der Gesprächspartner verspricht sich davon eine Verdeutlichung des Eigenen, des Persönlichen im Ausdruck, sozusagen in Umgehung der Rücksichten und Skrupel bezüglich des »Hergebrachten« und dessen als so verpflichtend erlebten Gestalthöhe. Die Gefahr ist, in ein »Gewühl« zu geraten. Hier wird gewissermaßen eine Verrohung, eine Brutalisierung (Sexualisierung?) der Klänge und ein Abgleiten in Deprimiertheit befürchtet. Es scheint um eine Gratwanderung zu gehen oder um einen Kampf gegen unterschiedliche Befangenheiten: In der Radikalisierung des Augenblicks geht es sowohl um Individualisierung als auch um Distanzierung von sich selbst, was in die Formel gefasst wird: sich frei machen für kühnere Klänge in klaren Formen.

Und hier bemerken wir das Mitwirken einer zweiten Figuration (*Nebenfiguration*) an der Tätigkeitsform des Improvisierens. Bei aller angestrebten Unmittelbarkeit, Spontaneität, Augenblicksbezogenheit wirkt doch immer auch die gesamte Erfahrung des Musikers, das Wissen um die überlieferten Formen künstlerischen Ausdrucks mit.

Die *eigene* Sprache wird gesucht *im Verhältnis* zum Hergebrachten, nicht unabhängig davon. Und diese Überlieferung stellt einerseits einen unerschöpflichen Speicher *allgemeiner* Formen dar, die bewundert und verehrt werden. Andererseits setzt sie Maßstäbe, die wiederum zu Befangenheiten führen. Was bin ich schon, was kann ich schon sagen angesichts dieser großen Werke? Die Tätigkeiten, die der Nebenfiguration entsprechen, werden im Wesentlichen mit dem Komponieren oder dem Spielen komponierter Musik in Verbindung gebracht, sind aber auch beim Improvisieren wirksam: mehrmals drehen, ausarbeiten, ausformulieren, vergleichen, einem Vorbild folgen, sich am »Hergebrachten« orientieren, klare Formen gestalten.

Das Improvisieren zielt nicht das ›Rohe‹ selbst an, ebenso wie das Spielen von Kompositionen nicht nur die perfekte Reproduktion anstreben kann. Gesucht wird jeweils vielmehr nach der Realisierung von Übergangserfahrungen: dabei betont das Improvisieren den Übergang vom ›Rohen‹ zur klaren Form, während das Interpretieren von komponierter Musik die Erneuerung, Verlebendigung des ›Fertigen‹ zu bewerkstelligen hat. In beiden Richtungen geht es sowohl um Belebung wie um die Kultivierung seelischer Formenbildungen. Eines wäre ohne das andere leblos-maniert bzw. wirr-banal.

Insofern wird es verständlich, wenn der Gesprächspartner es als eine Art Ideal ansieht, ein komponiertes Stück einmal so spielen zu können, als sei es im Moment erfunden worden. Oder umgekehrt: so improvisieren zu können, dass die kühneren, freieren Klänge, obgleich sie deutlich seine Handschrift trügen, in einer klaren strengen Form zum Ausdruck kommen. Ziel beim Improvisieren ist also nicht das Bruchstückhafte, Sinn der Skizze nicht ihre Unfertigkeit. Beides ist eher ein Kunstgriff, eine Hilfsmethode, um die Prozesshaftigkeit in Gang zu halten oder zu steigern.

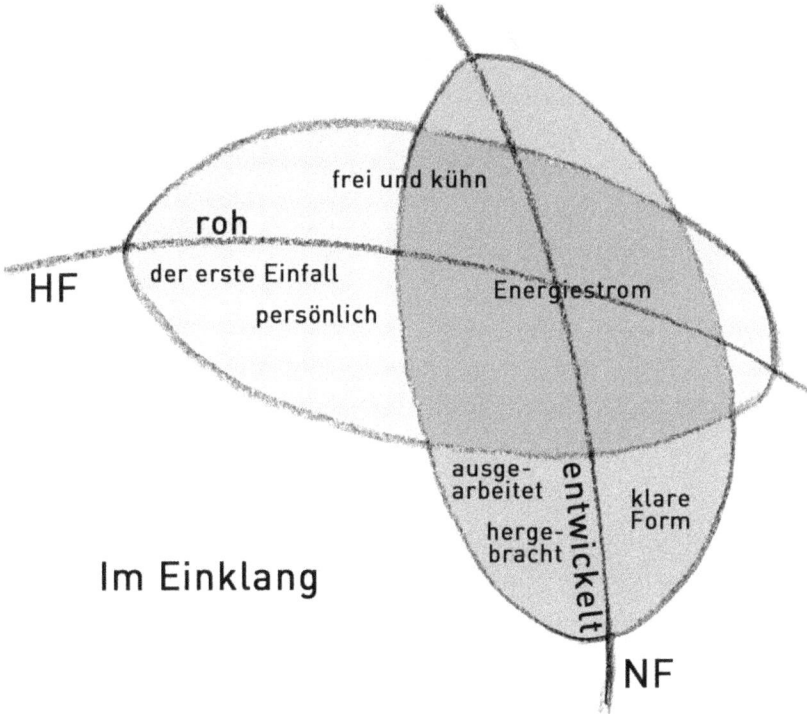

Es wird hier also von den Übergängen zwischen dem Banalen und dem großen bedeutungsvollen Augenblick berichtet. Das Besondere ist nicht allein durch absichtsvolles Handeln, durch Fleiß und Planung erreichbar; da entsteht eher Befangenheit. Die Tätigkeitsform des spontanen Improvisierens scheint aber mit der Zuspitzung des

Augenblicks Kunstgriffe anzubieten, bei der die Befangenheit abfällt: der erste Einfall ist der beste, die schnelle Skizze ist stärker als das ausgeführte Bild.

Etwas sehr Unterschiedliches (Gegenläufiges?) soll zusammengebracht werden: das prononciert Eigene (persönlich, kühn) – und etwas Allgemeines (Klarheit, Form, Strenge). Das erinnert an bestimmte chemische Reaktionen: Wenn es gelingt, die entsprechenden Ingredienzien zusammenzubringen, vollzieht sich eine dramatische Wendung oder Verwandlung, die alles in *einer* Strömung mitreißen kann. Für einen zeit- und entwicklungslos erscheinenden Moment sind die Widersprüche aufgehoben (im Sinne von *erhoben* und zugleich *befriedet*): man kann sich mit sich im Einklang fühlen und *zugleich* von sich absehen.

III.3.9 Almut – Aufgeben

Schließlich kam ihr das englische Wort *surrender* doch passend vor. Almut hatte aus einer Sammlung von Karten dieses eine Wort blind herausgezogen, als sie sich auf ein Improvisationskonzert mit ihrem Ensemble vorbereitete und nach einem inneren Motto suchte. Sie übersetzt es mit *aufgeben*, und *sich aufgeben*, im Sinne von »sich ergeben«. Es bedeutet auch »sich hingeben« und »die Waffen strecken«, die *militärische Kapitulation*. Zunächst dachte sie, mit dieser »Wahl« habe sie etwas *falsch gemacht*. Doch nachdem sie sich den Tag über mit ihrer Bratsche beschäftigt hatte, bemerkte sie eine *unheimliche Erleichterung*. Der Gedanke an dieses Wort – in seiner Gegenposition zu »siegen« – entlastete sie von der Vorstellung, *ständig die Oberhand behalten zu müssen: ich gebe das jetzt einfach mal alles auf, in wessen Hände auch immer – und spiele, was kommt.*

Als Kind hatte sie, lange bevor sie lesen und schreiben lernte, von ihrer Mutter eine alte Blockflöte geschenkt bekommen. Schon bald begann sie herauszufinden, *wie man darauf Lieder spielen kann*. Sie spielte alle Lieder, die sie kannte und dachte sich ständig neue Melodien aus. Sie sang und spielte immer so vor sich hin. Wahrscheinlich hat das nie jemand gemerkt, jedenfalls wurde keine Notiz davon genommen. Sie kommt vom Dorf und ist mit den Eltern und drei Geschwistern in einer *ganz engen Wohnung* aufgewachsen. Da war *sowieso kein Raum für Musik*, so dass sie mit ihrer Flöte meistens nach draußen ging. Es gab Lieblingsplätze, *eine Wiese mit ganz hohem Gras und großen Bäumen* oder ein Platz am Bach, wo sie den Geräuschen des Baches zuhörte, einer feinen Musik, bei der sie oft halblaut mitsummte.

Dieses Lauschen, Summen, Singen und Spielen wurde für Almut zu einem ganz eigenen *Bereich*, den sie mit niemandem teilte, auch nicht mit den Geschwistern. Dadurch konnte ihr *keiner reinreden* und sie fühlte sich hier – ganz anders als sonst – von *Anforderungen und Erwartungen* frei. Wenn ihr die *Geschäftigkeit*, die Enge und *Spannung* zuhause *zu viel wurde*, ging sie einfach weg. Manchmal war es wie eine Flucht in eine angenehme *melancholische Einsamkeit*. Hier machte sie *eine erste Erfahrung*, wer sie war. Sie spürte: *Das war meine Musik und die war nur für mich.* Wenn sie in diesem Musizieren auch allein war, sozusagen außerhalb der Familie, so spiegelte sich darin doch die Musikkultur ihrer Umgebung: die Lieder der Mutter, des Kindergartens, der Schule und auch die (wenigen) *Klassikplatten* der Familie, die sie *in- und auswendig* kannte.

Als sie sich später zum Musikstudium entschloss, kam ihr das fast wie eine Trotzreaktion gegen ihre Familie vor, die ganz andere Erwartungen an sie gehabt hatte. *Jetzt gerade, jetzt trotzdem!* Durch den fehlenden familiären Hintergrund und Rückhalt in Bezug auf das Musikmachen kam ihr im Studium immer wieder das Gefühl auf: *ich bin hier falsch, ich kann das gar nicht,* ich gehöre nicht dazu.

Wenn es um das Improvisieren ging, zeigte sich aber zu ihrem großen Erstaunen, dass sie dafür sehr gute Voraussetzungen mitbrachte. Durch ihre fast lebenslange verborgene Beschäftigung mit Melodien hatte sie sich genaue *Vorstellungen vom Tonraum entwickelt.* Die Fähigkeit, sich etwas vorzustellen und dies auch klanglich umsetzen zu können, kam ihr in den Improvisationsgruppen, in die sie nun hineinkam, sehr zugute. Bei ihren musikalischen Aktivitäten in Gruppen schien ihr die Frage nach der Zugehörigkeit immer wichtig zu sein, so, als suchte sie im Musikmachen (auch) nach Modalitäten, wie mit anderen Menschen und in Gruppen zurecht zu kommen ist. Momente, in denen man *dabei sein kann,* ohne seine Daseinsberechtigung immerfort beweisen zu müssen, in denen man *zur Gruppe gehören kann, auch wenn man in dem Moment nicht spielt,* hebt Almut als besonders beglückend, ja *befreiend* hervor. Vielleicht weil dann der Zweifel »bin ich hier richtig?« für eine Weile zum Schweigen gebracht wird. Es sind Situationen, die nicht von *Konkurrenz,* sondern eher von Ergänzungsverhältnissen bestimmt sind.

So war es auch einmal, als sie in einem Konzert mit ihrem Ensemble in eine solistische Position geraten war und im Rampenlicht stand. Sie fühlte sich dort nicht ganz wohl, wusste nicht, ob sie da richtig war – bis sie merkte, dass der Pianist ihre Melodien ergänzte: er spielte Klänge, die besonders in ihren Pausen zu hören waren, und von denen sie sich *ermutigt* und *inspiriert* fühlte. Die Unsicherheit, *wie es weitergehen sollte,* verschwand. Wenn sie seine Klänge hörte, wusste sie, was sie daraus machen, was sie *dazu spielen* konnte. Er bestimmte überwiegend – abgeleitet von ihrem Spiel – die Klangfarben, sie bestimmte von da her, wie es weiterging. So gab es immerfort *Schaltstellen* zwischen ihr und ihm.

Zwei wichtige Lehrer gab es in ihrer Improvisationsausbildung. Sie vermittelten ganz unterschiedliche Haltungen: der eine hatte besonders hohe *Ansprüche* in technischer Hinsicht: *Improvisieren heißt nicht, einfach irgendwas machen.* Es wurden Skalen und Rhythmen geübt. Man sollte in der Lage sein, *das, was man sich musikalisch vorstellt, auch umsetzen zu können.* Die andere hielt nichts vom langen Üben und Überlegen; sie setzte ganz auf den spontanen Ausdruck in »Klanggesten«: Improvisieren ist *voraussetzungslos*, das kann jeder, *das machen die Finger* allein; man muss sich nur weit genug von den eingefahrenen Bahnen entfernen. – Bei beiden Musikern spielte sie eine Zeitlang mit, ohne für einen der beiden ganz Partei zu ergreifen. Einmal versuchte sie auch (vergebens), die beiden in Verbindung bringen. Sie fand, dass sich da etwas gut ergänzen würde. Später schrieb sie eine wissenschaftliche Arbeit über beide.

Im Grunde ist die Bratsche ein gutes Instrument für Almut. Sie war nie eine »erste Geige« oder jemand, der sich hervortut. Sie fühlte sich viel wohler in Gruppen, die ein Verbindungsstück brauchten zwischen den hohen exponierten und den tiefen Rhythmus- und Bassinstrumenten. In dieser Funktion ist sie auch in ihrer jetzigen Gruppe; das will sie aber ausbauen, um nicht nur eine Kittfunktion, sondern eine selbständige Funktion zu haben.

Doch sie sucht noch etwas anderes in der Gruppe, etwas, was über das Aufgehoben-Sein und das Vermitteln der Extreme hinausgeht. Wie lässt sich das beschreiben? Sie spricht von einem plötzlichen *Qualitätssprung*. Es *entsteht eine Sache, die wirklich eine Gruppenleistung ist! Viel mehr als die Einzelteile.* Die ganze Gruppe scheint die Sphäre des Fragens, der Zweifel, der Entscheidungen für einen Moment verlassen zu haben. Jetzt ist alles *völlig unkompliziert*. Man braucht sich *nicht mehr rechtfertigen*. *Das hat was von »Eins-Sein«, Aufgehoben-Sein, sich auf einer Ebene verstehen, wo man sich eigentlich nicht verständigen kann. Jeder spürt: die anderen haben das auch gemerkt, und das schafft ein ganz starkes Zusammengehörigkeitsgefühl. Da gibt es keine Fragen mehr, da gibt es nur noch Integration.* Es ist der Moment, wo das Denken aufhört. Almut vergleicht dies mit *spirituellen Erfahrungen* in der Meditation: der Moment, wenn alle verschiedenen Stimmen schweigen. *Surrender, aufgeben.* Wer bin ich – und *was kommt dann, wenn ich einfach spiele*?

Kommentierende Analyse

Diese Erzählung über das Improvisieren kann von dem *Grundverhältnis*

behaupten – aufheben

her erschlossen werden. Beide Begriffe haben mehrere Bedeutungen. *Behaupten* heißt einerseits als transitives Verb *etwas entschieden sagen* (ohne es beweisen zu können); als reflexives Verbum kommt es als *sich behaupten* vor, im Sinne von *sich durchsetzen*; *aufheben* hat neben dem vom Boden aufheben oder *hochheben* besonders zwei gegensätzlich erscheinende Bedeutungen: etwas *aufbewahren,* auch *versorgen, bergen* (hier ist man gut aufgehoben) – und etwas außer Kraft setzen, *auslöschen* (das eine hebt das andere auf). Der verbindende Sinn zwischen diesen scheinbar so weit auseinanderliegenden Bedeutungen (bergen und auslöschen) liegt in der Bewegung des Einnehmens oder Eingenommenwerdens und deren jeweils unterschiedlicher Funktion. Etwas kann in der Geborgenheit gerettet sein, oder aber darin untergehen, seine Eigenart einbüßen.

Das Grundverhältnis behaupten – aufheben verweist auf Prägnanzprobleme: jede Profilierung steht in einem Spannungsverhältnis zu den Möglichkeiten der Integration in Anderes. Wie kann ich etwas behaupten, ohne den Bezug zu anderen (anderem) zu verlieren? Wie ist unverwechselbare Identität möglich, ohne damit in Isolation zu geraten?

In Bezug auf das Improvisieren ist die Frage von Bedeutung: Wie können ausgeprägte, charakteristische Formenbildungen in einen Gesamtzusammenhang integriert (oder aber isoliert) werden? Diese Frage kann sowohl auf die morphologische Entwicklung eines Stückes wie auf das Zusammenwirken von Musikern in einer Gruppe bezogen werden.

Im vorausgehenden Text zeigt sich das Grundverhältnis beispielsweise in Varianten wie Siegen – Kapitulation; für sich sein – dabei sein; selbständig – zugehörig; Konkurrenz – Ergänzung; sich rechtfertigen – aufgehoben sein.

Wir erfahren, wie sich hier jemand vorübergehend eine eigene Welt aufbaut, eine Welt, die *neben* dem beengenden familiären Zusammenhang entsteht und mit niemandem geteilt wird. Eine geschenkte Flöte wird zum Zentrum dieses exklusiven Wirkungskreises (Wiese, Bach und Bäume spielen mit), der keimhaft ein Entwicklungsversprechen enthält: hier kann man sich (wieder) finden und das Eigene und Unverwechselbare selbstbestimmt ausbilden. Spielen, Summen und Singen bilden die Grundlage zur Gestaltung und Entfaltung dieses Bereichs.

Eben diese Tätigkeiten sind es, die es Almut später ermöglichen, eine Vermittlungsfunktion in Gruppen zu übernehmen. Es ist, als ob das Improvisieren geradezu eine Mittelstellung einnehmen würde zwischen dem Zu-sich-Kommen und dem Integrieren von anderem oder in anderes.

Die *Hauptfiguration* drängt auf Eigen-Sein (auch als Eigensinn, Trotz), Selbst-Bestimmung und -Entfaltung, Grenzsetzung. Anders gesagt: dem Sich-Behaupten und

Zu-sich-Kommen gilt in diesem Falle zunächst das Hauptinteresse beim Improvisieren als ein vitales, existentielles Bedürfnis, das verfolgt und verteidigt werden muss. In der Selbstbehauptung wird aber immer schon das Bedürfnis spürbar, irgendwo anzukommen, dazuzugehören, Platz und Berechtigung in einem größeren Rahmen zu finden, aufgehoben zu sein (*Nebenfiguration*).

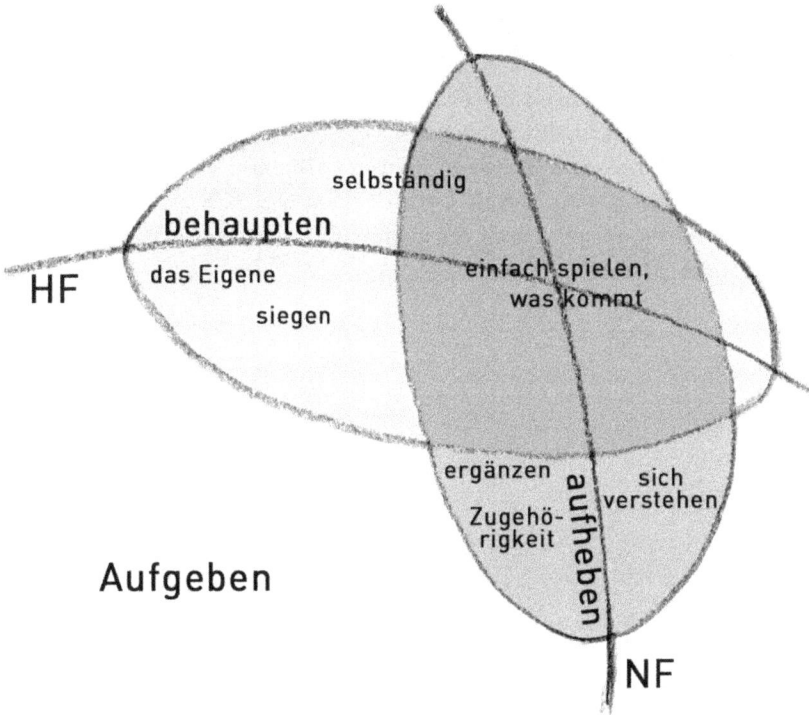

Die Formulierung *einfach spielen was kommt* bezeichnet zutreffend die Mittel-Stellung, die das Improvisieren zwischen behaupten und aufheben in den genannten Figurationen einnehmen kann: zwischen dem aktiven, vielleicht sogar expressiv-expansiven Pol des (*einfach spielen...*) und der eher »rezeptiven« Einstellung, sich dabei einer anderen Regulation (als der selbst-bestimmten, bewussten) zu überlassen

175

(*...was kommt*). Der Verkehr zwischen den Figurationen wird mit dem Improvisieren als eine *Vermittlungsfigur* ausgestaltet, die anstelle der absoluten Herrschaft *einer* Figuration (extremisiert zum Beispiel als abschotten *oder* unterordnen denkbar) ein Sowohl-als-auch kultiviert. Die Improvisationsgruppen fungieren als Übungsfelder, die wissenschaftliche Arbeit kann als Frucht dieser Kultivierungsbemühungen angesehen werden.

In besonderen Augenblicken wird ein Zug ins Ganze spürbar wirksam, der das Hin und Her des Vermittelns, des Zweifelns, Denkens und Entscheidens für einen Moment anhält oder aufhebt und ein Gefühl *überpersönlicher* Einheit aufkommen lässt. Die Momente »*wo das Denken aufhört*« können als Hinweise dafür gelten, dass es eine Wunsch-Tendenz gibt, den »Übergangscharakter der Wirklichkeit ... durch einen Zugriff auf das Ganze, zum Stehen zu bringen.« (Blothner 1993, 144) In den beschriebenen Erfahrungen der Einheit lässt sich ein solcher »Übergang zum Ganzen« (ebd.) erkennen, wie er im Rahmen des Improvisierens belebt werden kann. Freilich nur für »zeitlose« Momente.

III.3.10 Sonja – Das Bett auf der Straße

Als Kind hat Sonja auf der Straße oft Räume gezeichnet: auf nacktes Pflaster, mitten auf dem Weg, zeichnete sie Räume, Betten. Dann hat sie sich da hingelegt. Die Passanten gingen vorbei. Sie hatte ihren Raum abgesteckt. Das bedeutet für sie auch Zeichnen: einen Raum bezeichnen und abgrenzen.

Mit dem Singen gelang ihr etwas Ähnliches. Wenn sie Angst hatte oder sich einsam fühlte, sang sie vor sich hin. Sie sang auch, wenn sie fröhlich war, *aber das Andere, das Traurige war eher das Wichtigere*. Sie sang und summte eigentlich ständig beim Spielen, weil sie viel allein war. Dann erfand sie Lieder und ganze Geschichten für ihre Puppen. Oder auch vor dem Einschlafen. Mit dem Singen wollte sie einen *richtigen Raum um sich schaffen, wo keiner mehr rein kann, einen sicheren Raum*. Und singend war sie nicht mehr allein, das Singen und Summen war *wie eine Quelle ständiger Begleitung: hier ist noch jemand, der ist dabei und der singt dir was. Beschützend*. Es war ihr nicht wichtig, ob das jemand in ihrer Umgebung hörte oder nicht, darauf achtete sie gar nicht. Sie war dann wie *versunken* in ihre *eigene Welt*.

Diese Art des Singens, diese Zwiesprache mit Tönen, hat sie nie aufgegeben. Mit Singen kann sie sich noch heute beruhigen, wenn sie aufgewühlt ist oder Kummer hat. Sie singt aber auch, wenn sie sich freut. Manchmal spielt sie dann auch Klavier, aber das Singen liegt noch näher. Sie beginnt vielleicht mit einem Geräusch-Laut, einem einzelnen Ton, einem hörbaren Ausatmen. Lange, tiefe Töne, ganz kleine Veränderungen. Dann sucht sie nach einem *Klangvolumen*, in dem sie etwas von ihrer Kraft spürt. Die Tonhöhe steigt, es gibt dynamische Wechsel, Sprünge, Abrutschen. *Es ist dann wichtig, dass ich etwas forme, was mich beschäftigt, wiederkehrende Worte, die für mich dazu passen, Laute in einer fremden Sprache. Klagegesänge*. Es hat viel mit dem Atmen zu tun, dem Ausatmen. Dabei bewegt sie sich auch, wiegt sich oder läuft im Raum umher. Sie spürt, dass etwas durch sie hindurchfließt. Irgendwann ist es dann genug, es wird leiser, klingt aus. *Danach bin ich ruhiger und fühle mich meistens viel wohler, als hätte ich mich meiner selbst richtig versichert*.

Merkwürdigerweise hatte sie diese Art des Singens und Agierens früher nicht mit ›Musik‹ in Verbindung gebracht. Musik war: wenn man Noten kann und das und das spielen kann, dann kann man auftreten. Ich bin aufgetreten, habe Applaus bekommen; aber das andere, was ich gemacht habe, das war privates Vergnügen.

Im Musiktherapie-Studium bekam dieses Spiel dann eine ganz andere Bedeutung. Sonja erfuhr zu ihrem Erstaunen, dass es für das, was sie so für sich selbst entwickelt hatte, Namen und Worte gab. Das ›Improvisieren‹ wurde zu einer benannten und anerkannten Tätigkeit, die man mit anderen zusammen machen und besprechen konnte, die gelehrt und bewertet wurde. Das Spielen in der Studien-Gruppe ging oft *eher ins Rauschhafte. Wenn einfach etwas entsteht und plötzlich fließt es. Und das Denken ist weg. Und ich bin einfach in diesem Zustand von Entstehen-Lassen drin. Dieses Ineinanderweben: und plötzlich entsteht aus diesen Impulsen von beiden Seiten etwas Neues. – Alle möglichen Zustände und Stimmungen* waren auf diese Weise zu erfahren, wobei sie immer das Gefühl hatte: *das ist ganz viel wert – und es hat mit mir zu tun.*

Neben diesen offenen und freien Improvisationsexperimenten mit verschiedensten Instrumenten waren Fertigkeiten zu entwickeln, Instrumente zu lernen, Jazzimprovisation und Stilistik zu üben. Obwohl sie gerne Jazz spielte, hat sie es auf diesem Gebiet nicht sehr weit getrieben. Denn dann hätte sie üben müssen. Das Arbeiten und Üben war für sie mit der komponierten, der ›klassischen‹ und gewissermaßen offiziellen Musik verbunden. Das Improvisieren aber sollte nichts mit ›Arbeit‹ zu tun haben. Sie wollte es ganz frei halten von eigenen oder fremden Ansprüchen und Leistungserwartungen. *Ich habe da so meine Nische, ein bisschen Verweigerung immer.* Die Improvisationen sollten *immer ganz frei entstehen.* Sie lacht, während sie das sagt, denn hier liegt ein Problem: die frei entstehende Improvisation erscheint ihr nämlich inzwischen viel zu *intim* und *privat,* zu *direkt,* um sie anderen zu Gehör zu bringen. Sie ist wie ein *direktes Abbild* ihrer selbst: *das bin ich, da ist gar nichts zwischen.* Und diese direkte Mitteilung ist ihr mittlerweile *einfach zu heiß.* Andererseits gibt es aber auch das Bedürfnis, sich anderen mitzuteilen, einen *Wunsch nach Öffentlichkeit.*

Möglichkeiten der Distanzierung sind Sonja aus ihrer bildnerischen Tätigkeit vertraut, in der sie durchaus auch sehr persönliche, ja geradezu intime Themen verarbeitet. Zum Kunstwerk gehört für sie *das bewusste Gestalten, das Planen und Wiederholen, das Weiterführen und Üben,* eben jene Tätigkeiten, denen sie sich bei der musikalischen Improvisation bislang verweigerte: dort hat *sie immer nur das Ganze wieder neu aufgegriffen, nie Lust gehabt, Elemente zu isolieren,* zu übertragen, zu erforschen.

Das Kunstwerk soll aber – so ihr Anspruch – *kritischen Augen* standhalten können. Sie will sagen können, was sie sich dabei gedacht hat und beweisen, dass sie das artikulieren kann – *und gleichzeitig geht es schon um etwas Privates.* Zum Beispiel bei dem Kanzelbehang, den sie für eine Kunstausstellung in einer Kirche entworfen hat. Darauf ist ein unbekleideter weiblicher Unterleib zu sehen. Das Tuch heißt »Bleibt in mir«. Es ist eine Abbildung ihres Körpers – und auch wieder nicht. Es wurde ein Photo gemacht, von dem Photo ein Abdruck, und davon wiederum ein Abdruck auf dem Tuch. Ein mehrfacher Abdruck, mehrere Schritte der Distanzierung, die das Ganze in einen neuen Zusammenhang bringen. Das Bild zeigt nicht mehr (nur) sie, aber es hat mit ihr zu tun. Das ist die künstlerische Arbeit. Hier will sie etwas *durchziehen*, sich den Ansprüchen und der Öffentlichkeit stellen. *Es geht schon darum, für meine Kindheitsgeschichte, für das, was mich beschäftigt, eine Sprache zu finden.* Sie sucht nach *Dreh-dreh-dreh-Möglichkeiten*, mit denen sie ihrem Thema eine neue Qualität abgewinnen kann und es, indem sie es von sich weg und in andere Zusammenhänge stellt, weiter voranbringen kann. Sie will ihr *Thema in eine Form bringen.* Das ist harte Arbeit und hat erst mal *nichts mehr mit Lust zu tun.*

Solche distanzierenden und verfremdenden Bearbeitungen hält Sonja bei der Musik auch für möglich. Es würde sie interessieren, Versuche mit elektronischen Medien zu machen, *mehr dieses Mixen.* Geräusche mischen, Stimmen verfremden, *Bausteine* herstellen, *sie dann ordnen, strukturieren, anders zusammensetzen, aber aus der distanzierten Position.* Eher Kompositionen als Improvisationen. *Sparsame Essenzen.* Das Schwelgerisch-Rauschhafte liegt ihr – zumindest was die öffentliche Präsentation angeht – mittlerweile fern. Vielleicht will sie das musikalische Gestalten aber auch wirklich *aus dem Leistungsfokus weg* halten und das *Spielerische bewahren.* Etwas muss *intim* bleiben.

Kommentierende Analyse

Diese Erzählung lässt sich lesen als eine Schilderung vielfacher Übergänge: vom Privaten, Intimen ins Öffentliche und zurück, vom Musikalischen ins Bildnerische. Immer wieder hören wir von Bewegungen der Selbstvergewisserung, des Zu-sich-Findens und andererseits von Ausdruckswünschen, dem »Wunsch nach Öffentlichkeit«. Es ist eine Geschichte der Drehfiguren und Stellenwechsel.

Die musikalische Improvisationsgeschichte beschreibt hier eine Art Schleifenbewegung: von der einsamen Aktivität des Vor-sich-hin-Singens über die Erfahrungen in der begrenzten Öffentlichkeit des Studiums wieder zurück in den privaten Raum. Am Schluss (»Etwas muss intim bleiben«) steht als Fazit die Unmöglichkeit, für andere zu improvisieren. Über weite Strecken wird über bildnerisches Gestalten erzählt, wobei zugleich – im Kontrast – immer etwas über das Improvisieren mitgeteilt wird.

Der Text lässt sich erschließen von dem *Grundverhältnis*

für sich – vereint.

Das, was in früherer Zeit für Sonja selbstverständlich getrennt erschienen war: die erfolgreichen öffentlichen Musikauftritte mit komponierter Musik und das sich im Verborgenen, in der Einsamkeit ereignende Selbstgespräch mit Summen, Singen, Atmen und Bewegen (das noch nichts davon wusste, dass es ›Improvisieren‹ genannt werden konnte) – diese beiden Bereiche erschienen eine Weile im Studium als vermittelbar oder verbindbar. Auch das war vermutlich ein Anlass für euphorische Gefühle (»Rausch«): Die Improvisationen, die so viel mit mir zu tun haben, hier gelten sie auch etwas, sind etwas wert. Doch das Versprechen dieses Übergangs hielt nicht. Es gab eine Kehrtwendung, vielleicht ein Erschrecken: »Das bin ich, da ist gar nichts zwischen«. Das Improvisieren wurde als »zu heiß«, weil zu direkt, erkannt.

Wenn wir die Erzählung als Ganze anschauen, scheint darin als zentraler Komplex (*Hauptfiguration*) formuliert, dass etwas zu schützen und herauszuhalten ist – das Improvisieren, Privates, Intimes, sie selbst. Dem Beschützten wird ein besonderer Raum zubereitet. Gleich die erste Szene zeigt aber, wie dieses Anliegen in Spannung gerät zu einer anderen Figuration, der es um das Zeigen und vor allem um das Aufgehoben-Sein in Anderem, in einer Gruppe, Gemeinschaft, Gesellschaft geht. Das Kind verkriecht sich nicht im Schuppen, sondern es schafft sich mit der Zeichnung einen Eigen-Raum auf der Straße, es bezeichnet seine Grenzen im öffentlichen Raum. In dem Bild von dem Bett (als Inbegriff des privaten Raums) auf der Straße (das Öffentliche schlechthin) zeigt sich die Paradoxie der Figurationen besonders plastisch (*Grundgestalt*). Eine solche direkte Lösung steht vielleicht nur dem Kind zu Gebote. Jedenfalls wurde es künftig komplizierter.

Die Protagonistin formuliert ein Anliegen als »Problem«: es gehe ihr darum, für ihr Eigenes (sie nennt es hier ihre »Kindheitsgeschichte«), eben das was sie »beschäftigt, eine Sprache zu finden«; also eine »Form«, ein Medium in dem es mitgeteilt werden kann.

Zwei *methodische* Vorgehensweisen werden in dem Text deutlicher ausgeführt: einmal eine Methode der Selbstvergewisserung, zum Anderen ein Weg der schrittweisen

Transformation der Erscheinungsformen des Selbst, des Eigenen in eine Kunst-Sprache.

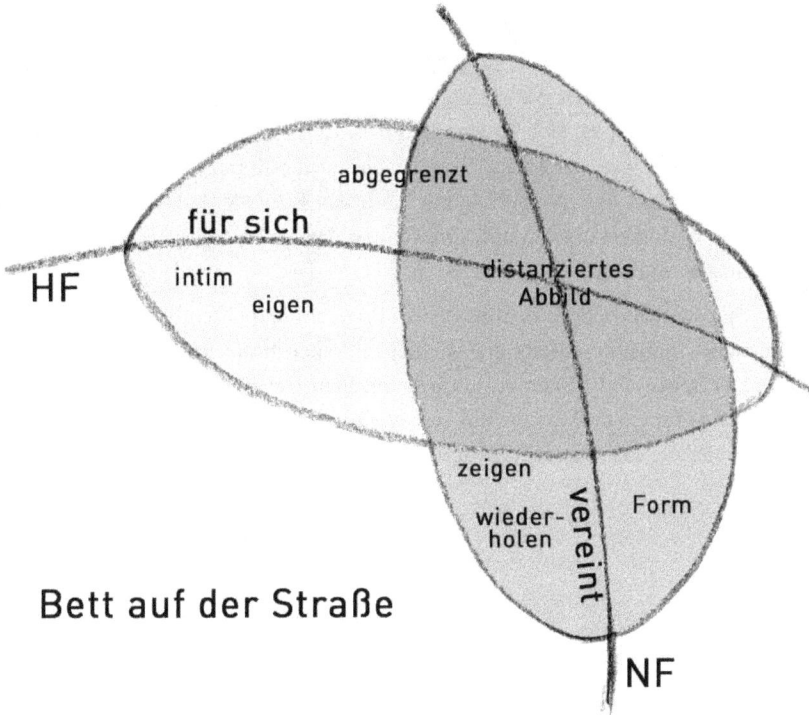

Mit dem Bild in der Kirche gelang ihr ein Kunststück, das schon mit dem gezeichneten Bett auf der Straße begonnen hatte: sie bereitete einen geschützten Raum für sich inmitten der Öffentlichkeit, buchstäblich vor aller Augen. Eine *communio*, die nicht (wenigstens nicht übermäßig) bedrohlich erschien, die nicht in den Selbstverlust führte. Die Aufschrift »Bleibt in mir« des Kunstwerks kann in diesem Kontext auf bestimmte Passagen aus dem Neuen Testament (Der erste Brief des Johannes) bezogen werden, in dem es um genau dies geht: um die Gemeinschaft der Menschen miteinander und mit (in) Gott. Der Evangelist ruft den Gemeinden mehrfach zu: »Bleibt in ihm« und »Wer in der Liebe bleibt, der bleibt in Gott und Gott in ihm.« (1. Joh 4, 16) (Vermutlich hatte Sonja auch genau diese Verbindung im Sinn. Ich habe sie aber im Interview nicht danach befragt.)

Durch Reflexionen, Skizzen und Herumprobieren, schließlich durch die handwerkliche Anfertigung mehrfacher Abdrucke, Variationen, Abwandlungen hatte die Künstlerin einen Weg gefunden, sich so von dem Bild zu distanzieren, dass es nicht mehr ein direktes Abbild ihrer selbst war, wohl noch mit ihr zu tun hatte. In diesem fortschreitenden Prozess der Symbolbildung hatte das Bild Möglichkeiten gewonnen, allgemeinere Wirkungskontexte aufzugreifen, so dass auch andere Menschen etwas ›damit anfangen‹ konnten.

Ein ähnlicher Stellenwechsel im Umsatz von Privatem und Öffentlichem ist auch mit Musik denkbar. Sonja beschreibt die Möglichkeit einer distanzierenden Prozedur, die etwas mit Zerlegen und Mixen zu tun hat, mit dem Destillieren »sparsamer Essenzen«. Dass dies für sie im Moment nur eine theoretische Möglichkeit ist, könnte etwas damit zu tun haben, dass das Musikalische ihr »näher« ist als der Körper.

III.3.11 Tom – Blinder Passagier

Er muss wohl in der ersten oder zweiten Klasse gewesen sein, als die Lehrerin mit der Flötengruppe ein öffentliches Vorspiel veranstaltete, in einem Saal mit Bühne. Obwohl Tom eigentlich ganz gut spielen konnte, war er sehr aufgeregt. Er hatte *Angst, es könnte ein falscher Ton sein, ja, es können eigentlich nur falsche Töne sein.* So spielte er nur zum Schein mit, *was ja nicht auffällt, wenn da fünf oder sechs Kinder sind und einer spielt gar nicht. Man hat mich da eigentlich gar nicht gehört.* Er stand auf der Bühne, *wie ein blinder Passagier, der nicht auffallen darf.* Der Applaus, so empfand er, galt nicht ihm. Die Möglichkeit des Gelingens kam ihm gar nicht erst in den Sinn. Bei diesem Spiel, bei dem es Spieler und Zuhörer gab, konnte er *nicht mitmachen*; denn er hatte das Gefühl, *nicht dazu zu gehören.*

Eine vergleichbare *Aufregung* empfand er Jahrzehnte später, als seine Musik zum ersten Mal in einem großen Theaterraum erklang. Er hatte die Bühnenmusik mit einem anderen Musiker zusammen entwickelt, gemeinsam hatten sie eine Bandaufnahme produziert. Als er diese Musik dann im Theater hörte, seine *Saxophonlinie,* die auf einem *schwebenden Synthesizer-Untergrund* erklang, war er *so aufgeregt, als müsste das in dem Moment noch mal entstehen. Mit so viel Herzklopfen kann man eigentlich gar nicht so einen Ton spielen.* Dahinter aber auch die bange Frage, ob die *eigenen Formen* und Gedanken das Verpflanzen in die Öffentlichkeit überhaupt vertrugen. Die *Befürchtung war, dass die Dinge bei diesem Schritt verloren gehen, so, als dürften die nur in dem eigenen Garten existieren.* Das Gelingen erschien ihm dann eher wie *ein Traum...*

Soweit er sich zurück erinnern kann, hatte es für Tom im Musikmachen eine deutlich verspürte *Trennung von dem Eigenen und dem offiziell Anerkannten* gegeben. Zeitweise schien es, als brauchte er diesen Unterschied als einen *Schutz,* eine Abgrenzung, die aufrechterhalten werden musste, als könnte ihm sonst etwas *verloren gehen.* Dazu fällt ihm die Mundharmonika ein, die er als kleiner Junge geschenkt bekommen hatte. Er hielt sie beim Spielen so, dass die tiefen Töne rechts, die hohen links waren – und dabei blieb er auch als man ihn auf die umgekehrte ›offizielle‹ Spielweise hinwies. So spielt er auf der Mundharmonika noch heute; *es geht nicht anders herum.*

Das Spiel mit der Mundharmonika war zunächst nicht für andere gedacht. *Im Rein- und Rausatmen hört man sich selbst.* Er konnte mit dem Spiel für sich sein, auch in der Enge der *Wohnküche,* in der sich das ganze Familienleben zusammendrängte. *Einfach da drin sitzen, unterm Fenster oder auf der Eckbank* – und spielen. So war es auch mit der Flöte, seinem nächsten Instrument. Zwar spielte er auch Lieder und Melodien, die er gehört hatte, hauptsächlich aber variierte er das Gehörte und setzte es auf seine Weise im freien Spiel fort. Obwohl die älteren Brüder auch Musik machten, blieb dieses Spielen immer unbegleitet. Er kann sich jedenfalls nicht daran erinnern, dass mal jemand mitgespielt hätte. Man konnte anscheinend damit nichts Gemeinsames anfangen – es war *ja keine Währung, die gegolten hat* in der Familie. Man bemerkte ihn zwar, hörte auch einmal zu, wenn er spielte, es war durchaus Wohlwollen und Zustimmung spürbar – aber irgendwie war man sich über den Wert seiner Erfindungen nicht im Klaren. *Jemand kann acht Lieder.* Darüber konnte man reden. *Und das andere ist ja höchstens zu benennen als Möglichkeit. Ich kann, wenn ich in der und der Laune bin und die Flöte habe, spielen; aber wie das dann wird, kann ich nicht sagen. Es ist ja etwas Unsicheres, nicht so griffig.*

Schwieriger wurde es, als der Instrumental-Unterricht begann. Da ging es um das Notenlernen, um das Einüben von Stücken; man sollte genau diese Töne spielen und sonst nichts. Bei aller Faszination für die neuen Instrumente fiel ihm dieser Zugang sehr schwer, da wurde es ganz eng für die großen *Ausdrucksbedürfnisse*, die er mit der Musik verband. Er konnte (oder wollte) das mit den Noten nie richtig lernen. So brauchte er immer Vermittler: wenn ihm jemand die Noten vorspielte, konnte er das Stück auch spielen und sich dabei auch an den Noten orientieren. Den vielen Möglichkeiten des Instrumentes, der Freude an den schönen Klängen stand die Pflicht zu üben wie feindlich gegenüber. Es schien undenkbar, in der Klavierstunde zu sagen: *Ich spiel dir jetzt mal vor, wie ich gestern gespielt habe, das hat sich gut angehört.* Stattdessen das frustrierende Gefühl, dass das, was hier verlangt wird, *immer riskant ist und eigentlich doch schief geht.* Wieder schien ihm der ›offizielle‹ Weg versperrt – und seine eigenen Möglichkeiten waren nicht gefragt.

Im Musikstudium hat sich die *Trennung* dann *noch verschärft*: Geige und Klavier lernte er offiziell am Konservatorium – wenn er aber für sich spielte, *als Lebensbedürfnis*, dann nahm Tom die Flöte oder die Gitarre. Auf diese Weise schien er etwas Eigenes *schützen* oder *retten* zu wollen – aber um welchen Preis? Beiden Bereichen schien etwas zu mangeln: dem offiziellen das ›Lebensbedürfnis', also Sinnhaftigkeit und Lebendigkeit – und dem eigenen die Mitteilbarkeit und die Zuverlässigkeit der Erzeugung. Einmal hatte jemand zufällig sein einsames Spiel in der Übezelle mitangehört – und ihn für einen anderen, den Star der Hochschule, gehalten...

Zunehmend rückte für Tom die Frage in den Vordergrund, ob er (neben dem *Für-sich-Spielen*) ausdrucksvolle und lebendige musikalische Formen finden konnte, die auch anderen Menschen verständlich waren und die er mit anderen teilen konnte. Zunächst gelangen solche Vermittlungen nur zufällig, beiläufig, irgendwann draußen am Baggersee. Man sprach nicht weiter darüber. Jenes geplante, verabredete Zusammenspiel, das zur Produktion der Theatermusik führte, war für Tom später übrigens ein bedeutsamer und als riskant empfundener Schritt. Er verspürt noch heute Verwunderung darüber, dass man ein improvisiertes Zusammenspiel mit mehreren Leuten ›machen‹ oder verabreden kann, dass man die Bedingungen dafür herbeiführen kann. Eine Voraussetzung ist für ihn, dass es eine Art Tradition gibt, dass das Improvisieren *üblich* ist. Der Einstieg fällt ihm leichter, wenn es etwa einen *fließenden Übergang ins Spiel* hinein gibt, so als ob noch ein Rest von Zufälligkeit bewahrt werden soll. Das Stimmen der Instrumente bietet solche Vorformen und Übergänge an. Die Musik ist dann etwas, das *fast unmerklich mehr in die Mitte kommt und wichtig wird – und dann ist sie da.*

Wie ist es eigentlich möglich, sich mit anderen Spielern beim Improvisieren zu verständigen? Das ist schwer zu erklären. Entscheidend ist der innere Schritt, von der Möglichkeit auszugehen, dass die musikalischen Gedanken öffentlich, mitteilbar und gemeinsam werden können. Und etwas schwer Fassbares, Seltsames hilft dabei: er nennt es ›*Bilder*'. Diese inneren Bilder, die nicht visuell sein müssen, bestimmen, was dazugehört und was nicht; sie stellen beim Spielen *Hintergrund und Nachschub* bereit, indem sie die Verknüpfung mit Erfahrungen und Erinnerungen ermöglichen. Es sind Formen, die Verbindung herstellen können zu dem *Unbegrenzten*, zu dem *Weiterleben-Können*. Sie sind wie *Schlüssel, die etwas aufmachen können.*

Aber es gibt eine *Scheu, darüber zu reden*, als würde das nur wirksam bleiben, solange es ›geheim‹ und nicht in seiner Funktion erkannt ist. *Wie die Heinzelmännchen: die darf man nicht beim Arbeiten erwischen, sonst kommen sie nicht mehr wieder.* Er lacht, denn er weiß mittlerweile, dass es nicht ganz so ist.

Kommentierende Analyse

Hat das Improvisieren nur private, intime Bedeutung (zu sich kommen, für sich sein) oder ist es auch möglich mit Improvisationen anderen etwas mitzuteilen, etwas verstehbar (einfühlbar) zum Ausdruck zu bringen?

In diesem Text erfahren wir von Umgangsformen, die sich im Rahmen der Grundpolarität des Eigenen, Privaten zum Fremden, Anderen, Öffentlichen entfalten. Man gewinnt den Eindruck, dass das Improvisieren dem Protagonisten dazu verhilft, das Ich-Welt-Verhältnis in dem polaren *Grundverhältnis*

zu sich kommen – teilen

in charakteristischer Weise auszugestalten und zu akzentuieren. Dabei beinhaltet das Zu-sich-Kommen einerseits eine Zentrierung auf das Eigene, die Beschäftigung mit sich selbst (Für-sich-Sein), andererseits die Bewegung des Abgrenzens und Ausgrenzens. Die polare Geste des Zur-Welt-Kommens klingt im ›Teilen‹ an: mitteilen, Teilhabe und Teilnahme. In mehreren Varianten taucht dieses Grundverhältnis auf: Eigenes – Anerkanntes; die eigene Art – die offizielle Spielweise; für sich – für andere; allein – gemeinsam.

Die Art und Weise, wie die polaren Tendenzen rund um die Wirkungseinheit des Musikmachens hier ins Verhältnis gesetzt werden, lässt eine bestimmte Grundfigur erscheinen. Im Bild des *blinden Passagiers* leben das Eigene und das Allgemeine in einem prekären Spannungsverhältnis: Der blinde Passagier nimmt unberechtigterweise bzw. ohne die erforderliche Gegenleistung (»in gültiger Währung«) an einer Reise teil und muss befürchten, dass ihn jemand nach seiner Mitfahr-Berechtigung fragt. So ist er, will (oder muss) er weiter mitreisen, darauf angewiesen, unentdeckt zu bleiben. Das Grundverhältnis kann solange bestehen bleiben, wie es verdeckt bleibt. Der blinde Passagier ist jemand, der sich durchschlägt, der das Eigene in der bedrängenden Fremde zu retten weiß (für sich sein) – wenn auch in der Verdeckung und um den Preis der Einsamkeit und der Angst vor der Entlarvung.

In der Bedrängnis zu sich zu kommen – hierin liegt das Hauptinteresse, das mit dem Improvisieren in dieser Darstellung verfolgt wird (*Hauptfiguration*). Dahinter treten die Bewegungstendenzen der *Nebenfiguration*, die sich etwa in Wünschen nach Ausdruck und Mitteilung, nach Anerkennung, nach Teilhabe an einem größeren Ganzen ausdrücken könnten, zurück. Es ist, als wäre der Verkehr zwischen den beiden Figurationen gefährlich, so dass eine Aufteilung versucht wird. Die Nebenfiguration wird identifiziert mit öffentlichen (An-)Ordnungen (Vorspiel, Bühne, Theater, Studium) und offiziellen Bewertungskategorien – und wird als das bedrohliche Andere und Fremde erlebt.

schützen

zu sich kommen

HF

das Eigene
abgrenzen

fließender
Übergang

anerkannt   üblich

Teil-
habe

teilen

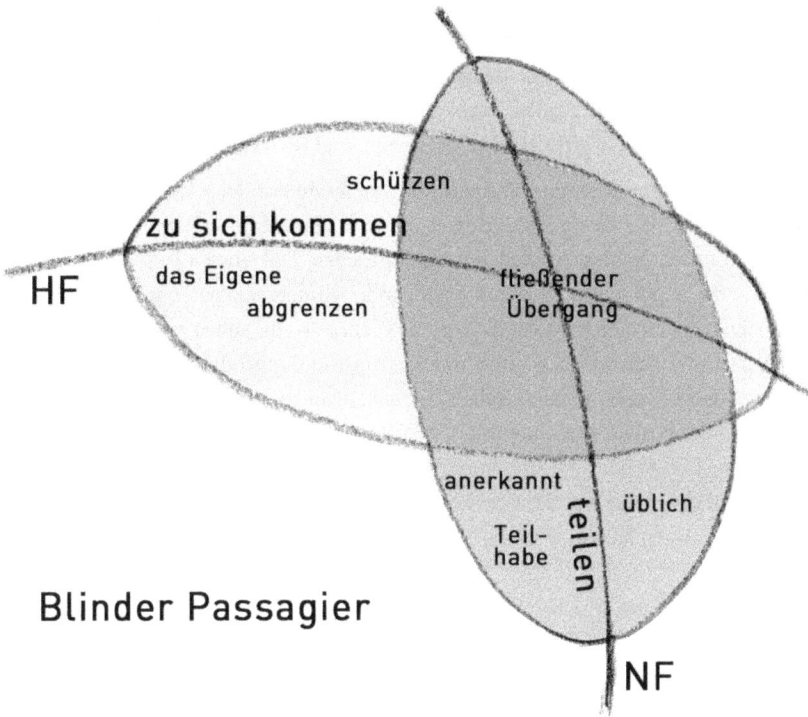

Blinder Passagier

NF

Das Eigene wird wie eine Welt in der Welt im Verborgenen entfaltet. *Stellenwechsel* zwischen den Figurationen werden zunächst vermieden, da andernfalls ein Verlust befürchtet wird. Dass solche Stellenwechsel »lebenswichtig« (Salber 1999, 36) sind, ahnen wir, wenn etwa die Zweigleisigkeit im Studium beschrieben wird. Da ist Überforderung und Erschöpfung zu erahnen. Paradoxerweise scheint die Lebendigkeit ja gerade dadurch bedroht, dass sie besonders geschützt werden soll. Wir erkennen beispielsweise in der Versagensangst die Kehrseite der ›Exklusivität‹, bei der die Größe im Verborgenen gehalten wird.

Eine *Wendung im Ganzen* im Sinne eines *Stellenwechsels* beobachten wir aber in den Szenen, wo von einem gelingenden Zusammenspiel mit anderen Musikern berichtet wird. Die Übergänge entstehen zunächst nur wie durch Zufall, quasi absichtslos, wie nebenbei. Sie sollen fast unmerklich und fließend über geeignete Zwischenschritte (zum Beispiel das Stimmen der Instrumente) erfolgen, als müsste man sich hineinschmuggeln. Die Rotation wird erlebbar mit Herzklopfen und Aufregung, bangen Fragen und Zweifeln, Unwirklichkeits- (›Traum') und Risiko-Gefühlen.

Mit vollbrachten Stellenwechseln zwischen den Figurationen wird eine neue Blickrichtung möglich: der Gesprächspartner kann sich vorstellen, selbst an »Traditionen« teilhaben können, gewissermaßen mit dem Eigenen Teil einer (Teil-)Öffentlichkeit sein, mit anderen gemeinsame handlungsleitende ›Bilder‹ teilen. Es wird geahnt, dass die Berechtigung, der Zugang zur Teilnahme nicht nur von außen erteilt werden kann, sondern dass der Schlüssel in einer inneren Umwendung oder Hinwendung zu gemeinsamen Grundlagen musikalischer Gedanken und Formen liegt. In diesen ›Bildern‹ deuten sich neue Ordnungen an, die Verständigung und Selbstverständigung ermöglichen. Die Scheu und die Kompliziertheit, mit der darüber gesprochen wird, mag auch mit der Scheu vor dem Preisgeben des Besonderen, mit der Befürchtung der Banalisierung zu tun haben: wird ›das Eigene‹ weniger, wenn man es teilt?

III.4 Spielarten der Verwandlung – Wege zur Identität: Der Wirkungsraum der musikalischen Improvisation und seine Ausformungen

Die Grundverhältnisse, wie sie in den Analysen der Interviews herausgestellt wurden, sind alle verschieden. Mit Absicht wurde darauf verzichtet, schon bei der Analyse der Einzelfälle nach einheitlichen Formulierungen zu suchen. Jeder der gewählten Begriffe hat spezifische und für den individuellen Fall jeweils zutreffende Konnotationen (vgl. etwa die so unterschiedliche Bedeutungskonstellation der sinnverwandten Worte *auflösen* und *entgrenzen*). Dennoch fallen im vergleichenden Überblick *Gemeinsamkeiten* auf, die in diesem Kapitel behutsam herausgearbeitet werden sollen.

Zunächst sollen die ermittelten und beschriebenen Grundverhältnisse einmal tabellarisch im Überblick erscheinen:

Lfd. Nr. / Name	Grundverhältnis	Grundgestalt
1. Marga	beleben – verankern	Unfertige Geschlossenheit
2. Lene	auflösen – vereinheitlichen	Werkstatt
3. Stefan	entgrenzen – sichern	Filigranes Netzwerk
4. Anna	verrücken – rahmen	Splitter in Schachtel
5. Peter	überschreiten – einbinden	Pionier
6. Hilke	loslassen – steuern	In Fluss kommen
7. Elisabeth	mitbewegen – gegenüber sein	Übergänge
8 . Lars	vereint – verschieden	Zur Welt kommen
9. Christian	roh – entwickelt	Im Einklang
10. Almut	behaupten – aufheben	Aufgeben
11. Sonja	für sich – vereint	Das Bett auf der Straße
12. Tom	zu sich kommen – teilen	Blinder Passagier

Beim Betrachten der ermittelten Verhältnisse fallen thematische Schwerpunkte auf, die bereits bei der Anordnung der Tabelle berücksichtigt wurden.

Die vorangestellten Begriffe in den Grundverhältnissen, die jeweils die *Hauptfiguration* repräsentieren, sollen zunächst in den Blick genommen werden. In den Worten *beleben, auflösen, entgrenzen, verrücken, überschreiten, loslassen* aus den ersten sechs Grundverhältnissen der Tabelle klingt übereinstimmend – bei aller Verschiedenheit – eine Tendenz an, das Improvisieren in den Zusammenhang der Umbildung des Bestehenden, der *Verwandlung* und *Weiterentwicklung* zu stellen.

1. Marga	beleben – verankern	Unfertige Geschlossenheit
2. Lene	auflösen – vereinheitlichen	Werkstatt
3. Stefan	entgrenzen – sichern	Filigranes Netzwerk
4. Anna	verrücken – rahmen	Splitter in Schachtel
5. Peter	überschreiten – einbinden	Pionier
6. Hilke	loslassen – steuern	In Fluss kommen

Wie anders klingen demgegenüber die Worte *zu sich kommen, für sich, behaupten* aus den letzten drei Grundverhältnissen (10, 11, 12) der Tabelle. Sie deuten eher auf sichernde Konsolidierungsbewegungen hin, die mit dem Improvisieren angestrebt wurde, auf die Aneignung von orientierenden Gewissheiten, die sich auch als Suche nach *Identität* charakterisieren lässt.

10. Almut	behaupten – aufheben	Aufgeben
11. Sonja	für sich – vereint	Das Bett auf der Straße
12. Tom	zu sich kommen – teilen	Blinder Passagier

Die erstgenannte Gruppe von Grundverhältnissen (1 - 6) zeigt in den an zweiter Stelle stehenden Begriffen *vereinheitlichen; sichern; verankern; rahmen; einbinden; steuern* Varianten der vorherrschenden Bewegungsrichtung der zweiten Gruppe: sie beto-

nen Tendenzen zu Zusammenhalt und Orientierung. Die zweiten Begriffe der Grundverhältnisse 10 – 12 (*aufheben; vereint; teilen*) lassen sich als Hinweise auf Tendenzen zu Auflösung und Umbildung des Gegebenen interpretieren, insbesondere wenn
die entsprechenden Gegenbegriffe mitgedacht werden: *aufheben* als Gegenbegriff zu
behaupten; vereint als Gegenbegriff zu *für sich; teilen* in der Polarität zu *für sich sein*.

Die Konfigurationen 7, 8 und 9: *mitbewegen – gegenüber sein, vereint – verschieden,
roh – entwickelt*, die bislang nicht erörtert wurden, sind von den Begriffen her auf
Anhieb weniger klar einzuordnen. Bei näherem Hinsehen aber und unter Rückbezug
auf den Kontext der Fallbeispiele erscheinen auch hier Interpretationen in Richtung
auf die genannten Gegenbewegungen hin als schlüssig.

7. Elisabeth	mitbewegen – gegenüber sein	Übergänge
8. Lars	vereint – verschieden	Zur Welt kommen
9. Christian	roh – entwickelt	Im Einklang

Die Konfiguration aus dem achten Fall (vereint – verschieden) ähnelt von den Worten
her dem Verhältnis 11 (für sich – vereint), beschreibt aber einen völlig anderen Übergang. Dies wird deutlich in dem für die gesamte *Grundgestalt* gewählten Ausdruck
zur Welt kommen: das Improvisieren bedeutet für Lars die Möglichkeit, die Grenzen
seines Eigenraums zu überschreiten, sich mit der Welt und anderen Menschen zu
verbinden. Gewissermaßen als ein die Autonomie sicherndes Moment wird in dieser
Vereinigungsbewegung die Verschiedenheit in der Einheit aufrecht erhalten.

Im siebten Fall geht es um die *Übergänge* zwischen den Figurationen *mitbewegen* und
gegenüber sein. Die Mitbewegung bezieht sich auf die belebende Fähigkeit, »sich
selbst zu vergessen und ganz im Spiel aufzugehen«. Es ist von veränderten, zuweilen
rauschartigen Bewusstseinszuständen die Rede, die durch eine sichernde Alltagsfigu-
ration (gegenüber sein) kontrastiert wird.

Der neunte Fall schließlich sucht mit dem Improvisieren einen *Einklang* zwischen
widerstreitenden Tendenzen und Figurationen herbeizuführen. Mit der schöpferischen
Potenz des Rohen und Unfertigen sollen die elaborierten Formen belebt werden.

Die Begriffe *mitbewegen; vereint; roh* stehen somit ebenfalls für Tendenzen der
Auflösung und Verwandlung von Formen und Grenzen, während die Worte *gegen-*

über sein; verschieden; entwickelt das Moment der die Formen und Identitäten sichernden Unterscheidungen betont.

Insgesamt kann demnach der Wirkungsraum des Improvisierens, wie er sich in den untersuchten Einzelfällen dargestellt hat, von der Polarität

Verwandlung – Identität

her erschlossen werden. Die Verhältnisse, die sich aus den Analysen der Beschreibungen zum Improvisieren ergaben, lassen sich verallgemeinernd um dieses doppelte *Kernthema der Lebensführung* herum anordnen. Hier tritt der Untersuchungsgegenstand mit »unlösbaren Paradoxien in Austausch (...), die letztlich den Kern des Problems von ›Gestaltverwandlung‹ (...) ausmachen.« (Blothner 1993,43) Das Improvisieren wird als *Lösungsversuch* des letztlich unlösbaren und paradoxen Kernthemas der Identitätsbildung und der damit verbundenen Notwendigkeit unablässiger Verwandlung interpretiert.

Innerhalb dieser allgemeinen Polarität lässt sich nun eine *Vielfalt* von Übergängen und Lösungen finden, wie sie sich in den geschilderten *Ansichten vom Improvisieren* zeigen. Die geradezu unendlich erscheinende Vielgestaltigkeit von Möglichkeiten, diese gegenläufigen Bestrebungen des Seelischen in begrenzten Produktionen Gestalt werden zu lassen, soll im Folgenden, nach einem einleitenden Exkurs, in einigen charakteristischen *Ausformungen* angedeutet werden.

Die Fragestellung dieser Studie ist doppelperspektivisch. Die *allgemeinpsychologische* Frage nach der *Selbstbehandlung des Lebenswerks* dient als Einstiegsperspektive und Kontrapunkt, um darin etwas über die *spezifische* Fragestellung nach den besonderen *Möglichkeiten und Qualitäten des Wirkungsraums der musikalischen Improvisation* in Erfahrung zu bringen.

Identität und Verwandlung

Die beiden Begriffe ›Identität‹ und ›Verwandlung‹ können im Zusammenhang mit der Lebensgestaltung als Polaritäten angenommen werden. Im konkreten Lebensvollzug ist keiner ohne den anderen denkbar (es sei denn annäherungsweise in *pathologischen* Formenbildungen, so etwa im Versuch, Verwandlungstendenzen durch Zwangssymptome abzuwehren). Identitätsbildung gibt es nicht ohne Veränderung und Flexibilität, Wandel und Entwicklung nicht ohne den Rückgriff auf stabilisierende Strukturen der Persönlichkeit und in der Wahrnehmung.

Der Psychologe Heiner Keupp bemerkt in einem Handbuchbeitrag im Lexikon der Psychologie (2001)zum Thema *Identität*, dass der Diskurs der Postmoderne auch die Identitätstheorie erreicht hat. In diesem Diskurs »wird ein radikaler Bruch mit allen Vorstellungen von der Möglichkeit einer stabilen und gesicherten Identität vollzogen. Identität wird nicht mehr als Entstehung eines inneren Kerns thematisiert, sondern als ein Prozessgeschehen beständiger ›alltäglicher Identitätsarbeit', als permanente Passungsarbeit zwischen inneren und äußeren Welten.«

Die Vorstellung von Identität als Prozess, als *permanente Passungsarbeit* entspricht der dieser Arbeit zugrunde liegenden morphologisch-konstruktivistischen Vorstellung vom seelischen Geschehen als Prozess zwischen »Bildung und Umbildung« (Goethe 1817). Die seelische Wirklichkeit ist »Konstruktion in Verwandlung« (Blothner 1993, 166).

Der Philosoph Wilhelm Schmid (1998) beobachtet den zunehmenden Veränderungs-druck, der auf dem Subjekt lastet und dem es oft kaum noch standhalten kann. Dies schließt an die in der Einleitung erwähnten Gedanken an, die sich mit den Chancen und mit den Risiken des »flexiblen Menschen« (Sennet) in einem »improvisierten Leben« (Petri) befassten. »Das moderne Subjekt gebiert den Traum von einem *post-modernen Subjekt der Multiplizität*, dessen pathologische Ausformung das Phänomen der ›multiplen Persönlichkeit‹ ist.« (Schmid 1998, 251) Schmid betont daher: »Nicht nur in der Arbeit an der Veränderung des Selbst besteht die Selbstgestaltung, sondern, grundlegender noch, in dessen Zusammenfügung. Wenn es an der nötigen Sorge dafür fehlt, kommt es zur Auflösung von Subjekt und Selbst.« (Ebd., 252)

Gegenüber einem alten Konzept einer gesicherten Identität postuliert Schmid ein Konzept der *Kohärenz*, »die veränderlich ist und dennoch für die Stabilität und Kon-tinuität des Subjekts sorgt« (ebd.). Die Integration der unterschiedlichen und wider-sprüchlichen Erfahrungen und Ereignisse geschieht in Prozessen der »Selbstverstän-digung«, bei Gelegenheiten, bei denen man »sich die eigene Geschichte immer wieder neu« erzählt (ebd., 255): dies können Gespräche, Geschichten – und eben auch schöp-ferische Tätigkeiten wie musikalische Improvisationen sein, wie die vorliegende Arbeit zeigt. Diese *narrative Identität* ist eine, »die sich ständig neu befragt und re-strukturiert, und bei der das Selbst sich nicht mehr auf die Nadelspitzen-Identität des Ich zurückzieht, die bedeutungsleer ist« (ebd.).

Das *Selbst* wird so für Schmid zu einem ständigen »Balanceakt, schwankend und oszillierend, nicht gänzlich durchrationalisiert, um seine Sensibilität nicht zu verlieren, auch nicht völlig den Gefühlen überantwortet, um eine reflektierte Haltung zu ermöglichen, stark genug, um auch schwach sein zu können ...« (ebd., 256). Überraschend vielleicht, wie diese Charakterisierungen des Philosophen an die Metaphern von ›akrobatischen‹ Balanceakten aus den Interviews, an die Schilderungen ›sensibler Schwebezustände‹ und ›unfertiger Geschlossenheit‹ erinnern.

Die Tätigkeit des Improvisierens scheint sich in besonderem Maße zur »Selbstverständigung« (Schmid) zu eignen. Sie bietet den Spielern (und zugleich womöglich den beteiligten Hörern) die Chance, unterschiedliche *Formen von Verwandlung* und zugleich *Formen der integrierenden Selbstvergewisserung einer flexiblen* Identität spielerisch zu aktualisieren – und sich währenddessen darüber auszutauschen. Genauso ist es aber möglich, das Improvisieren als eine Art ›privater‹ Selbstverständigung im Sinne des »privaten Selbst« (s.u.) zu betreiben. Der Begriff des ›privaten Selbst‹ wurde von Daniel Stern gebildet, um jenen Bereich der Erfahrungen zu bezeichnen, der nicht mit anderen geteilt wird – ohne dass dies durch Verbote oder andere soziale Zwänge dringend erforderlich ist. Anders als bei dem ›verleugneten Selbst', wo Angstbesetzungen vorhanden sind, handelt sich hier eher um Konventionen, die später u.U. verändert werden können. (Stern 1992, 320f)

Ausdrücke wie *Selbst*verständigung, *Selbst*behandlung etc. könnten überhaupt den Eindruck einer solipsistischen Einstellung entstehen lassen, so als ob da jemand etwas ausschließlich *für sich* tut. Demgegenüber wird hier mit dem morphologischen Ansatz aber eine entschieden ökologisch-systemische Sichtweise von *ineinandergreifenden Formen und* Prozessen vertreten. Der Begriff des Ökologischen wurde bezogen auf Musik weiter oben mit den Worten von Gary Ansdell (1997, 43f) charakterisiert als »a balance of interlinking forms and processes in a context that sustains them and guarantees diversity.« Die Selbstverständigung findet im Austausch mit der Welt statt. Das Erleben konstituiert sich im Übergang, Welterfahrungen und Selbsterfahrungen sind ineinander verschränkt. Das Konzept der Selbstbehandlung widerspricht damit keineswegs der Möglichkeit der Begegnung und des Dialogs. Die Blickrichtung der Untersuchung war jedoch auf das Erleben gerichtet, das immer das Erleben Einzelner ist

Ausformungen im Wirkungsraum

Welche Lösungsformen im Umgang mit dem Kernproblem von Verwandlung und Identität zeigen sich nun in den einzelnen Interviews? Und auf welche allgemeinen Eigenschaften des Wirkungsraums der musikalischen Improvisation verweisen die individuellen Lösungen?

Die jeweils zusammengefassten Beispiele repräsentieren bestimmte charakteristische Lösungen für das Hin und Her innerhalb der Polarität. Am Anfang wird von den Möglichkeiten berichtet, mit dem Improvisieren *Gegenwelten* zu errichten und *Übergänge* zwischen den Polaritäten zu gestalten. Es folgen zugespitzte Lösungsformen, in denen das Risiko gesucht, das *Balancieren* zwischen den Polaritäten betont wird. Diese Tendenz setzt sich fort als *Überschreiten* des Rahmens. Mit der *Offenheit* für alles, was kommt, wächst zugleich die Notwendigkeit der *Abgrenzung* und damit die Betonung des Eigenen, vielleicht auch der Schutz des Privaten und Intimen (*Privates Selbst*). Wo dieser Eigenraum lebendig und stark wird, kann Welt sich darin spiegeln und es können wiederum Übergänge zwischen dem Eigenen und dem Anderen gefunden werden in Form von *Mitteilungen*. Das Eigene kann sich zum individuellen Idiom verdichten, das die Identität reflektiert. In der Profilierung wächst zugleich die Suche nach der Verwandlung (*Unfertige Geschlossenheit*) – und so fort.

Gegenwelten aufbauen

Für Lene schien es darum zu gehen, sich verfestigenden, betäubenden Lebensverhältnissen mit dem Improvisieren eine Kultur entgegenzusetzen, die offen ist, die wach und sensibel macht. Die brutalen Vereinheitlichungen und starren Konventionen kontrastierten mit einer beziehungsreichen beweglichen Vielfältigkeit. Sogar Gemeinschaftserlebnisse, ansonsten für Lene unerträglich bedrängend, konnten in einem Rahmen des subtilen Inter-Agierens in einer Improvisation so gestaltet werden, dass sie nicht die Eigen-Beweglichkeit bedrohten.

Hingewiesen wird auf die Offenheit, vielfältige Verwendbarkeit und prinzipielle Unfertigkeit des musikalischen Materials der freien Improvisation, das nicht (genau genommen: geringer) eingeengt ist durch Regeln und Konventionen: Jedes Material ist klangfähig, jedes Geräusch in der Komposition verwendbar. Wie in einer Werkstatt scheint bei einer Improvisation eine Fülle von Rohmaterial zur Verfügung zu stehen, das erst in weiteren Bearbeitungsschritten seine je spezifische Funktion erhält, die im nächsten Moment aber auch wieder aufgelöst werden kann. Im Umgang damit kann man sich selbst als Gestaltender erleben, nicht nur als Ausführender eines bestehenden Plans. Und zugleich erlebt man sich als höchst beweglich und wandelbar.

Auch in der Darstellung von Lars erkennen wir (wie auch bei Tom und Almut) in Verbindung mit dem Improvisieren die Entfaltung einer Gegen-Welt zur bestehenden Realität. Das Improvisieren wurde als ein ›Spielraum‹ etabliert, der fehlende Bewegungsmöglichkeiten vorübergehend ersetzen und kompensieren konnte. Ähnlich verhält es sich auch im Marga-Beispiel, nur dass hier nicht das Lösen und Auflösen des Festen und bedrängend Vereinnahmenden, die Flucht aus der Enge ins ›Eigene‹ gesucht wurde, sondern vielmehr das Beleben des kühl Distanzierten im Vordergrund stand. Auch bei ihr der Versuch, Festlegungen zu entgehen, die aber – anders als bei Lene, wo es um demagogische Gemeinschaftserlebnisse und starre Konventionen ging – im Abstrakten und Institutionellen lagen. Im Improvisieren sollte eine größere Beweglichkeit und das Versprechen von Lebendigkeit erhalten bleiben. Das Risiko bestand dabei in einer gewissen Unverbindlichkeit.

Die schlichte Tatsache, dass man in einer Improvisation nicht vorhersehen kann, was kommen wird, bewirkt eine Intensivierung des Erlebens. Die im Moment gefundenen Formen vermitteln das Gefühl größerer Nähe zur aktuellen Situation. Die Impulsivität und Offenheit (›Unfertigkeit‹) des Improvisierens bewirkt, dass Bewegungen aller Art transmodal aufgegriffen werden können. Es entsteht der Eindruck, dass die Improvisation selbst ein ›reagibles Organ‹ wird, das sich mit der Umgebung verwandeln kann. Das ›fließende‹ Medium der Musik ist von höchster Wandelbarkeit, ist selbst Bewegung.

Übergänge gestalten

Christian erhoffte sich vom Improvisieren eine Belebung seiner musikalischen Persönlichkeit im Ganzen. Er suchte darin eine Tätigkeit, die ›unmittelbar‹ ist, die viel mit ihm zu tun hat und die ihm, der selbst ein Meister ist, aus einer Bewunderungshemmung gegenüber den ›großen Meistern‹ herausführte. Diese Spielweise suchte er als Gegengewicht zur Verfeinerung und zum professionellen Perfektionsanspruch einzusetzen. Das ›Rohe‹ der Improvisation verhalf dem Musiker dazu, das Vorgestalt-

liche wiederzufinden, auch in den so überaus prägnanten Endgestalten der Kompositionen. Es wäre ein Ziel, eine Komposition so zu spielen, als ob sie improvisiert wäre.

Das Skizzierte, das ohne Überlegung Hingeworfene hat eine eigentümliche Stärke. Die improvisierte Musik folgt häufig einer Ästhetik der Brechung, des Fragments und des zufälligen Zusammentreffens (vgl. hierzu die von Ruth Bamberg und Philippe Micol im Jahre 2000 herausgegebene Gesprächssammlung mit dem Titel »Vom Umgang mit dem Zufall«).

Das Moment des Zufalls und die darin reduzierte Verantwortung für das Entstehende scheint dem Improvisierenden die Freiheit zu geben, von sich abzusehen und sich vorübergehend ganz ›der Musik‹ zu überlassen. Die gesteigerte Sensibilität und Wachheit ermöglicht ein derart genaues Mitgehen im Prozess, wie man es sich nicht bewusst ersinnen könnte. Eine ähnliche Wahrnehmungsweise erkennen wir in den Formen der Verständigung und Einstimmung, wie sie sich exemplarisch bei Eltern mit jungen Kindern beobachten lassen. Stern (1992) hat dafür den Begriff der »Affektabstimmung« geprägt. Sie bezieht sich insbesondere auf die »Vitalitätsaffekte«, die spezifischen Arten und Formen des Fühlens.

Das Improvisieren involviert solche nicht vom Bewusstsein gesteuerten Fähigkeiten, die in der Tätigkeit der Sinne selbst, in der Wahrnehmung begründet sind – mithin als *ästhetische* Funktionen bezeichnet werden können. Viktor v. Weizsäcker prägte hierfür (in »Wahrheit und Wahrnehmung«, 1943) den Ausdruck vom »unbewussten Verstand in der Wahrnehmung« (zit. nach Tüpker 1996, 26).

Wenn eine *Komposition* bei der Aufführung wie *ad hoc* erfunden wirkt, entfaltet sich diese Stärke auch hier und wird spürbar in einer gesteigerten momentanen Beteiligung aller Mitwirkenden (einschließlich des Publikums), einem ›Einklang der Seelen',
einer quasi körperlichen Verdichtung. Das Improvisieren ermöglicht dann gewissermaßen Hin- und Rückwege zwischen Werk und Verwandlung.

Riskantes Balancieren

In der Beschreibung von Anna wurde besonders deutlich das Balancieren zwischen Verwandlung und Form thematisiert. Es ging ihr beim Improvisieren um das ›experimentelle‹ Erhöhen der Daseins-Spannung, um das Ausprobieren, wie weit man überhaupt gehen kann, ohne den Halt zu verlieren. Gedreht wurde probeweise an der eigenen Identität: wie weit kann ich mich aus den gewohnten Bezügen lösen, ohne einen Kollaps zu riskieren, ohne den Rückweg zu verlieren? Wie kann Verwandlung provoziert werden, ohne den Zusammenhalt zu verspielen?

Die gesteigerte Intensität des Lebens in einer schöpferischen Situation lässt verspüren, was über das Bekannte hinaus noch alles möglich ist. Die Einstellung ist regressiv und progressiv zugleich: Es geht immer wieder zurück an den Anfang – aber im Hinblick auf eine neue Chance, ein neues Bild, dessen Verwirklichung und Verfestigung so lange wie möglich hinausgeschoben wird.

Welche Eigenschaften des improvisatorischen Wirkungsraums kommen diesem *Balanceakt des Selbst* (Schmid) entgegen?

Die dezidierte *Kunst*form eines Improvisationskonzerts (oder einer entsprechenden Probe) gibt einen Rahmen ab, in dem das Verrücken toleriert wird (das Setting ergibt sozusagen die *Schachtel* für die *Splitter*). Mit Verrücken ist sowohl das Stören konventioneller Bezüge und Erwartungen gemeint, als auch die vielleicht erschreckend direkte (impulsive, unkonventionelle, unvermittelte) Aktion, die in anderen Zusammenhängen vielleicht als ›verrückt‹ bewertet würde (zum Beispiel Schreie, Geräusche, Hässliches). Hier wird buchstäblich die künstlerische Aktion zum »Experimentierfeld für die Behandlungswirklichkeit« des Lebens selbst (Salber 1993, 250).

Eine *Eigenschaft der Musik* kommt diesem Vorhaben besonders entgegen: die Möglichkeit der gleichzeitigen (*polyphonen*) Darstellung und Wahrnehmung des Verschiedenen. Es lassen sich *innerhalb* eines Musikstücks mehrere auch sehr unterschiedliche Gestalten zugleich realisieren und doch, wenn auch *dissonant*, als zu *einem* spannungsvollen Zusammenhang gehörig wahrnehmen.

Die Kunstform der freien Improvisation begünstigt diese Versuche, weil sie sich als experimentell versteht: Alles ist möglich, jeder Versuch ist legitim. Die »Ethik des Improvisierens« (Jörgensmann und Weyer 1991) bezieht sich nicht so sehr auf die Eingrenzung des Materials, als auf die Wahrung einer wachen und kritischen Einstellung beim Spielen. Jedoch ist diese Akzeptanz zunächst nur prinzipiell gegeben, sie ist ›proklamiert'. In der Praxis der künstlerischen Aktion bleibt das Risiko bestehen. Hier muss sich jeweils erweisen, was möglich ist und was den Rahmen sprengt.

Überschreiten des Gegebenen

Der Wunsch des ›Überschreitens', wie er von Peter betont wurde, bringt die Verwandlungstendenz mit Weiterentwicklung und Fortschreiten zusammen. Hier war das Drängen des Forschers und des Abenteurers zu spüren, der weiter kommen und seinen Wirkungsradius erweitern will. Erhofft wurde das Neue allerdings nicht so sehr vom ›methodischen‹ Schritt-für-Schritt, sondern – auf der Basis einer umfassenden Anregung – von der plötzlichen Verwandlung des Gesamt, der ›Bildwendung‹ (vgl. Blothner 1993, 91). Es wird nach Bedingungen gesucht, unter denen der glückliche Zufall sich ereignen kann – unvorhergesehen und doch erwartet. Eine solche Wendung zum Total (Dezentrierung, Zeitlosigkeit, Teil des Ganzen sein) findet sich auch in den Beschreibungen von Hilke, Lars und Stefan.

Wir können uns wieder fragen, welche Eigenschaften des Improvisierens es sind, die diese Wendungen begünstigen. Aus der Beschreibung von Stefan kennen wir die Schilderung des ›Abgehens', einer Prozessgestalt, die musikalisch auf einer Intensitätszunahme in einer oder in mehreren Dimensionen (Tonhöhe, Dichte, Tempo, Lautstärke) beruht.

Ein Spiel von Wiederholung und Abwandlung kann die Beteiligten in diesen Prozess einbinden. Das ›Interesse‹ an der Verwandlung kann jedoch auch durch andere Spannung erzeugende dramatische Mittel herbeigeführt werden. Die Untersuchung von Blothner (1993) über das Glücklichsein legt nahe, das Improvisieren (ähnlich dem Tanzen) zu den Tätigkeiten zu zählen, bei denen das Seelische sich so auf Verwandlungen und Drehungen einlässt, dass es in Übergang gerät »zu der Kernkonstruktion der seelischen Wirklichkeit (Konstruktion in Verwandlung).« (166) In diesem Übergang, wo also das Bewegen und das Bewegtwerden momentweise ununterscheidbar eins sind, entsteht der Eindruck eines qualitativen Sprungs, eines anderen Bewusstseins. Dies sind die Phänomene, die nach Mihaly Csikszentmihalyi (1999) mit »Flow-Erlebnis« bezeichnet werden und das sich u.a. durch das Erleben des Verschmelzens von Handeln und Bewusstsein auszeichnet. (Vgl. zum Thema »›Flow‹ und Improvisation« die Arbeit von Ove Volquartz (1999).)

Ein Maß finden für Offenheit und Abgrenzung

Hilke hat das Loslassen eingeübt und kultiviert, um aus Verspannungen und Ver-
krampfungen herauszufinden. Manche ihrer Improvisationen oder deren Vorformen
waren Übungen der Hingabe, in denen das Seelische gewissermaßen mit sich selbst
spielt. Die Kunst war, dabei nicht ganz den Überblick und die Steuerung zu verlieren.
Die befriedigende Gestaltung schien von der Balance zwischen Hingabe und Steue-
rung zu leben.

Die Schilderungen des ›Dudelns‹ machen darauf aufmerksam, dass beim Improvisieren – deutlicher noch als bei anderen musikalischen Aufführungsformen – das Hineinkommen, der Übergang dazu gehört, ja geradezu zum Thema werden kann (vgl.
Weymann 2000, 197f).

Die *Randzonen* der Musik sind für das Erleben besonders ergiebig: wenn man nicht
genau weiß, ob das Stück schon angefangen hat, wenn man unsicher ist, ob ›das noch
Musik ist’, aber auch die Übergänge zwischen künstlerischem und automatisch-
unwillkürlichem Handeln, die Übergänge zwischen (›bewusstlosem’) Klischee und
dem verweisenden Zitat. Einerseits gerät hier etwas ins Wackeln (oder in die Schwebe), es gibt einen Moment der Verwirrung, des Kippens, der die Aufmerksamkeit
höher spannt und zentriert. Andererseits bemerkt man, was alles ›mitspielt’, wenn
Musik gemacht wird: die Finger, der ganze Körper und deren ›Gedächtnis’; die Einfälle, die einem ständig durch den Kopf gehen; die Erwartungen und Wünsche; Formen und Traditionen; die Geräusche der Umgebung; die Wahrnehmung der anderen
Menschen und vieles mehr. Die improvisatorische Einstellung kann sich diesen Kon-
textbedingungen öffnen und sie gestaltend verarbeiten.

Das Pendant zu dieser Offenheit des Improvisieren ist eine gewisse Abgegrenztheit
der Gestalt, die sich allmählich ausbildet. Der ›Wirkungsraum‹ der Improvisation ist
als *begrenzt* spürbar, es gibt ein ›Innen‹ – die sich entwickelnde Gestalt, und ein ›Außen‹ – die Umgebung. Die Begrenzung ist wie eine halbdurchlässige Haut. Das Verhältnis von Offenheit und Geschlossenheit wechselt; der Wechsel kann schneller oder
allmählicher sein.

Diese Erfahrung beschrieb Elisabeth, als sie von der ›Schwelle‹ sprach, die zu über-
winden ist, um in den Wirkungsraum der Improvisation einzutreten: etwas sperrt sich
gegen den Eintritt, zugleich ist man fasziniert von der Andersartigkeit der Bewe-
gungsmöglichkeiten.

So lässt sich das Improvisieren immer als eine Art ›Brechung‹ denken, die sich durch den Eintritt in den neuen Wirkungsraum vollzieht. Dies ist beispielsweise eine Eigenart, die sich die Musiktherapie methodisch zunutze macht (s.u.).

Das ›private Selbst‹ ausgestalten

Die Schilderungen von Tom machten auf das Spannungsfeld des Privaten/Intimen und Öffentlichen aufmerksam, in dem sich jede Identitätsbildung vollzieht. Im Improvisieren konnte er zu sich kommen, sich mit seiner Eigenheit vertraut machen und diese für sich artikulieren. Zunächst waren dies Erfahrungen auf der Ebene eines ›privaten Selbst‹ (s.o.), die nicht oder bestenfalls beiläufig mit anderen geteilt wurden. Ähnliche Erfahrungen wurden auch von anderen GesprächspartnerInnen berichtet. Insbesondere Sonja und Almut haben die identitätsfördernden Momente des Improvisierens thematisiert. Sonja gelang es, mit dem Singen einen ›sicheren Raum‹ zu schaffen, in dem sie sich nicht einsam fühlte. Auch Almut kreierte mit musikalischen Mitteln einen ›eigenen Bereich', in dem sie in der Einsamkeit intensive Selbst-Erfahrungen machen konnte (›meine Musik für mich').

Eine wichtige Eigenschaft der Improvisation, auf die in diesem Zusammenhang immer wieder hingewiesen wird, ist, dass sie selbst hergestellt wird. Dies gilt auch dann, wenn das Improvisieren Zitate verwendet oder im Abwandeln und Umspielen bekannter Melodien besteht. Die gegenwärtige Situation wird beantwortet mit einer ›passenden‹ klanglichen Gestaltung.

In diesen Vorgängen der »Autokommunikation« (sich selbst zuhören) macht man sich mit sich selbst vertraut, füllt den ›leeren Raum‹ und konstruiert sich gewissermaßen selbst als Partner (vgl. Decker-Voigt 1999, 186).

Die selbst geschaffenen Formen unterliegen weniger stark den Ansprüchen anderer. Da man sie hergestellt hat, gewinnt man eine gewisse Definitions-Autorität über sie. Im Spiel-Raum formte sich diejenige Qualität heraus, die jeweils gebraucht wurde – als belebte Weite in der Enge und Bedrängnis (Almut) oder als ›Partner‹ in der Einsamkeit (Sonja).

Die Erwähnung von Stimme und Atem weist darauf hin, dass es auch um Körpererfahrungen geht. Das Spielen und Singen ist reale Handlung. Man spürt sich in dieser

Handlung, man hört seine Kraft oder seine Zaghaftigkeit, man hört den eigenen Atem. Und man hört und spürt eine Verbindung zwischen Fühlen und Handeln.

Mitteilungen machen

Tom, der das Improvisieren zunächst ›privatisierte', sich der Gemeinschaft entzog, um für sich eine Eigenform zu finden, beschrieb anschaulich die Übergänge vom Solo zum Zusammenspiel. Wichtig schienen dabei Formen (›Traditionen') zu sein, die eine gewisse Alltäglichkeit verbreiteten, in denen das Präsentieren und Einfügen des ›Eigenen‹ üblich war. Ähnlich auch Sonjas Vorstellung, dass für diesen Schritt neben der Selbstvergewisserung die Übersetzung des Eigenen in eine Kunst-Welt erforderlich sei.

Es ist von Distanzierungen und Stilisierungen die Rede, die es im Rahmen künstlerischer Darstellungen möglich machen, das Intime in Formen zu präsentieren, die es gleichzeitig schützen und verbergen. Das heißt, die eigene Musik ist *zugleich* Selbstausdruck *und* reflektierte, gestaltete Form. Sie wird nicht ungebrochen präsentiert, sie ist nicht *symptomatischer* sondern *symbolischer* Ausdruck. Selbst da, wo sie den Anschein der puren Unmittelbarkeit und Impulsivität hat, ist dies *auch* bewusste Entscheidung, ist dies Stil und Idiom. Um es noch einmal im Bild auszudrücken: das ›Bett auf der Straße‹ ist allenfalls eine Sache des Kindes – oder des Künstlers. Ansonsten wirkt die pure Präsentation des Intimen als Symptom einer Störung und fordert eine schützende Hilfestellung der Umstehenden heraus.

Unfertige Geschlossenheit: Widersprüche integrieren

Je freier von stilistischer Bindung eine Improvisation ist, je mehr sich das Spiel eines Improvisators von musikalisch-idiomatischer Bindung löste – um so fragiler wird einerseits die Bewertung, umso größer aber auch die Chance der Entwicklung einer eigenständigen Ausdrucksform. Wilson weist darauf hin, dass die Musik großer Improvisationsmusiker wie Derek Bailey, Cecil Taylor oder Peter Brötzmann nicht mehr in erster Linie die Widerspiegelung einer aktuellen Stimmungslage ist, sondern vielmehr »Ausdruck einer über Jahre, Jahrzehnte gewachsenen Haltung zum Klang, zum Instrument, zum Musikmachen« (Wilson 1999, 11).

Die Wendungen und Spielweisen, die unverkennbar auf ihre Autoren verweisen, wurden im Lauf der Zeit zu »Vokabeln einer selbstgeschaffenen Sprache« (18) und zum »Spiegel der Persönlichkeit« (11). Es ist als gebe es gerade in der völlig offenen, von allen Idiomen befreiten Musik wieder die Tendenz, sich zum Idiom zu verdichten und zwar zu einem individuellen, selbst geschaffenen. Dieses muss keineswegs ›privat‹ sein, das heißt es kann mitteilbar und verständlich sein und individuelle Äußerungen anderer herausfordern. Denkbar wird hier eine Kultur, in der sich der Austausch *zwischen* den Idiomen statt *im* Idiom vollzieht. Freilich ist dies nicht möglich ohne die Metaebene eines gemeinsamen Bezugspunkts, beispielsweise einer geteilten Auffassung des Begriffs von Musik und Musikmachen.

Peter beschrieb im Interview das dialektische Verhältnis von Neuem und Erprobtem in seiner Musik. In der Abwendung von bewährten Formen hatte sich im Zusammenspiel mit einem Partner doch eine bestimmte reizvolle Spielweise etabliert. Gerade diese Verfestigung ließ das Verlangen, die Suche nach etwas Neuem, wieder aufkommen.

Der Wirkungsraum des Improvisierens kommt da an seine Grenzen, wo diese Suche aufhört. Die ›Identitäten‹ in Improvisationen (das Ähnliche, das Wiedererkennbare, Stilistik und individuelles Idiom) sind niemals fest und gesichert. Sie gelten nur, solange sie etwas ›hergeben’, solange etwas damit ›anzufangen‹ ist – was durchaus eine Weile der Fall sein kann.

Insofern sind Persönlichkeit und individuelle Spielweise improvisierender Musiker aufeinander bezogen. Das eine reflektiert das andere. Wie die Persönlichkeit ist die Spielweise in ihrer Identität relativ überdauernd und kommt dennoch mit den Verwandlungen nie zum Ende.

Ausblick: Improvisieren als Behandlung und Selbstbehandlung in der Musiktherapie

> Musik gewinnt sich aus Lebensprozessen ihre Form – und sie gibt dem Lebendigen Form zurück.
>
> Christian Kaden

Inwiefern kann das Improvisieren der Selbstbehandlung eines Lebenswerks dienen? Die Ergebnisse der Gespräche mit Musikern und Musikerinnen waren in zwei Richtungen zu befragen: was erfahren wir über den Sinn des Improvisierens im jeweiligen Lebenskontext – und was erfahren wir dadurch über das Wesen und die Möglichkeiten musikalischer Improvisation überhaupt?

Die qualitative Studie wurde u.a. konzipiert als ein Beitrag zur Grundlagenforschung für die Musiktherapie. Im Rahmen der musiktherapeutischen Behandlungsmethodik besteht Klärungsbedarf in der Frage, welche Eigenschaften der Wirkungsraum der musikalischen Improvisation aufweist. Das Improvisieren stellt bislang ein zunächst pragmatisch eingeführtes, in der Praxis vielfach bewährtes, theoretisch aber nur unzureichend fundiertes Verfahren innerhalb der (psycho-)therapeutischen Behandlung dar.

Die alltagspsychologische Perspektive berührt die musiktherapeutischen Anliegen in der Frage, wie die Tätigkeit der musikalischen Improvisation mit der *Lebensmethode* der Spielenden zusammenhängt bzw. in Austausch zu bringen ist. Was sich bei Musikern eher beiläufig und über eine längere Zeit entwickeln mag, steht in der Musiktherapie im Kontext der Behandlungsmethodik.

In dem Abschnitt über »Improvisieren und Musiktherapie« (Kap. I.3) wurde die Ansicht vertreten, dass die Wirksamkeit des Improvisierens in der Musiktherapie in psychologischer Hinsicht vor allem auf der Bereitstellung besonderer *dialogischer Spiel- und Handlungsräume* beruht, in denen Möglichkeiten der Selbst-Klärung und

Weiterentwicklung gegeben sind. Die Selbstbehandlung wird hier also im Rahmen einer therapeutischen Beziehung gewissermaßen im Dialog fortgesetzt.

Das Improvisieren wird in der Musiktherapie einerseits zu einem »Mittel der Erkenntnisgewinnung, zur ästhetischen Auseinandersetzung mit psychologischen Fragen.« (Tüpker 1998, 137) Andererseits wird die Improvisation im Moment des Spiels, auch wenn sie als *Mittel zum Zweck*, als ein Werkzeug der Behandlung eingesetzt wird, für die Partner des gemeinsamen Werks der Behandlung zum *Medium*, zum Übergangsraum, *in dem* (nicht *mit dem*) sich für die Behandlung Wesentliches ereignen kann (vgl. Jadi 1994, 41). Sie stellt ein therapeutisch wirksames Experimentier- und Erfahrungsfeld dar (vgl. hierzu auch Frohne 2001, 103f und Hegi 1988, 158).

Erkennbar werden in Improvisationen – so die Grundannahme – *Spuren* von Lebensweisen und für den Patienten bedeutsamen Szenerien sowie *Muster* der Lebensbewältigung. Im Kontext der Morphologischen Psychologie ist, diese Aspekte zusammenfassend, von der *Lebensmethode* die Rede, die u.a. über Improvisationen erschlossen werden kann. Dies stellt eine Form einer »musikologischen Lebensforschung« (Kaden) dar. Mit dem Untersuchungsverfahren der »Beschreibung und Rekonstruktion« etwa verfügen wir über ein bewährtes musikbezogenes Werkzeug, mit dem einzelne musiktherapeutische Improvisationen im Kontext der Lebensmethode analysiert werden können (vgl. Weymann 1996, Tüpker 1996).

Verwandlungsprobleme

Im morphologisch-psychologischen Verständnis behandeln wir in der Therapie nicht Symptome oder Krankheiten, sondern vielmehr ihnen zugrunde liegende seelische *Verhältnisse*. Gegenstand der Behandlung ist die ins Stocken geratene bzw. die zu entwickelnde *Selbstbehandlung*, und zwar anhand ihrer unterschiedlichen Ausdrucksbildung (Improvisation, Beziehungsentwicklung, Gespräch, Szene etc.). Musiktherapie ist so verstanden eine »Beratung der Verhältnisse«, wie es Grootaers (1994, 56) prägnant formulierte. »Der eigentliche Patient ist das jeweils spezifische und historisch individuelle, gewachsene Verwandlungsproblem. Diese Verhältnisse verweisen aber zugleich auf allgemeine psychoaesthetische Probleme und auf unlösbare Paradoxien.« (Ebd.) Hier spielt Grootaers auf die sich paradoxal und problematisch organisierende Struktur des Seelischen selbst an, auf die auch die in dieser Arbeit herausgestellte Gegensatzeinheit *Identität – Verwandlung* verweist. Mit der Improvisation wird ein dialogischer Wirkungsraum bereitgestellt, in dem die je individuellen Umgangsformen mit dieser Gegensatzeinheit zum Ausdruck kommen und Variationen und Erweiterungen entwickelt werden können (vgl. Weymann 1990).

Die Vielfalt der individuellen Ausdrucksbildungen in der musiktherapeutischen Improvisation ist so groß wie die Vielfalt der Individuen. Es lässt sich zudem nicht genau voraussagen, was bei einem musikalischen ›Experiment‹ herauskommt. Die Ergebnisse der vorliegenden Studie stellen allerdings strukturelle Anhaltspunkte für die Einschätzung solcher Musikstücke bereit. Der Wirkungsraum der Improvisation bietet *spezifische Lösungsmöglichkeiten* für grundlegende Lebensprobleme an, wie in den *Ausformungen* des vorigen Abschnitts exemplarisch dargestellt. Diese Lösungsmuster sind in der musiktherapeutischen Behandlung ähnlich bzw. in verzerrter, fragmentierter oder rudimentärer Form zu entdecken.

Zur Verknüpfung der allgemeinen Ausformungen des Wirkungsraums der musikalischen Improvisation mit Gestaltungen aus dem therapeutischen Bereich sind weitere Untersuchungen erforderlich. Es soll aber hier bereits auf eine Studie hingewiesen werden, die entsprechende Anschlussmöglichkeiten bietet. In seiner Untersuchung von dreizehn individuellen »Lebensformeln« bzw. »Drehfiguren« und zwei Gruppenverläufen aus der Musiktherapie zeigt Frank Grootaers (2001), wie sich Störungen im Umgang mit der Alltagswirklichkeit im Rahmen der Behandlung darstellen. Die in den Improvisationen zwischen Patient und Therapeut erscheinenden musikalischen Verhältnisse werden auf die Formen der Alltags-Behandlung der Patienten bezogen, sie »*verweisen auf* gestörte Verhältnisse in den Alltags-Gestalten der Patienten« (Grootaers 2001, 2). Damit wird andererseits das »gestörte musikalische Moment des Patienten (...) in den Rahmen allgemeiner musikalischer Verhältnisse gerückt, d.h. in die Perspektive kulturell gemeinsamer Verhältnisse. Die Abweichungen von dieser allgemeinen Perspektive sind der Anlass der psychologischen Problematisierung. Das ist der Gedankengang, der die psychologisierende Operation führt« (ebd., 30).

Als Beispiele für solche ›gestörten‹ Gestalten, die aus der musiktherapeutischen Improvisation sowie den Erzählungen der Patienten erschlossen wurden, seien drei der ermittelten *Grundverhältnisse* aus der Arbeit von Grootaers zitiert: *Hinstellen – Umstellen, Zufallen – Ergreifen, Suchen - Finden.* In ihnen lassen sich auf Anhieb durchaus Ähnlichkeiten zu den Grundverhältnissen in der vorliegenden Studie erkennen, in der Kurzcharakterisierung zeigt sich jedoch auch, worin jeweils die Verzerrung, Verdrehung oder Vereinseitigung in der Lebensmethode, kurz: das *Verwandlungsproblem* besteht.

Bei dem Fallbeispiel etwa, das unter dem Grundverhältnis *Hinstellen – Umstellen* beschrieben wird, hängt die Selbstbehandlung der Patientin gewissermaßen fest – zwischen dem ›Identitäts‹-Pol *Hinstellen* und dem ›Verwandlungs‹-Pol *Umstellen* –, weil beide Figurationen verdreht oder einseitig extremisiert erscheinen: »Das Hinstellen wird von einem Unbedingt-Wollen regiert und zwingt zu seltsamen Aufteilungen. Das Umstellen wird in der Weise weitergedreht, dass Dinge auf dem Kopf zu stehe kommen. Musikalisch, wie auch sonst im Leben.« (Grootaers 2001, 42)

Ähnlich in den anderen beiden Beispielen: »Das *Zufallen* sucht Gestalten der Verlorenheit auf, das *Ergreifen* verflüchtigt sich in Nichts-Gestalten.« (Ebd.) Und: »Das *Suchen* verliert sich in Gestrüppgestalten, das *Finden* zwängt seine Mühen in ewig wiederholte Klischees.« (Ebd.)

In sehr genauen, differenzierenden Schilderungen wird sodann gezeigt, wie die Problematik sich in den unterschiedlichen Aspekten der Behandlung jeweils entfalten und eine neue Richtung gewinnen konnte, und wie dieser neue Trend sich in der Katamnesesitzung als Nachwirkung der Behandlung zeigte.

Praxisbezüge

Vor dem Hintergrund derartiger Therapieforschungsprojekte kann der Stellenwert der vorliegenden Untersuchung für die Musiktherapie noch einmal verdeutlicht werden: die hier vermittelten »Ansichten vom Improvisieren« zeigen die gelingende Interaktion der Befragten mit dem Wirkungsraum der Improvisation über einen längeren Zeitraum. Sie sind nicht Bestandteile von Krankengeschichten (trotz sich möglicherweise darin zeigender seelischer Problemlagen). Damit stellen sie Beispiele im Sinne von *Vor-Bildern* oder Prototypen dar, die den konkreten Formenbildungen in der Praxis der Musiktherapie als orientierende Anhalte dienen können. Ein weiterer Nutzen für praktizierende Musiktherapeuten liegt im methodischen Vorgehen: der Weg der abstrahierenden Erschließung von *Grundverhältnissen* aus den Erzählungen im Interview kann als exemplarisch angesehen werden für die Erschließung und Analyse von Lebensmustern im Ausdrucksfeld der Musiktherapie.

›Gesund‹ und ›krank‹ bzw. ›behandlungsbedürftig‹ sind nicht kategorial grundver-schiedene Zustände. Die Begriffe beschreiben Tendenzen innerhalb eines Kontinu-ums. Insofern lassen sich ›Störungen‹ durchaus als Varianten gelingenden Umgangs verstehen. So können die Behandlungsaufträge oder -anliegen in einer psychothera-peutischen Behandlung als Sonderformen allgemein-seelischer Problemanforderun-gen verstanden werden. Ebenso kann die hier beschriebene (und u.a. mehr oder weni-ger erfolgreich zur Selbstbehandlung verwendete) Improvisationspraxis als Variante der therapeutischen Musizierpraxis angesehen werden – und umgekehrt.

Anhand dreier hypothetischer Fallandeutungen soll dieser verbindende Gedanke ab-schließend exemplifiziert werden, indem die *Ausprägungsformen* der Übergänge zwischen *Identität* und *Verwandlung,* wie sie im vorigen Kapitel dargestellt wurden, in Verbindung gebracht werden mit charakteristischen therapeutischen Behandlungs-anliegen:

Im psychotherapeutischen Kontext könnte es darum gehen, *Widersprüche* oder Stö-rungen innerhalb der eigenen Persönlichkeit bzw. zwischen dem Selbst und der Welt zunächst einmal zur Erscheinung zu bringen um sie dann in einer gelingenden Kom-promissbildung (›*Unfertige Geschlossenheit'*) erstmals oder erneut zu *integrieren.* Die künstlerische Gestaltung kann dazu Vorläufer und Modell sein.

In einem anderen Fall kann es erforderlich sein, zunächst überhaupt einen Zugang zu den *eigenen Tönen* zu finden, das Verschwiegene für sich zu entdecken und kennen zu lernen (»*Privates Selbst*«). Dies kann womöglich allmählich in *Mitteilungen* und gelingende Interaktionen mit anderen Menschen einmünden, die ein angemessenes *Verhältnis von Offenheit und Abgrenzung* ausgestalten.

Wieder anders ist die Ausgangslage beispielsweise, wenn der Wunsch nach dem *Überschreiten des Gegebenen* oder nach *riskantem Balancieren* in der Alltagswirk-lichkeit immer wieder zum Absturz oder zum Scheitern führen. Anhand der Improvi-sationen lassen sich Erfahrungen machen, Beobachtungen und Überlegungen zur Gestaltung von Risiko und Scheitern anstellen und im Rahmen dieses »Übungs- und Experimentierfelds« andere *Übergänge* erkunden.

Schluss

Die Schwebeverfassung der Improvisation erfordert ein Können. Improvisieren bedeutet, gegenwärtig zu sein in diesem »Lichtpunkt des Schwebens« (Novalis) und sich auf das Unbekannte einlassen zu können – offen für das, was kommt, wie für das, was aus der Vergangenheit wirksam ist. Es bedeutet, immer wieder anfangen zu können, in einer wachen Haltung zwischen absichtsvollem Handeln und Geschehenlassen.

Die *Zwischentöne* der Improvisation vermitteln zwischen dem Alltag und den universellen Verhältnissen des Seelenlebens. Dies ist ein zentraler Ansatzpunkt auch für die Musiktherapie.

Literaturverzeichnis

Andreas, Reinhard (1994): Generierung musikalischer Strukturen / Improvisation. In: Bruhn, H.; R. Oerter; H. Roesing (Hg.): Musikpsychologie: ein Handbuch. Reinbek: Rowohlt. 506–514.

Andreas, Reinhard (1996): Improvisation: Musikpsychologie. In: MGG Sachteil Bd.4. Kassel: Bärenreiter.

Ansdell, Gary (1997): Musical Elaborations. What has the New Musicology to say to music therapy? British Journal of Music Therapy, 11/2 (1997), 36–44.

Arendt, Hannah (1999): Rede am 28. September 1959 bei der Entgegennahme des Lessing-Preises der Freien und Hansestadt Hamburg. Hamburg: Europäische Verlagsanstalt.

Auchter, Thomas und Strauss, Laura Viviana (1999): Kleines Wörterbuch der Psychoanalyse. Göttingen: Vandenhoeck & Ruprecht.

Balint, Michael (o.J.): Angstlust und Regression. Beitrag zur psychoanalytischen Typenlehre. Beiheft zur Zeitschrift Psyche. Stuttgart: Klett.

Bamberg, Ruth und Micol, Philippe (Hg.) (2000): Vom Umgang mit dem Zufall: Acht Gespräche mit MusikerInnen über Improvisation und Kultur. Duisburg: AutorenVerlag Matern.

Behne, Klaus-Ernst (1992): Zur Psychologie der (freien) Improvisation. In: Fähndrich, Walter (Hg.) (1992): Improvisation. 10 Beiträge. Winterthur: Amadeus, 42–62.

Bergstrøm-Nielsen, Carl (2001): Clinical Improvisation and the Universe of Musical Idioms. In: Bergstrøm-Nielsen, Carl und Weymann, Eckhard (Hg.): Vermittlungen ... musically speaking. BVM (Hg.): Reihe Einblicke, Beiträge zur Musiktherapie, Heft 12. 87–95.

Bergstrøm-Nielsen, Carl und Weymann, Eckhard (Hg.) (2001): Vermittlungen ... musically speaking. BVM (Hg.): Reihe Einblicke, Beiträge zur Musiktherapie, Heft 12.

Berliner, Paul F. (1994): Thinking in jazz: the infinite art of improvisation (Chicago studies in ethnomusicology). Chicago: The University of Chicago Press.

Blothner, Dirk (1993): Der glückliche Augenblick. Eine tiefenpsychologische Erkundung. Bonn: Bouvier.

Brockhaus (2000): Die Enzyklopädie in 24 Bänden. 20. überarb. und aktualisierte Auflage. Leipzig, Mannheim: Brockhaus.

Bruhn, Herbert; Oerter, R.; Roesing, H. (Hg.) (1994): Musikpsychologie: ein Handbuch. Reinbek: Rowohlt.

Bruscia, Kenneth E. (1991): Case Studies in Music Therapy. Phoenixville PA.: Barcelona.

Buchholz, Michael B. (1995): Metapherntheorie und therapeutische Praxis. In: Tress / Sies (Hg.): Subjektivität in der Psychoanalyse. Göttingen: Vandenhoeck & Ruprecht.

Buytendijk, F.J.J. (1928): Anschauliche Kennzeichen des Organischen. Zit. n. Fitzek, H. (1994).

Cézanne, Paul (1980): Über die Kunst. Mittenwald: Mäander.

Csikszentmihalyi, Mihaly (1999): Das Flow-Erlebnis. Jenseits von Angst und Langeweile, im Tun aufgehen. 7. Aufl. Stuttgart: Klett-Cotta.

Dahlhaus, Carl (1973): Komposition und Improvisation. Musik und Bildung IV, 225–228.

Daniélou, Alain (1975): Einführung in die indische Musik. Wilhelmshaven: Heinrichshofen.

Decker-Voigt, H.-H. (1996): Musiktherapeutisches Videofeedback (MVF) und Musiktherapeutische Tiefenentspannung (MTE). In: Decker-Voigt, H.-H. und F.-K. Maetzel: Musiktherapie bei Herzpatienten. Göttingen: Hogrefe.

Decker-Voigt, Hans-Helmut (1999): Mit Musik ins Leben. Wie Klänge wirken: Schwangerschaft und frühe Kindheit. Kreuzlingen: Ariston.

Decker-Voigt, Hans-Helmut (2002): Musiktherapeutische Tiefenentspannung – Einführung in eine Methodik rezeptiver Musiktherapie am Beispiel der Arbeit mit Herzpatienten. Bremen: Eres.

Decker-Voigt, Hans-Helmut; Knill, Paolo J.; Weymann, Eckhard (Hg.) (1996): Lexikon Musiktherapie. Göttingen: Hogrefe.

Deuter, Martin (1996): Beziehungsformen in der musiktherapeutischen Arbeit mit psychotischen Patienten. In: Tüpker, Rosemarie (Hg.): Konzeptentwicklung musiktherapeutischer Praxis und Forschung. Münster: Lit.

Deutsch, Diana (Hg.) (1999): The Psychology of Music (2nd Ed. / 1982). San Diego: Academic Press.

Dilthey, Wilhelm (1894): Ideen über eine beschreibende und zergliedernde Psychologie. In: Gesammelte Schriften, Bd. 5. Leipzig [1924].

Escher, Josef (1998): Die Bedeutung von Musik in der modernen Medizin. Zs. Praxis 1998; 87: 987–996. Bern: Huber.

Faller, Hermann (1994): Das Forschungsprogramm »Qualitative Psychotherapieforschung«. Versuch einer Standortbestimmung. In: Faller, Hermann; Jörg Frommer (Hg.): Qualitative Psychotherapieforschung: Grundlagen und Methoden. Heidelberg: Asanger.

Feißt, Sabine (1997): Der Begriff ›Improvisation‹ in der neuen Musik. Berliner Musik Studien Bd.14. Sinzig: Studio.

Ferand, Ernest (1957): Improvisation. In: Musik in Geschichte und Gegenwart (MGG). Bd.6, Kassel. Sp.1093ff.

Ferand, Ernst (1938): Die Improvisation in der Musik. Eine entwicklungsgeschichtliche und psychologische Untersuchung. Zürich: Rhein-Verlag.

Fitzek, Herbert (1994): Der Fall Morphologie. Biographie einer Wissenschaft. Bonn: Bouvier.

Fitzek, Herbert und Salber, Wilhelm (1996): Gestaltpsychologie. Geschichte und Praxis. Darmstadt: Wissenschaftliche Buchgesellschaft.

Fitzthum, Elena (2001): Improvisationsunterricht am Beispiel des Kurzstudiums der Musiktherapie an der Universität Wien. In: Bergstrøm-Nielsen, Carl und Weymann, Eckhard (Hg.): Vermittlungen ... musically speaking. BVM (Hg.): Reihe Einblicke, Beiträge zur Musiktherapie, Heft 12. 34–43.

Flick, Uwe (1995): Qualitative Forschung. Theorie, Methoden, Anwendung in Psychologie und Sozialwissenschaften. Rowohlts Enzyklopädie. Reinbek: Rowohlt.

Flick, Uwe; Kardorff, E.v.; Keupp, H.; Rosenstiel, L.v.; Wolff, S. (Hg.) (1991): Handbuch Qualitative Sozialforschung. München: PVU.

Flusser, Vilém (1994): Gesten. Versuch einer Phänomenologie. Frankfurt am Main: Fischer.

Frank-Bleckwedel, Eva-Maria (1996): Rezeptive Musiktherapie. In: Decker-Voigt et al. (Hg.): Lexikon Musiktherapie. 326–331.

Freichels, Hans Jürgen (1995): Kennzeichen des morphologischen Tiefeninterviews. Zwischenschritte. 14/2, 87–97.

Freud, Sigmund (1900 / 1972): Die Traumdeutung. Studienausgabe Band 2. Frankfurt am Main: S. Fischer.

Friedemann, Lilli (1973): einstiege in neue klangbereiche durch gruppenimprovisation. Wien: Universal Edition.

Fuchs, Gerd (1984): Biographische Forschung. Eine Einführung in Praxis und Methoden. Opladen: Westdeutscher Verlag.

Gabrielson, Alf (1999): The Performance of Music: Improvisation. In: Deutsch, Diana (Hg.): The Psychology of Music (2nd Ed. / 1982). San Diego: Academic Press.

Globokar, Vinko (1972): Man improvisiert ... Bitte, improvisieren Sie! ... Komm, lasst uns improvisieren! ... Melos XXXIX, 84–87.

Globokar, Vinko (1993): Gespräch am 26.2.1993 in Hamburg.

Goethe, Johann Wolfgang v. (1817): Bildung und Umbildung organischer Naturen. Zur Morphologie. In: Sämtliche Werke Bd.XVI. Leipzig, Insel, o.J.

Grootaers, Frank (1983): Improvisation. In: Decker-Voigt (Hg.): Handbuch Musiktherapie. Lilienthal: Eres. 245–251.

Grootaers, Frank G. (1994): Die Konstruktion von Musiktherapie in der Psychosomatik. In: IMM (Hg.): Materialien zur Morphologie der Musiktherapie, Heft 6. Bad Zwesten. (Bezug über IMM-Münster, Goldstr.58, 48565 Steinfurt.).

Grootaers, Frank G. (1996a): Grundverhältnisse in Figurationen. In: Tüpker, R. (Hg.): Konzeptentwicklung musiktherapeutischer Praxis und Forschung. Materialien zur Musiktherapie, Bd. 1. Münster: Lit.

Grootaers, Frank G. (1996b): Formenbildung. In: Decker-Voigt, Hans-Helmut, Paolo J. Knill, Eckhard Weymann (Hg.) (1996): Lexikon Musiktherapie. Hogrefe: Göttingen.

Grootaers, Frank G. (2001): Bilder behandeln Bilder. Musiktherapie als angewandte Morphologie. Materialien zur Musiktherapie, Bd. 7. Münster: Lit.

Grüne, Heinz und Lönneker, Jens (1993): Der »Mehrwert« von Tiefeninterviews in der Marktforschung. In: Fitzek, Herbert und Armin Schulte (Hg.): Wirklichkeit als Ereignis. Bd.1. 107–117. Bonn: Bouvier.

Hegi, Fritz (1986): Improvisation und Musiktherapie. Möglichkeiten und Wirkungen von freier Musik. Paderborn: Junfermann.

Hegi, Fritz (1998): Übergänge zwischen Sprache und Musik. Paderborn: Junfermann.

Heubach, Friedrich Wolfram (1987): Das bedingte Leben. Entwurf zu einer Theorie der psycho-logischen Gegenständlichkeit der Dinge. München: Fink.

Irle, Barbara; Müller, Irene (1996): Raum zum Spielen – Raum zum Verstehen: Musiktherapie mit Kindern. Materialien zur Musiktherapie, Bd. 2. Münster: Lit.

Jadi, Ferenc (1994): Improvisation und Ontologie. Fragen zu einer Behandlung durch Musizieren. DBVMT (Hg.): Einblicke, Heft 5.

Jenny, Hans (1972): Kymatik. Wellen und Schwingungen mit ihrer Struktur und Dynamik. Bd. 2. Basel: Basilius Presse.

Jörgensmann, Theo; Weyer, Rolf-Dieter (1991): Kleine Ethik der Improvisation. Essen: Neue Organisation.

Kaden, Christian (1993): Des Lebens wilder Kreis. Musik im Zivilisationsprozess. Kassel, Bärenreiter.

Kapteina, Hartmut (1996): Improvisationsbewegung. In: Decker-Voigt, Hans-Helmut, Knill, Paolo J.; Weymann, Eckhard (Hg.): Lexikon Musiktherapie. 137–140.

Keupp, Heiner (2001): Identität. In: Lexikon der Psychologie in fünf Bänden, Bd.2: F – L. Heidelberg: Spektrum, Akad. Verlag.

Kiel, Hildegard (1993): Guided Imagery and Music – Ein Konzept der rezeptiven Musiktherapie. Musiktherapeutische Umschau, 14, 327–339.

Kleining, Gerhard (1995): Lehrbuch Entdeckende Sozialforschung. Band 1: Von der Hermeneutik zur qualitativen Heuristik. Weinheim: Beltz PVU.

Kleist, Heinrich von (1966): Werke in einem Band. München: Hanser.

König, René (1972): Das Interview. 7. Auflage. Köln: Kiepenheuer & Witsch.

Konitzer, M.; Doering, T.; Fischer, G. C. (2001): Metaphorische Aspekte der Misteltherapie im Patientenerleben – eine qualitative Studie. Forsch. Komplementärmed. Klass. Naturheilkd.2001; 8: 68–79.

Kriz, Jürgen (1999): Systemtheorie für Psychotherapeuten, Psychologen und Mediziner: eine Einführung. Wien: Facultas.

Kubie, Lawrence S. (1966): Psychoanalyse und Genie / Der schöpferische Prozess, Reinbek: Rowohlt.

Kunkel, Sylvia (1996): »Sein oder Nicht-Sein«. Musiktherapie mit einem schizophrenen Patienten. In: Tüpker, Rosemarie (Hg.): Konzeptentwicklung musiktherapeutischer Praxis und Forschung. Münster: Lit.

Langenberg, Mechtild (1988): Vom Handeln zum Be-Handeln. Darstellung besonderer Merkmale der musiktherapeutischen Behandlungssituation im Zusammenhang mit der freien Improvisation. Stuttgart: G. Fischer.

Langenberg, Mechtild; Frommer, Jörg; Tress, Wolfgang (1992): Qualitative Methodik zur Beschreibung und Interpretation musiktherapeutischer Behandlungswerke. Musikth.Umsch. 13, 258–278.

Langenberg, Mechtild; Frommer, Jörg; Seizinger, Frank; Ressel, Tim (1994): Verschmelzung und Trennung. Musiktherapeutische Einzelfallforschung am Beispiel einer narzißtischen Persönlichkeitsstörung. In: Faller, Hermann und Frommer, Jörg (Hg.): Qualitative Psychotherapieforschung. Heidelberg: Asanger. 108–127.

Langer, Susanne K. (1979): Philosophie auf neuem Wege. Das Symbol im Denken, im Ritus und in der Kunst. Mittenwald: Mäander. [1942].

Lehtonen, Kimmo (1994): Gibt es Entsprechungen zwischen den Strukturen von Musik und denen der Psyche? Musikth.Umsch., 15 (1), 9–24.

Leikert, Sebastian (1990a): Psychologische Untersuchungen zur musikalischen Improvisation. Untersuchungen zur Ablaufsregel kurzer, absprachefreier Douimprovisationen. Unveröff. Diplomarbeit Psychologie, Universität Köln.

Leikert, Sebastian (1990b): Die Lust am Zuviel. Der Wirkungsraum der Instrumentalimprovisation. Zwischenschritte 9 (1990).

Lorenzer, Alfred (1983): Sprache, Lebenspraxis und szenisches Verstehen in der psychoanalytischen Therapie. Psyche, Heft 2 / 1983.

Makowitzki, R. (1995): »Über mein Spiel kann ich nichts sagen, denn ich spüre nichts«. Möglichkeiten der Modifikation musiktherapeutischer »Standardregeln«. Musikth. Umsch. 16, 126–147.

Mayring, Andreas (1993): Einführung in die qualitative Sozialforschung: eine Anleitung zu qualitativem Denken. 2. überarb. Aufl. Weinheim: Beltz.

Merton, R. K., Kendall, P. L. (1946 / 1979): The focussed interview. Am. J. of Sociology, 51, 514-557. Deutsch in: Hopf, C., Weingarten, E. (Hg.) Qualitative Sozialforschung. Stuttgart: Klett-Cotta. 171–203.

Metzner, Susanne (2000): Ein Traum: Eine fremde Sprache kennen, ohne sie zu verstehen. Zur Evaluation von Gruppenimprovisationen. Musikth.Umsch. 21, 234–247.

Meyer-Denkmann, Gertrud (1972): Struktur und Praxis neuer Musik im Unterricht. Wien: Universal Edition.

MGG (= Musik in Geschichte und Gegenwart) (1996): ›Improvisation'. Sachteil, Bd.4. Kassel: Bärenreiter. Sp. 538ff.

Müller, Hermann-Christoph (1994): Zur Theorie und Praxis indeterminierter Musik. Aufführungspraxis zwischen Experiment und Improvisation. Kölner Beiträge zur Musikforschung, Bd. 179. Kassel: Bosse.

Nettl, Bruno (1983): The study of ethnomusicology. Urbana, Ill.: Univ. of Ill.Press.

Nettl, Bruno und Melinda Russell (Hg.) (1998): In the course of performance: studies in the world of musical improvisation. Chicago: University of Chicago Press.

Niedecken, Dietmut (1988): Einsätze. Material und Beziehungsfigur im musikalischen Produzieren. Zur Vermittlung von Musikästhetik und Musiktherapie. Hamburg: VSA.

Niedecken, Dietmut (1996): Symbol. In: Decker-Voigt, Hans-Helmut, Paolo J. Knill, Eckhard Weymann (Hg.) (1996): Lexikon Musiktherapie. Göttingen: Hogrefe. 382–385.

Noglik, Bert (1990): Klangspuren. Wege improvisierter Musik. Berlin: Verlag Neue Musik.

Noll, Dietrich J. (1977): Zur Improvisation im deutschen Free Jazz. Untersuchungen zur Ästhetik frei improvisierter Klangflächen. Schriftenreihe zur Musik, Band 11. Hamburg: Wagner.

Nordoff, Paul und Clive Robbins (1975): Musik als Therapie für behinderte Kinder. Stuttgart: Klett.

Novalis (1965): Bemerkungen zur Wissenschaftslehre (1795 / 96). In: Schriften, 2.Bd., Das philosophische Werk I. Darmstadt: Wiss. Buchgesellschaft.

Nunn, Thomas E.(1998): Wisdom of the impulse: on the nature of musical free improvisation. San Francisco, CA: Thomas E. Nunn.

Petersen, Peter (2000): Der Therapeut als Künstler. 4. Neuauflage Stuttgart: Mayer.

Petersen, Peter (2000a): Politik des runden Tisches und Grundstrukturen integraler Therapie. In: Ders. Der Therapeut als Künstler.

Petersen, Peter (Hg.) (2002): Forschungsmethoden künstlerischer Therapien. Stuttgart: Mayer.

Petri, Horst (1997): Guter Vater – böser Vater. Psychologie der männlichen Identität. Bern: Scherz.

Priestley, Mary (1975): Music Therapy in Action. London: Constable. Dt.: Musiktherapeutische Erfahrungen. Stuttgart: G. Fischer.

Priestley, Mary (1983): Analytische Musiktherapie. Stuttgart: Klett-Cotta.

Riemann Musiklexikon (1967): Sachteil. Mainz: Schott.

Runze, Klaus (1971): Zwei Hände – zwölf Tasten. Mainz: Schott.

Ruud, Even (2000):»New Musicology«, Music Education and Music Therapy. Kongressvortrag, Universität Aarhus / Dänemark, August 2000. Nordic Journal of Music Therapy. Online: www.hisf.no/njmt/artikkelruudnewmusic.html

Ruud, Even und Wolfgang Mahns (1992): Meta-Musiktherapie. Stuttgart: G. Fischer.

Salber, Wilhelm (1965): Morphologie des seelischen Geschehens. Ratingen: Henn.

Salber, Wilhelm (1969): Strukturen der Verhaltens- und Erlebensbeschreibung. In: Enzyklopädie der geisteswissenschaftlichen Arbeitsmethoden. München: Oldenbourg.

Salber, Wilhelm (1972): Psychologie als Konstruktion und Neukonstruktion. In: ders. (Hg.): Perspektiven Morphologischer Psychologie. Bd.1. 81-94. Ratingen, Kastellaun, Düsseldorf: Henn.

Salber, Wilhelm (1986): Morphologie des seelischen Geschehens. 2. überarb. Aufl.. Köln: Tavros Edition.

Salber, Wilhelm (1989): Der Alltag ist nicht grau. Alltagspsychologie. Bonn: Bouvier.

Salber, Wilhelm (1993): Gestalt zwischen Kunst und Wirklichkeit. Gestalt Theory Vol.15 (1993), No. 3/4. 246–256.

Salber, Wilhelm (1995): Wirkungs-Analyse. Medien – Märkte – Management. Bonn: Bouvier.

Salber, Wilhelm (1999): Märchenanalyse. Zweite, erw. Aufl. – Bonn: Bouvier.

Salber, Wilhelm (2001): Psychologische Behandlung. 2., überarb. Aufl., Bonn: Bouvier.

Sawyer, R. Keith (1996): The semiotics of improvisation: The pragmatics of musical and verbal performance. Semiotica 108 – 3 / 4 (1996), 269–306.

Sawyer, R. Keith (1999): The emergence of creativity. Philosophical Psychology, 12, No.4, 447–469.

Sawyer, R. Keith (2000): Improvisational Cultures: Collaborative Emergence and Creativity in Improvisation. Mind, Culture, and Activity, 7(3), 180–185.

Schachtner, Christel (1993): Geistmaschine. Faszination und Provokation am Computer. Frankfurt am Main: Suhrkamp.

Schmid, Wilhelm (1998): Philosophie der Lebenskunst. Eine Grundlegung. Frankfurt am Main: Suhrkamp.

Schmidt, Heinrich (1982): Philosophisches Wörterbuch. Neu bearb. von Heinrich Schischkoff. Stuttgart: Kröner.

Schmidt, Siegfried J. (Hg.) (1987): Der Diskurs des Radikalen Konstruktivismus. Frankfurt am Main: Suhrkamp.

Schmölz, Alfred (1971): Zur Methode der Einzelmusiktherapie. In: C. Kohler (Hg.): Musiktherapie. Jena: Fischer.

Schmölz, Alfred (1983): »Das instrumentale Partnerspiel« und »Zum Begriff der Einstimmung in der Musiktherapie«. In: Decker-Voigt (Hg.): Handbuch Musiktherapie. Lilienthal: Eres.

Schütz, Alfred (1932): Der sinnhafte Aufbau der sozialen Welt. Eine Einleitung in die verstehende Soziologie. Frankfurt: Suhrkamp (1993)

Schwenk, Theodor (1984): Das sensible Chaos. Strömendes Formenschaffen in Wasser und Luft. Stuttgart: Freies Geistesleben.

Seidel, Almut (1983): Soziale Kulturarbeit – Kulturelle Therapie. In: Decker-Voigt, Hans-Helmut (Hg.): Handbuch Musiktherapie. Lilienthal: Eres. 164–166.

Seifert, Werner (1993): Über Entwicklungen der Gestaltpsychologie. In: Entschieden psychologisch. Festschrift für Wilhelm Salber. Hg. von Dirk Blothner und Norbert Endres. Bonn: Bouvier.

Seiffert, Helmut und Radnitzky, Gerard (1989): Handlexikon zur Wissenschaftstheorie. München: Ehrenwirth.

Sennet, Richard (2000): Der Flexible Mensch. Die Kultur des neuen Kapitalismus. München: Siedler.

Spintge, Ralph; Droh, R. (1992): Musik Medizin – Physiologische Grundlagen und praktische Anwendungen. Stuttgart: Fischer.

Stein, Angelika und Herbert (1987): Kreativität. Psychoanalytische und philosophische Aspekte. München: Johannes Berchmanns

Stern, Daniel (1992): Die Lebenserfahrung des Säuglings. Stuttgart: Klett-Cotta.

Stockhausen, Karlheinz (1978): Fragen und Antworten zur Intuitiven Musik. Texte zur Musik 1970–1977, Bd. IV. 130–145. Köln: Dumont.

Teirich, Hildebrand (Hg.) (1958): Musik in der Medizin. Stuttgart: G. Fischer.

The New Grove Dictionary of Jazz (1994). New York: St. Martin's.

Tüpker, Rosemarie (1988): Ich singe, was ich nicht sagen kann. Zu einer morphologischen Grundlegung der Musiktherapie. Regensburg: Bosse.

Tüpker, Rosemarie (1990): Auf der Suche nach angemessenen Formen wissenschaftlichen Vorgehens in kunsttherapeutischer Forschung. In: Petersen, Peter (Hg.) Ansätze kunsttherapeutischer Forschung. Berlin: Springer.

Tüpker, Rosemarie (1992): Zur Bedeutung künstlerischer Formenbildung in der Musiktherapie. In: Decker-Voigt (Hg.) (1992): Spiele der Seele. Bremen, Trialog.

Tüpker, Rosemarie (1996): Ich singe, was ich nicht sagen kann. Zu einer morphologischen Grundlegung der Musiktherapie. 2., überarb. und erw. Auflage. Münster: Lit.

Tüpker, Rosemarie (1996a): Anders-Werden. In: Decker-Voigt et al.(Hg.): Lexikon Musiktherapie. 13–15.

Tüpker, Rosemarie (2001): Zum Musikbegriff der musiktherapeutischen Improvisation. In: Bergstrøm-Nielsen, Weymann (Hg.): Vermittlungen ... musically speaking. Zs. Einblicke, Heft 12, 44–69.

Tüpker, Rosemarie (Hg.) (1996): Konzeptentwicklung musiktherapeutischer Praxis und Forschung. Lit, Münster.

Uehling, Peter (2000): Regula und Digitus. Über die Improvisationspraxis der Komponisten. Neue Rundschau, 111.Jahrgang, Heft 3. 20–32.

Volquartz, Ove (1999): Improvisation und »Flow«-Erlebnis: empirische Untersuchung von Möglichkeiten und Grenzen der Flusserfahrung im Musikunterricht einer gymnasialen Oberstufe. Essen: Verlag die Blaue Eule.

Weber, Tilman (1996): Improvisationsgestalt. In: Decker-Voigt, H.-H., P. Knill, E. Weymann (Hg.): Lexikon Musiktherapie. Göttingen: Hogrefe.

Weizsäcker, Viktor von (1940): Der Gestaltkreis. Theorie der Einheit von Wahrnehmen und Bewegen. Leipzig: Thieme.

Wellershoff, Dieter (1987): Wahrnehmung und Phantasie, Essays zur Literatur. Köln: Kiepenheuer und Witsch.

Weymann, Eckhard (1990): Anzeichen des Neuen. Improvisieren als Erkenntnismittel und als Gegenstand der Forschung. In: Petersen, Peter (Hg.): Ansätze kunsttherapeutischer Forschung. Berlin: Springer.

Weymann, Eckhard (1991): Spielräume – Zur Wirkungsweise des Improvisierens in der Musiktherapie. In: Decker-Voigt, Hans-Helmut (Hg.): Musik und Kommunikation. Sonderreihe Tagungsberichte, Bd.2. Lilienthal: Eres. 86–97.

Weymann, Eckhard (1992b): Spätere Versionen frühkindlicher Erfahrungen in der Musiktherapie. In: Materialien zur Morphologie der Musiktherapie, Heft 5. Bad Zwesten. (Bezug über IMM-Münster, Goldstr.58, 48565 Steinfurt.).

Weymann, Eckhard (1996a): »Beschreibung und Rekonstruktion«. In: Decker-Voigt, H.-H., P. Knill, E. Weymann (Hg.): Lexikon Musiktherapie. Göttingen: Hogrefe.

Weymann, Eckhard (1996b): »Improvisation«. In: Decker-Voigt, H.-H., P. Knill, E. Weymann (Hg.): Lexikon Musiktherapie. Göttingen: Hogrefe.

Weymann, Eckhard (1996c): »Morphologische Musiktherapie«. In: Decker-Voigt, H.-H., P. Knill, E. Weymann (Hg.): Lexikon Musiktherapie. Göttingen: Hogrefe.

Weymann, Eckhard (1999): Kunstanaloges Vorgehen in der Musiktherapie. In: Frohne-Hagemann, Isabelle (Hg.): Musik und Gestalt. 2. Auflage. Göttingen: Vandenhoeck & Ruprecht.

Weymann, Eckhard (2000): Sensible Schwebe – Erfahrungen mit musikalischer Improvisation. Musiktherapeutische Umschau 21, 195-203.

Weymann, Eckhard (2001): Warte auf nichts. Zur Ausbildung in Improvisation als Verfahren der Musiktherapie. In: Decker-Voigt, Hans-Helmut (Hg.): Schulen der Musiktherapie. München: Reinhardt.

Weymann, Eckhard (2002): Zur Erforschung künstlerischen Handelns am Beispiel einer psychologischen Untersuchung zur musikalischen Improvisation. In: Peter Petersen (Hg.): Forschungsmethoden Künstlerischer Therapien. Stuttgart: Mayer.

Willenbring, Monika (1997): Pränatale Diagnostik und die »Angst vor einem behinderten Kind«. Diss. Universität Hannover.

Wilson, Peter Niklas (1999): Hear and Now. Gedanken zur improvisierten Musik. Hofheim: Wolke.

Winnicott, Donald W. (1973): Vom Spiel zur Kreativität. Stuttgart: Klett-Cotta.

Witzel, Andreas (1982): Verfahren der qualitativen Sozialforschung. Überblick und Alternativen. Frankfurt am Main: Campus.

Wosch, Thomas (2000): Emotionale Mikroprozesse musikalischer Interaktionen. Eine Einzelfallanalyse zur Untersuchung musiktherapeutischer Improvisationen. Diss. Universität Magdeburg.

Ziems, Dirk (1996): Thematische Frageperspektiven des tiefenpsychologischen Interviews in der Morphologischen Wirkungsforschung. Zwischenschritte 1/96, 75-86.

Konrad Heiland, Theo Piegler (Hg.)

Der Soundtrack unserer Träume

Filmmusik und Psychoanalyse

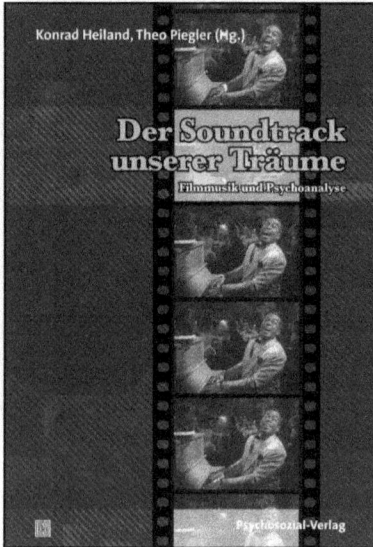

2013 · 271 Seiten · Broschur
ISBN 978-3-8379-2295-0

Dieses Buch wird Ihnen die Ohren öffnen!

Erst in den letzten Jahrzehnten begann die psychoanalytische Auseinandersetzung mit Film und Musik. Insbesondere Soundtracks von Filmen wurde bisher wenig Beachtung geschenkt. Dabei ist die Gestaltung der Tonspur wesentlich für die emotionale und ästhetische Wirkung eines Films.

Im vorliegenden Band untersuchen renommierte MusikwissenschaftlerInnen und PsychoanalytikerInnen Filmmusik von ihrer Komposition über deren Wirkung – auch der von Stille oder Geräuschen – bis hin zu ihrer Rezeption im Rahmen des audiovisuellen Gesamtkunstwerks. Zur Veranschaulichung werden zahlreiche Filmbeispiele, wie Disneys *Fantasia* (1940), *The Shining* (1980) oder *The Artist* (2011), herangezogen.

Mit Beiträgen von Stephan Brüggenthies, Helga de la Motte-Haber, Christina Fuchs, Konrad Heiland, Johannes Hirsch, Mathias Hirsch, Matthias Hornschuh, Andreas Jacke, Irene Kletschke, Hannes König, Sebastian Leikert, Theo Piegler, Enjott Schneider und Willem Strank

Walltorstr. 10 · 35390 Gießen · Tel. 0641-969978-18 · Fax 0641-969978-19
bestellung@psychosozial-verlag.de · www.psychosozial-verlag.de

Johannes Picht (Hg.)

Musik und Psychoanalyse hören voneinander

Band 1

Johannes Picht (Hg.)

**Musik und Psychoanalyse
hören voneinander**

Band 1

Psychosozial-Verlag

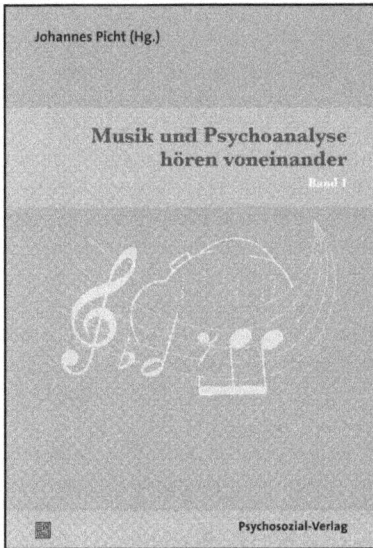

*2013 · 187 Seiten · Broschur
ISBN 978-3-8379-2256-1*

**Psychoanalyse, Musik und Musik-
wissenschaft – Ein interdisziplinärer
Dialog auf »Ohrenhöhe«!**

Wie kein anderes künstlerisches Medium entzieht sich die Musik den Versuchen psychoanalytischer Deutung. Sie hat
die Kraft, uns zu ergreifen, aber indem
sie uns ergreift, ist sie immer schon ver-
gangen und jenseits objektiver Fixierung.
In der Begegnung mit ihr muss sich die
Psychoanalyse daher mit der Dimension
der Zeit neu auseinandersetzen. Dies betrifft nicht nur klinische Aspekte, sondern
rührt an Grundannahmen der Psychoanalyse und umfasst die Frage nach der
konstituierenden Rolle der Musik für
das Seelische. Leitgedanke des interdisziplinären Forschungsprojekts und des
gleichnamigen DPV-Forums, dessen Beiträge hier publiziert werden, ist es, Musik
nicht als wissenschaftlichem Gegenstand
gegenüberzutreten, sondern auf das zu
hören, was die Psychoanalyse von ihr
lernen kann.

Mit Beiträgen von Hauke Jasper Ber-
heide, Christel Böhme-Bloem, Hanns-
Werner Heister, Dietmut Niedecken,
Johannes Picht, Dorothee Stoupel und
Jürgen Trapp

Walltorstr. 10 · 35390 Gießen · Tel. 0641-9699 78-18 · Fax 0641-9699 78-19
bestellung@psychosozial-verlag.de · www.psychosozial-verlag.de

Bernd Oberhoff

Richard Wagner. Der Ring des Nibelungen

Eine musikpsychoanalytische Studie

Richard Wagners vierteiliges Musikdrama *Der Ring des Nibelungen* führt den Zuschauer in eine archaische Zeit zurück, die vor aller bewusster Erfahrung liegt. Auf seiner Entdeckungsreise durch die Tetralogie entziffert Bernd Oberhoff das Handlungsgeschehen als ein entwicklungspsychologisches Drama, als »Heldenreise des frühen Ichs«. Er geht der bislang unerforschten psychologischen Bedeutung der Leitmotive auf den Grund und analysiert Wagners eigenwilliges Orchesterkonzept. Dabei wird offenbar, dass beide Phänomene mit Wagners innerer Konfliktlandschaft im Zusammenhang stehen und vom Komponisten in den Dienst selbsttherapeutischer Bemühungen gestellt werden. Schließlich folgt der Autor dem Ringdrama noch in jene Räume, in denen eine geheimnisvolle Unendlichkeitslogik das dramatische und musikalische Geschehen bestimmt.

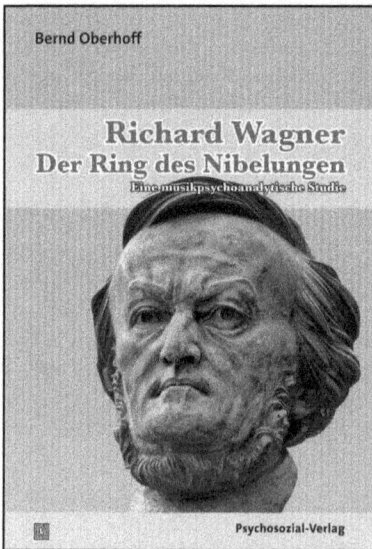

2012 · 423 Seiten · Gebunden
ISBN 978-3-8379-2179-3